掌尚文化

SALUTE & DISCOVERY

致敬与发现

贵州省社会科学院蓝皮书

BLUE BOOK OF GUIZHOU ACADEMY OF SOCIAL SCIENCES

贵州农村
扶贫开发报告

(2019~2020)

ANNUAL REPORT ON RURAL POVERTY ALLEVIATION AND
DEVELOPMENT OF GUIZHOU (2019-2020)

主 编／黄 勇 宋 明

副主编／吴 杰 陈康海

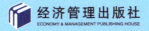

经济管理出版社
ECONOMY & MANAGEMENT PUBLISHING HOUSE

图书在版编目（CIP）数据

贵州农村扶贫开发报告：2019-2020/黄勇，宋明主编. —北京：经济管理出版
社，2020.11
ISBN 978-7-5096-7619-6

Ⅰ.①贵…　Ⅱ.①黄…②宋…　Ⅲ.①农村—扶贫—研究报告—贵州-2019-
2020　Ⅳ.①F323.8

中国版本图书馆 CIP 数据核字（2020）第 244979 号

组稿编辑：宋　娜
责任编辑：张馨予　杜羽茜
责任印制：黄章平
责任校对：董杉珊

出版发行：经济管理出版社
　　　　　（北京市海淀区北蜂窝 8 号中雅大厦 A 座 11 层　100038）
网　　　址：www. E-mp. com. cn
电　　　话：（010）51915602
印　　　刷：唐山昊达印刷有限公司
经　　　销：新华书店
开　　　本：720mm×1000mm /16
印　　　张：16.5
字　　　数：214 千字
版　　　次：2021 年 3 月第 1 版　　2021 年 3 月第 1 次印刷
书　　　号：ISBN 978-7-5096-7619-6
定　　　价：198.00 元

《贵州农村扶贫开发报告》
编辑部

主　编　黄　勇　王朝新　宋　明

副主编　吴　杰　陈康海

编　辑　蒋莉莉　魏　霞　蔡　伟　王　彬

　　　　陈绍宥　罗以洪　朱　薇　王　前

　　　　王国丽　潘　一

主要编著者简介

黄　勇：贵州省社会科学院乡村振兴战略智库人才基地负责人、研究员，贵州省省管专家，贵州省政府特殊津贴专家。先后就读于武汉大学（法学学士，主修社会学，辅修经济学）、中国社会科学院（经济学硕士研究生、经济学博士研究生）。主要研究方向：区域经济、产业经济、投资经济、发展经济学。1996 年 7 月开始在贵州省社会科学院工作，分别于 2001 年、2006 年、2009 年被评为助理研究员、副研究员、研究员（破格），2008 年任西部开发研究所副所长，2012 年任区域经济研究所所长。1997~1998 年挂职担任贵州省独山县水岩乡政府乡长助理，2010~2012 年挂职担任贵州省万山区委常委、副区长、工业园区管委会副主任。2007~2008 年为国家发展和改革委员会宏观经济研究院"西部之光"访问学者，2015~2016 年为荷兰乌德勒支大学访问学者，2017 年挂职担任中国社会科学院农村发展研究所研究室主任。

宋　明：贵州省社会科学院党委常委、研究员，贵州省省管专家。主要研究方向：发展经济学、区域经济学、文化产业。主要著作：《少数民族贫困地区综合扶贫开发》（第一作者）、《提高农产品竞争力研究》（第二作者）、《经营城市的策略——对中国城市经营学的探讨》（第一作者）、《在中国—东盟自由贸易区条件下的贵州与东盟经济合作》（第一作者）、《制度统筹贫困地区城乡发展研究》（第一作者），编撰出版 2007 年度、2009 年度、2010 年度《贵州文化产业发展报告》。主要研究成果：先后在《光明日报》《中国农村经济》《生态经济》《开发研究》《贵州社会科学》《贵州日报》等期刊上发表学术论文、调研报告200多篇。主要完成课题：国家社科基金课题"在社会主义市场经济条件下落后地区政府职能定位研究""制度统筹国家级贫困县的发展战略研究"；贵州省省长资金课题"在中国—东盟自由贸易区条件下的贵州与东盟经济合作研究""贵州省中小企业价值评估体系研究""贵州省农业发展的历史性跨越研究"；贵州省社科规划办重大招标课题"贵州建立优化投资环境的长效机制研究"；贵州省政府重大招标课题"贵州转变经济发展方式研究"；贵州省"四个一批"人才专项资助项目"贵州农民发展研究"，贵州省"十一五""十二五"规划办前期重点课题"贵州经济区划与发展战略""贵州发展生态经济研究""贵州'十二五'重大生产力布局研究"，地方政府委托项目"贵阳融入成渝经济的战略研究""黔南州文化产业发展规划""云岩区国民经济和社会发展第十二个五年规划纲要""都匀市国民经济和社会发展第十二个五年规划纲要""三都水族自治县国民经济和社会发展第十二个五年规划纲要""荔波县国民经济和社会发展第十二个五年规划纲要""凤冈县经济开发区产业发展规划""独山县现代农业示范园区规划""2012年贵州工业运行分析报告"等100多项。主要获奖情况：《贵州加快乡镇企业发展的对策研究》获贵州省第四次社科优秀成果四等奖，《贵州经济区划与发展战略》获贵州省第七届社科优秀成果二等奖，《经营城市的策略——对中国城市经营学的探讨》获贵州省第七届社科优秀成果三等奖，《贵州"十二五"重大生产力布局研究》《制度统筹国家级贫困县的发展战略研究》分别于2011年荣获贵州省社科优先成果二等奖、三等奖等。主要社会兼职：贵州省未来研究会副会长，贵州省经济学会副会长，中共贵州省委政策研究室经济咨询专家，瓮安县委、县政府经济发展顾问，龙里县委、县政府经济发展顾问。

吴　杰：贵州省社会科学院副研究员，主持完成国家社科基金课题"贫困地区发挥新农村建设中农民的主体作用研究——主体自我认同、微观制度保障与作用发挥"（研究报告，2012年9月结项）、贵州科技厅软科学课题和贵州省领导圈示课题"新时期贵州连片特困地区扶贫开发与美丽乡村建设研究"（研究报告，2013年12月结项）、贵州省领导圈示课题"健全贵州财政扶贫资金瞄准机制研究"（研究报告，2014年12月结项），主持和参与完成其他各类课题十多项，在省级及以上期刊发表论文十多篇。

陈康海：贵州省社会科学院农村发展研究所所长、研究员。研究方向：区域经济、产业经济、农村经济、经济社会发展战略等。研究成果：著作《开发畜牧业资源与南贵昆经济区城乡经济协调发展研究》（合作）、《贵州省国民经济运行分析与预测（2009—2010）》（副主编）、《改革创新　科学发展：毕节试验区20年的理论与实践》（合作）、《贵州：优特产业的演进》（第二作者）、《贵州社会发展报告（2011）》（合作）；发表论文《略论全面振兴贵州经济》《对振兴和发展贵州机械工业的战略思考》《基于我国零售业态现状的趋势分析》《贵州统筹城乡发展的战略思路与对策》《贵州省产业结构的战略性调整与优化探析》《坚持创新　促进贵州民营经济大发展》《贯彻落实科学发展观　加快贵州新农村建设》《贵州红色旅游的功能与战略对策》《对构建贵州新农村建设财政投入长效机制的思考》《充分发挥农民在新农村建设中的主体作用》等30余篇。主持课题：国家社科基金课题"开发畜牧业资源与统筹南贵昆经济区城乡经济协调发展研究"（副组长）；贵州省社科规划课题"贵州全方位对外开放问题研究""贵州省机械工业技术改造与产业升级""贵州建设社会主义新农村的特点重点及对策研究"等；贵州省省长资金项目"加快贵州城乡社会救助体系建设研究"；贵州省软科学课题"贵州新农村建设长效机制研究"；委托课题"贵州省干部教育培训质量评估研究""贵州省第三产业发展现状及其对经济增长的影响研究""贵阳市'十一五'西部大开发专项规划""贵阳市加快推进新型工业化问题研究""贵州省领导干部政治理论水平考试办法（试行）研究"等。获奖情况：研究报告《贵州全方位对外开放问题研究》获贵州省第三届哲学社会科学优秀科研成果四等奖；研究报告《完善党内选举工作研究》（参与）获中组部三等奖；论文《对振兴和发展贵州机械工业的战略思考》获贵州省第六届社科评奖三等奖；调研报告《贵州省干部教育培训质量评估研究》（副组长）获贵州省第七届社科评奖二等奖。

目　录

总　报　告
General Report

专　题　篇
Subject Report

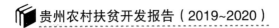

总报告
General Report

推进贵州省脱贫攻坚与乡村振兴战略的有机衔接

黄勇 吴杰 蔡伟 王彬 王朝新*

摘　要： 乡村社会如何摆脱现代化转型中的发展困境，走向振兴之路，是新时代发展所面临的重大任务。2012~2018年，贵州省累计减少农村贫困人口818.8万人，贫困发生率由26.8%下降到4.3%，减贫和易地搬迁人数居全国首位，创造了脱贫攻坚"省级样板"。但是，脱贫攻坚任务仍然艰巨，实施乡村振兴战略，首先需要解决的问题就是怎样在农村深入推进精准扶贫以及如何全面消除贫困。这就要求我们必须把脱贫攻坚作为乡村振兴的前提和首要任务，不忘初心、牢记使命，确保在2020年现行标准下实现农村贫困人口脱贫、贫困县全部摘帽，解决区域性整体贫困，顺利打赢脱贫攻坚战，走向乡村振兴之路。要深入打赢脱贫攻坚战，强化组织保证和资金支持，围绕基础设施建设、易地扶贫搬迁、产业扶贫、教育医疗住房"三保障"，切实改善贫困地区生产生活条件，实现贫困地区基本公共服务主要领域指标接近全国平均水平。要建立健全全产业"带贫益贫"利益联结机制，推进贫困农户收入持续增长，不断提高脱贫实效。要凝聚各方力

---

* 黄勇，贵州省社会科学院乡村振兴战略智库人才基地负责人、研究员，研究方向为区域经济、产业经济；吴杰，贵州省社会科学院区域经济研究所副研究员，研究方向为农村经济、产业经济；蔡伟，贵州省社会科学院区域经济研究所副研究员，研究方向为产业经济；王彬，贵州省社会科学院区域经济研究所副研究员，研究方向为区域经济、产业经济；王朝新，贵州省社会科学院副研究员，研究方向为农村发展。

量，促进真抓实干，以 16 个深度贫困县、20 个极贫乡镇、2760 个深度贫困村和贫困老年人、残疾人、重病患者等特殊困难群体"两大重点"为脱贫攻坚战重点攻克对象，攻克深度贫困堡垒，打好脱贫攻坚硬仗中的硬仗。要持续提升脱贫人口内生动力，建立持续稳定脱贫机制，在实现乡村全面脱贫的基础上，进一步巩固脱贫攻坚成果，逐步恢复和重构乡村社会经济功能，在 2020 年以后分阶段逐步实现乡村社会现代化。

关键词：脱贫攻坚；乡村振兴战略；有机衔接

一、扶贫与发展成就

党的十八大以来，贵州省紧紧围绕"五位一体"总体布局和"四个全面"战略布局，落实新发展理念，牢牢守住发展和生态两条底线，坚持把解决好"三农"问题作为全省工作的重中之重，不断深化农业供给侧结构性改革，积极推进农业结构调整，农业农村发展取得了历史性成就。

（一）脱贫攻坚取得决定性进展

贵州省把脱贫攻坚作为头等大事和第一民生工程，坚持以脱贫攻坚统揽经济社会发展全局，举全省之力推进脱贫攻坚，贯彻"六个精准"，狠抓"五个一批"，打好"四场硬仗"，抓牢"八要素"和"五步工作法"，建立五级书记抓扶贫责任体系，创造精准扶贫"四看法"，使精准扶贫、精准脱贫方略落地生效，产业扶贫、易地搬迁扶贫、教育扶贫、健康扶贫、生态扶贫等稳步推进。在全国率先设立脱贫攻坚投资基金，开设扶贫专线，建立"扶贫云"，推动贫困县涉农资金统筹整合使用，实现脱贫攻坚督察巡查全覆盖。2012~2018 年，贵州省累计减少农村贫困人口 818.8 万人，贫困发生率由 26.8% 下降到 4.3%。2019 年又有 24 个贫困县出列，120 万人"摘帽"。2020 年还有 9 个县、35 万人需要脱贫"摘帽"。贵州省减贫和易地搬迁人数居全国首位，创造了脱贫攻坚"省级样板"。

（二）农村经济持续提速提质发展

深入推进振兴农村经济的产业革命，大力实施 500 亩以上坝区农业结构调整，粮经作物种植比例达到 35∶65，茶叶、辣椒、薏仁米等特色优质农产品种植面积居全国第一位，"三品一标"产地认证面积达到 68.9%，省级现代高效农业示范园区 464 个，农业集聚集约化、经营规模化、生产专业化水平明显提升。农村第一、第二、第三产业融合发展态势良好，农村电商等新业态、新模式蓬勃发展，休闲农业和乡村旅游呈"井喷式"发展。耕地红线得到严格保护，农业物质技术装备得到较大改善，农业信息化水平逐步提升。2012～2018 年，贵州省第一产业增加值年均增长 6.3%，增速持续居全国前三位。

（三）农村生产生活条件明显改善

2012～2018 年，贵州省以实施"四在农家·美丽乡村"六个小康行动计划为抓手，持续推进农村基础设施建设，农村水、电、路、气、房、寨和信息化建设全面提速，农村人居环境整治全面启动，乡村面貌改善力度居全国前列。实现村村通硬化路，1451.3 万农村人口的饮水安全问题和饮水安全易反复问题得到有效解决，农村供电可靠率提高到 99.7%，实现了全部行政村通光纤、通 4G 网络。农村基本公共服务能力和水平明显提高，基本实现县域义务教育均衡发展。医疗卫生实现"五个全覆盖"，在全国率先实现省市县乡远程医疗全覆盖，新农合跨省异地就医实现即时结算。建立统一的城乡居民基本养老保险制度，农村低保标准不断提高。农村社会焕发新气象，基层组织和民主法治建设不断加强，党群干群关系更加融洽，社会和谐稳定。

（四）农民生活水平大幅提高

农民就业增收渠道持续拓展，2012~2018年，贵州省农村居民人均可支配收入年均增长11.1%，农村居民人均可支配收入增速均高于城镇居民人均可支配收入增速。不断加强农民工职业技能培训、就业指导等服务，农村劳动力转移就业成效突出。建立城乡统一的户口登记制度，农业转移人口市民化进程加快。农村消费持续增长，耐用消费品快速进入农村家庭，农民的衣食住行用得到全面改善，恩格尔系数明显下降，农民群众获得感幸福感大幅提升。

（五）农村各项改革持续向纵深推进

贵州省"三变"改革经验连续三年写入中央一号文件。基本完成农村土地确权，农村集体产权制度、农村土地"三权分置"、农垦企业、供销合作社等改革稳步推进，农村集体经济不断壮大。农业经营主体、资源要素和市场力量进一步激活，社会资本与技术、人才等返乡下乡创新创业的积极性不断提高。继毕节、湄潭之后，六盘水成为全国农村改革试验区。

同时，我们也应该清醒地看到，贵州省仍属于欠发达地区，全省发展不平衡、不充分问题在乡村尤为突出，农业农村发展基础薄弱、发展滞后的基本状况难以在短时间内有突破性改变，乡村发展还存在一系列深层次矛盾和问题：第一，脱贫攻坚任务仍然艰巨，2020年还有35万贫困人口需要脱贫；第二，农业结构调整任务仍然艰巨，农村第一、第二、第三产业融合发展深度不够，农业现代化发展水平低于全国13个百分点左右；第三，可持续发展任务仍然艰巨，耕地质量不高，农业面源污染治理压力大；第四，统筹城乡发展任务仍然艰巨，农村民生领域欠账较多，农村基础设施建设仍然滞后，城市对农村的带动作用小，农民收入仅为贵州省城镇居民收入的31%、全国农民收入的 66%，一些地方农村空巢化、空心化、老龄化现象较为突出；第五，人才匮乏难题亟待破解，城乡之间要素合理流动机制亟待健全。

二、发展基础

当前，在党中央、国务院的坚强领导下，贵州省上下呈现出脱贫攻坚扎实推进、经济平稳健康发展、社会和谐稳定、人民安居乐业、干部群众感恩奋进、政治生态持续向好的良好局面，加快发展的信心更强、底气更足、干劲更大，为实施乡村振兴战略奠定了坚实的经济基础、制度保障和精神支撑。

（一）综合发展实力显著增强

党的十八大以来，贵州省地区生产总值年均增长 10.6%，增速连续保持全国前两位。2018 年，贵州省地区生产总值达到 1.48 万亿元，人均地区生产总值突破 4 万元。固定资产投资、一般公共预算收入、金融机构存款和贷款余额继续保持赶超进位良好态势，与全国差距进一步缩小。相继获批建设国家大数据综合试验区、生态文明试验区、内陆开放型经济试验区三大试验区。"四在农家·美丽乡村"、"三变"改革、"塘约经验"等实践为乡村振兴战略的实施积累了宝贵经验。

（二）农村产业革命风生水起

2018 年，贵州省第一产业增加值增长 6.9%，居全国第一位。通过一年多的努力，贵州省农村产业革命取得了阶段性显著成效。特色产业发展成效显著，12 个特色农业产业在贵州省委、省政府的领导下，专班化推进发展迅速。尤其是食用菌、中药材、水果、茶叶、辣椒等产业在前期气候持续低温、灾害的影响下，产量、产值等方面仍取得了大幅度提升。截至 2019 年 8 月 31 日，贵州省食用菌生产规模

达到 24.1 亿棒（万亩）、产量 71.5 万吨、产值 87.5 亿元，同比增长
54.7%、61.7%、63.7%；中药材种植 597.53 万亩（不含刺梨、石
斛）、产量 42.87 万吨、产值 50.51 亿元，同比增长 75.44%、
168.95%、70.7%。粮食产量达到 1059 万吨，肉类总产量达到 209.81
万吨。新增高效经济作物 666 万亩，粮经比调整到 35∶65，经济作物
比重提高 2 个百分点，在经济下行压力加大的情况下，为推动贵州省
经济持续健康发展做出了重要贡献。农村产业革命带动农户 204 万户
788.2 万人，人均增收 2604.6 元。其中，带动贫困户 45.5 万户 160.8
万人，人均增收 2348.4 元。2019 年，贵州省农村产业革命在贵州省
委、省政府的高位强力推进下呈现出良好的发展态势，2019 年上半年
农业增加值 935.22 亿元，高于全国 2.5 个百分点。2018 年贵州省农村
常住居民人均可支配收入 9716 元，同比增长 9.6%，增速继续保持全
国前列；2019 年上半年农民人均可支配收入 4574 元，名义增长
10.3%，增速继续保持全国前列。

（三）基础设施建设日益完善

在西部地区率先实现"县县通高速"，"市市有高铁"项目全部获
批建设，民用航空加快发展，水陆空并举的交通体系建设加速推进，
出省通道增多加密，省内路网日渐优化，现代综合交通运输网络已基
本形成，西南重要陆路交通枢纽的地理区位优势不断凸显。骨干水源
工程加速推进，中型水库投运的县增加到 74 个，贵州省供水能力达到
116 亿立方米。通信光缆达到 96.8 万公里，出省带宽达到 9130Gbps，
网络基础设施服务能力大幅提升。农村综合电价处于全国较低水平。
为优化农业投资环境、拓展农产品市场、拉动农业经济增长和增强农
业对外交流提供了强力支撑。

（四）生态资源开发潜力巨大

贵州省生物资源多样，森林覆盖率达 57%；空气质量优良，县城

以上空气质量优良天数比例达到97%以上，高出国家约束性年度指标2个百分点；水环境质量保持良好，全省地表水省控断面水质状况总体为优，出境断面水质优良率100%，集中式饮用水水源地水质达标率100%。好山、好水、好空气、好土壤有机组合，为将生态优势转化为经济优势提供了无限空间。

（五）山地农特资源品质突出

贵州省四季分明、雨量充沛，是发展无公害、绿色和有机农产品的天然理想场所。茶叶、蔬菜、食用菌、中药材、精品水果、生态畜牧等山地特色资源富集，品质良好，是适应农产品多元化生产和发展现代山地特色高效农业的基础支撑。

（六）乡村文化旅游资源丰富

贵州省乡村的乡景之美、乡韵之美、乡味之美、乡魂之美，是拓展农业功能、发展乡村旅游最好的载体，古朴浓郁的民族风情与神秘雄奇的山水风光、清新纯朴的田园风光交相辉映，是产业融合发展、广大农民增收致富的重要渠道，为全域旅游发展提供了重要支撑，也是推进乡村振兴战略的重要抓手。

总的来看，贵州省"三农"工作站在新的历史起点，全面实施乡村振兴战略的机遇大于挑战，具有坚实基础和优势条件，必须抓住机遇、发挥优势、顺势而为，以更大的决心、更明确的目标、更有力的举措，奋力推动农业全面升级、农村全面进步、农民全面发展，开创百姓富生态美的多彩贵州新未来。

三、总体要求

按照实现全面建成小康社会和分两个阶段实现第二个百年奋斗目

标的战略部署，既要打好脱贫攻坚战、实现全面小康，又要为基本实现农业农村现代化开好局、起好步、打好基础，奋力谱写新时代乡村全面振兴新篇章。

以习近平新时代中国特色社会主义思想为指导，全面贯彻党的十九大和十九届二中、三中全会精神，以及习近平总书记对贵州工作的系列重要指示批示精神，全面落实中央农村工作会议各项部署，加强党对"三农"工作的领导，坚持稳中求进的工作总基调，牢固树立新发展理念，落实高质量发展要求，统筹推进"五位一体"总体布局和协调推进"四个全面"战略布局，大力培育和弘扬新时代贵州精神，坚持把解决好"三农"问题作为全省工作的重中之重。按照产业兴旺、生态宜居、乡风文明、治理有效、生活富裕的总要求，坚持农业农村优先发展，走城乡融合发展之路、共同富裕之路、质量兴农之路、乡村绿色发展之路、乡村文化兴盛之路、乡村善治之路、特色减贫之路，以"五步工作法"（政策设计、工作部署、干部培训、督促检查、追责问责）引领苦干实干，牢牢把握"八要素"（产业选择、培训农民、技术服务、资金筹措、组织方式、产销对接、利益联结、基层党建）深化农村产业革命，打好精准脱贫攻坚战，全力推动乡村产业振兴、人才振兴、文化振兴、生态振兴、组织振兴，以及乡村治理体系和治理能力现代化，以及农业农村现代化，让农业成为有奔头的产业，让农民成为有吸引力的职业，让农村成为安居乐业的美丽家园。

把脱贫攻坚作为乡村振兴的首要任务，深入实施打赢脱贫攻坚战三年行动，坚定必胜信心、一鼓作气，尽锐出战、迎难而上，真抓实干、精准施策，2019年减少贫困人口120万、实现24个贫困县"摘帽"，2020年减少贫困人口35万，实现9个贫困县"摘帽"，确保现行标准下农村贫困人口实现脱贫、贫困县全部"摘帽"、解决区域性整体贫困，坚决夺取脱贫攻坚决战决胜的全面胜利。

四、确保按时打赢脱贫攻坚战，夯实乡村振兴基础

（一）全力打好"四场硬仗"

围绕基础设施建设、易地扶贫搬迁、产业扶贫、教育医疗住房"三保障"四场硬仗，切实改善贫困地区生产生活条件，实现贫困地区基本公共服务主要领域指标接近全国平均水平。

1. 打好基础设施建设硬仗

着力加强农村路、水、电、信等基础设施建设，进一步夯实贫困地区脱贫基础。加大村组道路建设力度，2019年上半年实现30户以上具备条件的村民组通硬化路，全面提高农村公路通畅率。深入实施农村饮水安全巩固提升工程，提高农村集中供水率、自来水普及率、供水保证率、水质达标率，2019年6月底之前全面解决农村人口饮水安全问题。加快推进农村电网改造升级，提高贫困地区能源保障能力和电力普遍服务水平。深入实施"宽带乡村""智慧广电"工程，加快推进贫困村光纤网络和4G网络全覆盖。

2. 打好易地扶贫搬迁硬仗

对居住在"一方水土养不起一方人"地区的贫困人口实施易地扶贫搬迁，2019年全面完成188万人易地搬迁脱贫任务，其中建档立卡贫困人口150万人。按照"六个坚持"原则，即坚持省级统贷统还、坚持自然村寨整体搬迁为主、坚持城镇化集中安置、坚持以县为单位集中建设、坚持不让贫困户因搬迁而负债、坚持以产定搬以岗定搬，确保搬迁一户、稳定脱贫一户。继续抓好"五个三"，即盘活搬出地的承包地、山林地和宅基地三大资源，统筹就业、就学和就医三大民生问题，衔接低保、医保和养老保险三类保障，建设经营性公司、小

型农场、公共服务站三个场所，建立集体经营、社区服务管理、群众动员组织三种机制，确保搬迁群众安居能乐业、搬迁能脱贫、脱贫能致富。全力做好易地扶贫搬迁后半篇文章，大力加快构建基本公共服务、劳动技能培训和就业服务、文化服务、社区治理、基层党建"五个体系"，加强易地扶贫搬迁安置点学校、医院等配套设施建设，促进搬迁群众尽快融入安置地生产生活。

3. 打好产业扶贫硬仗

深入实施贫困地区特色产业提升工程，进一步扩大产业项目对贫困户的覆盖面。坚决打好农业结构调整硬仗，大力发展蔬菜、茶叶、生态家禽、食用菌、中药材五大特色产业，因地制宜发展"一县一业"特色优势产业，深入推进贫困地区农村第一、第二、第三产业融合，加快发展农产品精深加工、特色手工业、休闲农业和乡村旅游。大力发展花卉苗木、油茶、竹等林草产业及森林旅游、康体养生、林下经济等产业，着力构建贫困地区山地特色生态产业体系。深化"三变"改革，积极推广"龙头企业+合作社+农户（贫困户）"经营模式，建立健全全产业"带贫益贫"利益联结机制，通过入股分红、向贫困户下订单、吸纳就业、返租倒包、帮助获得政策收益和资产扶贫收益等方式，让贫困农户充分享受第二、第三产业增值红利，推进贫困农户收入持续增长，实现稳定脱贫。实施农村贫困劳动力全员培训计划，确保每个农村贫困家庭至少有一人实现就业创业。

4. 打好教育医疗住房"三保障"硬仗

（1）着力实施教育脱贫攻坚行动。继续压缩党政机关行政经费支持教育脱贫攻坚。多渠道增加贫困地区教育资源供给，在贫困地区优先实施教育信息化 2.0 行动计划，共享优质教育资源。实施辍学高发区贫困学生台账化精准控辍。落实好教育精准扶贫资助政策，实施好农村义务教育学生和农村学前教育儿童营养改善计划。大力推进职业教育精准脱贫计划，办好免费订单职业教育精准脱贫班。推进高校服务农村产业革命。全省学校实现"校农对接"全覆盖，推进学校食堂向贫困地区采购农产品。加大贫困地区招生倾斜力度。做好贫困地区国家通用语言文字推广普及工作，实施少数民族群众汉语言和实用技能培训行动计划，全面开展农村扫盲教育，基本消除少数民族母语乡村的汉语言障碍。

（2）深入实施健康扶贫工程。完善医疗保障扶贫制度，建立建档立卡贫困人口数据与城乡居民基本医保参保数据比对机制，落实参保个人缴费定额补助政策，确保已核准有效身份信息的建档立卡贫困人口应保尽保。坚持普惠政策与特惠措施相结合，落实医疗扶贫综合保障政策，加大大病保险倾斜支付力度，降低起付线50%、提高报销比例5个百分点，逐步提高并取消封顶线。完善重特大疾病医疗救助政策，分类分档细化救助方案，确保年度救助限额内政策范围内个人自付住院医疗费用救助比例不低于70%。推动落实"先诊疗后付费"、"一站式"即时结算等便民惠民措施。贵州省88个县人民医院、所有中医医院实现东部三级医院（含军队医院）对口帮扶全覆盖。争取帮扶单位采取"组团式"对口帮扶模式，对县级医院产科、儿科（新生儿科）等科室进行重点帮扶和建设。推动远程医疗服务体系向村级纵向延伸，建立村卫生室远程门诊，实现远程医疗服务体系覆盖所有行政村，将会诊费用纳入城乡居民医保。开展"万医下基层"活动。深入推进生育健康全程服务，实施妇幼重大公共卫生服务项目。

（3）大力实施农村住房保障行动。分类推进农村危房改造、地质灾害防灾避险搬迁、无房户民政救助兜底、农村老旧住房整治等工作，加快消除农村房屋漏风、漏雨现象。深入实施农村危房改造工程，保证正常使用安全和基本使用功能，同步实施改厨、改厕、改圈。落实好农村危房等级划分、补助标准和各级财政分担政策。强化农村危房改造与村庄规划、农村人居环境整治相结合，统筹推进，不搞重复建设。建立完善危房改造信息公示制度。

（二）重点攻克深度贫困地区

以 16 个深度贫困县、20 个极贫乡镇、2760 个深度贫困村和贫困老年人、残疾人、重病患者等特殊困难群体"两大重点"为脱贫攻坚战重点攻克对象，全力实施深度贫困地区脱贫攻坚行动，攻克深度贫困堡垒，打好脱贫攻坚硬仗中的硬仗，确保深度贫困地区如期完成全面脱贫任务。

1. 加大深度贫困地区支持力度

加大对深度贫困地区和贫困人口的支持力度，推动新增脱贫攻坚资金、新增脱贫攻坚项目、新增脱贫攻坚举措重点向深度贫困地区倾斜，着力补齐深度贫困地区发展短板。加大深度贫困地区财政投入，省级对县区的相关转移支付中增加深度贫困地区的分配因素和权重。加大部门资金整合力度，完善资金投向和分配使用办法，推进深度贫困地区涉农资金集中整合用于脱贫攻坚项目，确保财政涉农资金的高效使用。加大统筹力度，将东部地区协作支持的资金、项目、人才等资源要素聚焦到深度贫困地区。发挥财政资金导向作用，通过构建市场化运作的融资担保体系、贷款贴息等，撬动更多金融资源支持深度贫困地区。支持在深度贫困地区推行普惠金融政策，鼓励和支持金融机构发放小额扶贫贷款，重点为深度贫困地区农民专业合作社和扶贫龙头企业发展扶贫产业提供金融服务。适度提高深度贫困地区小额扶贫信贷额度、延长贷款期限，对建档立卡贫困人口贷款据实贴息、据实列支，更好满足深度贫困地区群众合理融资需求。保险机构要对深度贫困地区扩大农产品保险范围，适当降低保费收费标准。加大深度贫困地区以工代赈力度，增强贫困群众脱贫内生动力。新增建设用地计划指标优先保障深度贫困地区脱贫攻坚项目建设用地需求。基础设施建设和公共服务体系建设优先在深度贫困地区布局实施，不断提高深度贫困地区基础设施和公共服务水平。继续强化党政主要领导挂帮深度贫困地区责任制，积极引导企业帮扶、社会帮扶等各方力量更多向深度贫困地区聚焦。

2. 加大特殊困难群体帮扶力度

强化特殊贫困群众综合保障性扶贫，统筹各类保障措施，建立以社会保险、社会救助、社会福利制度为主体，以社会帮扶、社工助力为辅助的综合保障体系，为完全丧失劳动能力和部分丧失劳动能力且无法依靠产业就业帮扶脱贫的贫困人口提供兜底保障。完善城乡居民基本养老保险制度，对符合条件的贫困人口由地方政府代缴城乡居民养老保险费。继续实施社会服务兜底工程，加快建设为老年人、残疾人、精神障碍患者等特殊群体提供服务的设施。鼓励通过互助养老、设立孝善基金等途径，创新家庭养老方式。加快建立"三留守"关爱服务体系，落实家庭赡养、监护照料法定义务。开展贫困残疾人脱贫行动，将符合条件的建档立卡贫困残疾人纳入农村低保和城乡医疗救助范围。完善困难残疾人生活补贴和重度残疾人护理补贴制度，推进农村贫困重度残疾人纳入特困人员救助供养或提供托养服务，逐步推进农村贫困重度残疾人家庭无障碍改造。深入实施"福康工程"等残疾人精准康复服务项目，优先为贫困家庭有康复需求的残疾人提供基本康复服务和辅助器具适配服务。帮助贫困家庭残疾儿童以多种形式接受义务教育，加快发展非义务教育阶段特殊教育。资产收益扶贫项目优先安排贫困残疾人家庭。

（三）巩固扩大脱贫攻坚成果

强化脱贫攻坚政策支持和倾斜，为打赢脱贫攻坚战提供强力保障。提升脱贫人口内生动力，建立持续稳定的脱贫机制，进一步巩固脱贫攻坚成果。

1. 完善减贫防贫治理体系

探索脱贫攻坚与乡村振兴有效衔接的经验模式，提供巩固脱贫攻坚成果的成功案例。建设国家防贫体系建设试点省，在城乡一体化减贫联动、低收入贫困人群动态精准监测、多部门共同治理等方面开展先行先试，打造防贫减贫省级样板。参照易地扶贫搬迁标准实施地质灾害综合治理和避险搬迁工程，加大易地扶贫搬迁、避险移民搬迁后续扶持力度，将移民均等纳入城镇基本公共服务。健全党组织领导的自治、法治、德治相结合的城乡基层治理体系，完善特殊人群服务管理工作机制。

2. 加强脱贫攻坚支撑保障

优化政策支持，构建政府、社会、市场协调推进和专项扶贫、行业扶贫、社会扶贫、定点扶贫等多方力量、多种举措有机结合的大扶贫格局。

（1）强化财政投入保障。坚持增加政府扶贫投入与提高资金使用效益并重，建立健全与脱贫攻坚任务相适应的投入保障机制，推进财政资金向贫困地区和贫困人口倾斜。加强资金整合，确保资金围绕脱贫攻坚项目精准使用。严格落实国家在贫困地区安排的公益性建设项目取消县级配套资金的政策。加强各类扶贫资金项目绩效管理，提高扶贫资金的使用效益。

（2）加大金融扶贫支持力度。支持银行等金融机构精准对接脱贫攻坚金融服务需求，进一步创新金融产品和模式，确保贫困地区各项贷款增速高于贵州省平均水平。加快政策性金融扶贫实验示范区建设，建立健全金融支持产业发展与带动贫困户脱贫的挂钩机制和扶持政策。支持政策性银行机构继续加大贫困地区基础设施建设、易地扶贫搬迁等领域投入力度。加快推进保险助推脱贫攻坚示范区建设。

（3）完善扶贫开发用地政策。深度贫困地区基础设施、易地扶贫搬迁、民生发展等脱贫攻坚用地应保尽保。开辟绿色通道，缩短扶贫项目用地手续办理时限。实施城乡建设用地增减挂钩助力脱贫攻坚三年行动。

（4）实施人才和科技扶贫计划。深入实施深度贫困地区、民族地区、革命老区人才支持计划，建立健全人才服务脱贫攻坚的有效机制。开展科技精准帮扶，实施事业单位专业技术人员助力脱贫攻坚三年行动计划，动员全社会科技力量投入脱贫攻坚主战场。在贫困县布局建设技术创新服务平台，实施高端化、绿色化、集约化现代山地特色高效农业技术榜单。

（5）深化东西部扶贫协作和定点扶贫。进一步强化组织领导、资金使用、人才交流、产业合作、劳务协作、携手奔小康"六项行动"，创新消费扶贫合作方式，深化东西部扶贫协作，打造一批东西部协作园区共建样板。扎实做好中央国家机关、军队帮扶工作。深化与澳门扶贫合作。推进国有企业"百企帮百村"、民营企业"千企帮千村"和"百千万行动"，大力开展扶贫志愿服务活动，引导激励社会各界更加关注、支持和参与脱贫攻坚。

（6）严格落实五级书记抓扶贫责任体系。坚决扛起脱贫攻坚重大政治任务，强化省负总责、市县抓落实的脱贫攻坚管理体制，压紧压实责任链任务链，不断巩固省市县乡村五级书记抓扶贫的工作格局，推动脱贫攻坚各项政策措施落地生根。

（7）完善脱贫攻坚考核监督评估机制。切实解决基层疲于迎评迎检问题，改进第三方评估方式，缩小范围，简化程序，精简内容，重点评估"两不愁、三保障"实现情况，杜绝"虚假式"脱贫、"算账式"脱贫、"指标式"脱贫、"游走式"脱贫等，提高脱贫质量，做到脱真贫、真脱贫。

3. 全面提升贫困人口内生动力

（1）在思想上，以新时代大讲堂和农民讲习所为主要平台，办好青年志愿者脱贫攻坚夜校，加强思想、道德、文化、感恩教育，注重扶智扶志相结合，提升贫困群众技能，增强自我发展能力，引导贫困群众克服"等靠要"思想，消除精神贫困。建立正向激励机制，将帮扶措施与贫困群众参与挂钩，培育提升贫困群众发展生产和务工经商的基本能力。大力推进"文军扶贫"，深入实施文化产业千村扶贫计划，提升贫困群众的公共文化服务获得感。大力弘扬新时代贵州精神，积极宣传脱贫攻坚先进人物和典型事迹，大力宣传主动脱贫、奋力脱贫、成功脱贫的典型代表，促进形成自强自立、争先脱贫的精神风貌，增强脱贫光荣的荣誉感、尊严感，鼓舞和激励贫困户的脱贫斗志，加快脱贫步伐、斩断穷根。

（2）在能力上，创新人力资源开发模式。开展人力资源开发试点示范，完善人力资源开发体系。深入实施城乡劳动力全员培训计划，培训一批新型职业农民，完善省市县三级公共实训基地建设，打造西部地区劳务服务特色品牌。建设免费职业教育试点省，将高职学生逐步列入免学费、免书本费、免住宿费范围。支持贵安新区（含清镇）建设国家产教融合试点城市，将贵州省公办普通本科高校全部纳入"对口支援西部地区高等学校计划"和国家支持范围。加强高校"双一流"建设，实施"一带一路"小语种和特色学科专业建设工程，加大"小语种"和特需专业人才培养。新建（改扩建）一批城市、县、乡镇、村公办幼儿园，确保公办幼儿园在园幼儿数占比达60%以上。扶持民办教育规范发展，鼓励地方政府开展教育购买服务，支持贵阳市探索开展政府回购民办教育资源试点。建设教育信息化2.0试点省，推进优质教育资源普惠共享。

（3）建立健全脱贫巩固长效机制。研究建立促进群众稳定脱贫和防范返贫的长效机制，统筹解决城乡贫困的政策措施，建立健全脱贫攻坚巩固提升机制。

1）开展返贫监测，实时组织对建档立卡贫困户开展"回头看"。建立贫困户退出奖励制度，健全贫困户退出"后扶持"制度。持续巩固"四场硬仗"成效，健全群众稳定脱贫机制，在一定时期内保持扶贫开发政策不变、支持力度不减，"摘帽"不摘责任、"摘帽"不摘政策、"摘帽"不摘帮扶、"摘帽"不摘监管，防止出现边脱贫、边返贫。

2）加大就业帮扶力度和完善金融服务机制，通过产业发展和转移就业"双轮驱动"确保有劳动能力脱贫人口不返贫。建立和完善村集体企业治理结构，推动村办企业、村集体经济从"能人经济"向现代企业治理转型，增强集体经济发展活力和持续力。完善扶贫救助制度，探索设立扶贫救助基金，确保临时性、突发性贫困得到及时政策救助。加大教育、医疗等保障力度，防止因病、因学、因灾致贫返贫。充分发挥民政社会救助兜底保障作用，确保所有困难群众生活水平与经济社会发展进程相适应。探索解决收入水平略高于建档立卡贫困户的群众缺乏政策支持等新问题。

3）做好脱贫攻坚与乡村振兴战略衔接，对"摘帽"后的脱贫县要通过实施乡村振兴战略巩固脱贫攻坚成果。

专题篇
Subject Report

2019 年贵州省文化产业
扶贫发展报告

王红霞[*]

摘　要： 民族地区文化资源丰富，结合现阶段社会经济发展现状，通过发展文化产业扶贫促进农民脱贫增收是产业扶贫的必然选择。本文系统梳理了贵州实施文化产业扶贫取得的成效，深入分析了贵州民族地区文化产业扶贫过程中的成功经验与模式，面临现实困境，立足坚决打赢脱贫攻坚战、实现全面小康、促进乡村振兴的战略目标与基本要求，精准开展文化产业扶贫，促进民族贫困地区可持续发展，针对提出民族地区有效开展文化产业扶贫的对策建议。

关键词： 文化产业；精准扶贫；模式；对策；贵州

党的十八大以来，按照我国全面建成小康社会的总体部署和要求，习近平总书记明确指出要坚决打赢脱贫攻坚，让贫困人口和贫困地区同全国一道进入全面小康社会。产业扶贫是助推精准脱贫最根本、最有力的措施，在新时代，文化产业扶贫是一种新的重要扶贫方式。贵州省着力文化产业扶贫，强化提升贫困人口的内生动力和自我发展能力，这对民族贫困地区贫困群众脱贫致富、实现全面小康、促进乡村振兴具有重要意义。

＊ 王红霞，贵州省社会科学院农村发展研究所助理研究员，研究方向为农村贫困治理。

一、文化产业扶贫——必然选择

（一）文化产业扶贫是贵州打赢脱贫攻坚战重要举措之一

贵州省作为我国扶贫攻坚的主战场、示范区、决战区，认真贯彻落实党中央、国务院的各项战略部署，牢牢守住发展和生态两条底线，坚持以扶贫开发工作总揽全省经济社会发展大局，把扶贫开发工作作为第一民生工程来抓，坚持精准识别、精准帮扶、有效脱贫，大力推进精准扶贫，强力实施大扶贫战略行动。在全国14个集中连片特困地区中，贵州省有65个县分布在武陵山片区、乌蒙山片区、滇桂黔石漠化片区三个集中连片特困地区，受区域整体贫困与民族地区发展滞后并存、经济建设后来和生态环境脆弱并存、人口素质偏低与公共服务滞后并存的制约，贵州省一直是全国扶贫开发任务最重、难度最大的省份。贵州省以发展产业、农民增收、脱贫"摘帽"为核心，突出重点，主攻难点，点面结合，协作推进，全方位实施大扶贫战略行动。在精准扶贫的推动下，贵州省脱贫攻坚推陈出新，坚持改革引领、创新驱动和绿色发展，实施精准扶贫、产业扶贫、生态扶贫、党建扶贫、对口帮扶、社会帮扶，推动扶贫开发由"输血"、漫灌、被动方式向"造血"、滴灌、参与方式转变，为与全国同步实现小康奠定坚实基础。

文化产业扶贫是贵州省打赢脱贫攻坚战的举措之一，既有鲜明的目标导向，又有现实的问题导向。贵州省通过文化旅游助推民族文化传承发展和产业扶贫，主要依托重大文化产业园区（基地）、文化遗产、自然遗产、特色产业、红色旅游、农业园区、健康养生等资源，推动民族文化与旅游市场深度融合，能够有效带动当地经济社会发展，提高产业增加值、延伸产业链、融生新的业态，产生叠加放大效应。在改善民族地区的基础设施的同时，也能够为当地居民提供就业机会，切实增加农户增收渠道和提高农户收入水平，有效助推民族地区精准脱贫，实现全面小康。

（二）文化产业扶贫为乡村振兴战略打好坚实基础

民族地区一般贫困面广、贫困程度深，在经济新常态下，为打赢脱贫攻坚战，实现同步小康，不拖全国后腿，民族地区在深化农村改革实践与创新方面做出了有益尝试，取得了一定的成效，积累了宝贵的经验。但由于目前我国既处在改革发展、资源开发、项目建设的加速推进阶段，又处在经济、社会转型时期，还处于跨越发展、后发赶超、同步小康的关键时期，面临既要"赶"又要"转"的双重压力，必然会触及多方面、深层次的利益矛盾和问题。基于此，贵州省制定了实施乡村振兴战略的分阶段目标：2018 年，启动实施"四在农家·美丽乡村"小康行动升级版，全省农村经济和社会事业持续发展，第一产业增加值、农民人均可支配收入分别增长 6% 和 10% 左右。到2020 年，乡村振兴取得重要进展，如期完成脱贫攻坚任务，全省同步实现全面小康，非贫困地区农业农村现代化建设有序推进。到 2022年，在社会主义现代化建设新征程上迈出乡村振兴新步伐。到 2035年、2050 年，与全国乡村振兴战略目标同步实现。贵州省提出"来一场振兴农村经济的深刻的产业革命"，也就是需要大力推进乡村产业振兴，进行现实探索，而文化产业扶贫在乡村产业振兴中必将大有作为，能够为进一步实施乡村振兴战略打好坚实基础。

二、文化产业扶贫主要举措和成效

（一）项目扶持不断增强贫困地区市场主体带动增收能力

制度保障壮大县域文化产业。结合工作实际，贵州省于 2016 年制订了《文化产业扶贫"千村计划"实施方案》（以下简称"千村计划"）。"千村计划"从"壮大县域文化产业、助力脱贫攻坚"的角度出发，依托贫困县、极贫乡镇的历史文化、民族文化、红色文化、山地文化等文化资源，通过项目扶持的方式，因地制宜地建设文化产业扶贫示范基地，帮助贫困群众成为投入主体、实施主体和受益主体。"千村计划"按照"省统筹、市（州）推动、县（市区）实施"的工作机制，每年由省级文化产业发展专项资金出资，以项目扶持的方式开展文化产业扶贫。

项目扶持效果显著。通过"公司+合作社+贫困户"模式，对 14 个深度贫困县和 20 个极贫乡镇开展文化产业扶贫，累计扶持建成 49 个文产扶贫示范基地，扶持建设了一批非遗体验、山地运动、农耕体验、乡愁文化苑、手工艺品、农文体旅田园综合体等。贵州省创新开展文化产业扶贫的做法，得到了中宣部和中央文改办的认可和肯定。2016 年，扶持建成 15 个文产扶贫示范基地，培育 350 个市场主体，帮助 98 个贫困村走上脱贫道路，覆盖贫困人口 3.8 万人。2017 年，扩大"千村计划"实施范围，扶持建设 34 个文产扶贫示范基地，带动 154 个贫困村、13450 户贫困户增收。2018 年，支持正安县和溪镇农文体旅田园综合体项目，建设吉他文化、非遗体验、山地运动、农耕体验和民宿酒店等；支持沿河县社会主义核心价值观主题场所、竹藤编织旅游工艺品开发、洪渡镇打镏子文化演艺基地、桶井乡春晖乡愁文化苑项目等，建设脱贫攻坚教育馆、傩艺坊、乡愁屋和传习所等项目基地。

（二）切实加大资金扶持力度促进贫困地区文化企业和文产项目建设发展

2019 年，贵州省文化产业发展专项资金项目采取"股份投、贴息帮、无偿补"等方式，支持各地各单位文化产业项目建设。所支持的项目进一步聚焦决战脱贫攻坚、决胜同步小康这一主线,以文化产业扶贫为切入点,挖掘贫困地区文化资源优长,引导扶持产业发展,为贫困群众提供就业机会。据不完全统计,2019 年省级文化产业发展专项资金共支持贫困地区申报项目 16 个,支持金额约 2585 万元,占全年省级文产专项资金的 43%。同时,深入贯彻落实贵州省委、省政府支持毕节试验区打赢脱贫攻坚战有关文件精神和贵州省委宣传部有关工作安排,对毕节试验区文化产业扶贫项目予以倾斜支持,指导支持谋划重点项目 4 个,支持资金 210 万元,并与时俱进探索创新资金使用方式。

创新文化产业扶贫帮扶方式,积极开发文化产业扶贫贷款产品,解决中小微文化企业(企业主或个体工商户)"融资难、融资贵"问题。贵州省相关省直部门与省内有关金融机构共同起草了《贵州省"文扶贷"风险补偿金使用管理暂行办法》,在征求有关部门意见后进行了修改完善。下一步,将就"文扶贷"风险补偿金的合规性、金融衍生品开发、风险控制、免责等有关法务问题向贵州省司法厅和机关法律顾问进行咨询,切实推动文化产业扶贫贷款项目的实施。

(三)搭建文化产业发展平台支持贫困地区文化产品"走出去"

2019 年,贵州省积极筹备组团赴深圳参展第十五届深圳文博会工作,在主会场搭建"多彩贵州"主题馆,在分会场开展"多彩贵州"非遗村系列文化活动,共组织 70 家企业、近 1000 种产品参加展示展销。在第十五届深圳文博会上,贵州省展团充分展示了近年来文化改革发展的成就,中央政治局委员、中央书记处书记、中宣部部长黄坤明和中央政治局委员、广东省委书记李希在贵州馆视察指导时给予了充分肯定。

成功举办 2019 年贵州民博会,以"发展文创产业 助力脱贫攻坚"

为主题，组织相关文创文产扶贫企业参展，展示展销产品 700 余件，扩大了企业和产品的推广度。聚焦贫困地区茶产业品牌推广，组织沿河古茶、石阡苔茶、普安红、纳雍高山茶、镇宁黑茶及其他贵州省代表性茶叶品牌相关企业参展。设置锦绣计划创新产品陈列区和绣娘染娘现场演习体验区，积极推动发展妇女特色手工产业，共 15 家参展，精选展品 200 余件。创新方式方法积极推动活动成果转化，组织 150 名能工巧匠选手参加贵州省能工巧匠选拔总决赛，进一步发掘优秀民族民间手工艺人，催生优秀民族民间工艺品企业，带动一批优秀企业家和致富带头人。特别是集中展示了以贵州 14 个深度贫困县 42 款产品为主题的多彩贵州文化创意设计大赛成果——1 金 2 银 3 铜及 36 组优秀奖设计作品，授权深度贫困县无偿使用设计成果，推动产品设计帮扶贫困县商品转化工作落到实处。2019 年 1 月以来，贵州省先后组织多家贫困地区民族民间文化企业、非遗传承人以及演艺团队赴重庆、山东等地参加当地文博会，为文化企业"走出去"提供更多机会和平台。

（四）积极推进贫困县文化产品电商平台建设

电商平台以贵州省深度贫困县和极贫乡镇为重点，帮助贫困地区文化企业拓宽销售渠道，增加销售收入，带动贫困人口增收致富。电商平台初期以"零入驻费、零保障金、零运营成本"的"三无"优惠政策覆盖了 14 个深度贫困县和 20 个极贫乡镇。经过各地积极申报和认真遴选，初期选择了积极性高、基础较好、特色突出的 41 家文化及相关产业的企业入驻平台，产品包括刺绣、蜡染、银饰、服饰、乐器以及特色农产品。2019 年，着力推动电商平台与正安县石坪村签订协议，开展产品"产供销"电商合作，进一步帮扶贫困地区群众增收。

（五）积极支持毕节试验区按时打赢脱贫攻坚战建设

根据贵州省委、省政府、省委宣传部关于支持毕节试验区按时打赢脱贫攻坚战建设贯彻新发展理念示范区的有关工作部署和要求，大力推进实施文化产业扶贫，对毕节试验区予以倾斜支持。

一是积极指导支持毕节试验区谋划储备一批优质重点文产项目，为发展文化产业不断丰富载体。组织推荐毕节大方古彝文化产业园、七星关区鸡鸣三省旅游景区建设两个项目，积极向中宣部文改办申报争取列入国家级文产项目库建设。积极推进七星古城旅游景区、大方崔苏坝休闲体育文化产业园等八个项目建设。

二是切实加大省级文化产业专项资金对毕节试验区文化产业发展的倾斜支持力度，不断激发动力。结合当前形势，及时修订完善《贵州省文化产业发展专项资金使用管理办法》，在使用范围上进一步聚焦文产脱贫，明确"对脱贫攻坚任务重的有关文化产业扶贫项目予以倾斜扶持"，从制度设计上进行了完善。对藏羌彝文化产业走廊之民族动漫文创产品开发与时尚运用、七星关区鸡鸣三省旅游景区建设等四个项目予以资金支持，支持资金共计 210 万元。

三是搭建文化产业发展平台支持毕节试验区，不断夯实基础。借助相关文化产业博览会平台，积极组织相关文化企业和文化产品参加博览会开展展示展销，先后组织毕节试验区的 12 家文化企业参展深圳文博会、一家文化企业参展重庆文博会、六家文化企业参展贵州民博会，通过上述文博会平台为毕节试验区文化企业不断扩大影响提供支撑。

三、文化产业扶贫的主要模式

（一）制度完善、有序推进

按照中央和贵州省委决策部署，结合多彩贵州民族特色文化强省建设，贵州省紧紧围绕"大扶贫"战略行动和"文军扶贫行动"，充分发挥文化产业在扶贫攻坚中的作用，创新实施文化产业扶贫"千村计划"，培育发展壮大县域文化产业，为全省"守底线、走新路、奔小康"做出积极贡献，为把文化产业培育成国民经济支柱性产业奠定坚实基础。

明确工作目标，实施文化产业扶贫"千村计划"，实现"两个快于"和"百千万工程"两个目标。"两个快于"，即实施"千村计划"的村人均纯收入增长速度快于所在县的平均速度，实施"千村计划"的农户人均纯收入增长速度快于所在村的平均速度；"百千万工程"，即到 2020 年，建成 100 个文化产业扶贫示范基地，实现 1000 个贫困村脱贫，培育 10000 个经营主体。坚持群众主体，调动群众积极性，充分发挥群众主体作用，群众是"千村计划"的投入主体、受益主体和创新主体。坚持文化为本，以文化产业为主要内容，各地根据拥有的文化资源为切入点，因地制宜发展文化产业。坚持产业引领，以市场为导向，加大要素投入，积极培育壮大市场主体，通过发展壮大文化产业带动群众增收致富。坚持精准施策，根据资源可转化程度、资金投入程度和市场需求程度，将文化产业扶贫项目落实到贫困农户中，实现精准扶贫。

（二）"园区+企业+贫困户"模式

在众多产业扶贫模式中，文化产业精准扶贫模式备受青睐。以文化产业园区、基地为载体，以文化产品手工业为依托，以雇用贫困户为主，政府积极建设文化产业园区及基地，制定优惠政策吸引相关文化产业企业入驻，并搭建专门的公共服务平台，鼓励入驻企业优先雇用贫困户。政府通过资金补助园区及基地文产企业开展员工技能培训、文产企业贷款贴息、服务平台建设等形式实实在在推动文化产业精准扶贫。主要文化产业园区及基地包括：正安·国际吉他文化产业园、务川县仡佬之源景区百匠园工程、道真县文化创意设计孵化中心、六枝特区尚盛竹艺开发有限公司基地（一期）等。

（三）"文化旅游景区+个体工商户/合作社/中微小企业+贫困户"模式

主要依托各地文化旅游资源，因地制宜建设相关景区和项目，鼓励个体工商户、中小微文化企业和专业合作社入驻，促进当地文化旅游发展，进而带动相关贫困户增收脱贫。比如，石门坎特色文化旅游发展、荔波县黎明关水族乡永康水族文化风情园等。

（四）"公司+农户"模式

通过雇用大量贫困户并对其进行技能培训，生产相关文化产品，进而带动贫困户增收脱贫。比如，江口县坝梅村"互联网+紫袍玉带石"、丹寨县苗家古法手工刺绣、台江县苗族刺绣工艺品产业创意发展、黎平县侗布保护传承与产品创意研发等。充分发挥劳动力资源优势解决家庭妇女就业难问题，培养一批刺绣能手，提高她们的收入和生活水平，加快贫困户脱贫步伐。

（五）订单式扶贫模式

贫困县或村本地没有龙头企业带动，可通过异地龙头文化企业向本地下订单，由当地贫困户或者贫困户组成的合作社承接，进而带动本地贫困户增收脱贫。比如，丹寨蜡染文创产品订单式扶贫等。丹寨蜡染文创产品订单式扶贫按照"公司+基地+农户签订合同发放订单"模式，由企业组织培训、产品研发、技艺培训、宣传营销，贫困农户负责生产文创产品。通过对蜡染产品的创新设计、包装和营销，增加蜡染产品的附加值，实现企业创收、贫困户增收的目标。

（六）"易地扶贫搬迁＋非物质文化遗产传承发展"模式

在易地扶贫搬迁的过程中，黔西南州尝试走一条融合式搬迁的路子，提出了"七个搬出"的口号，希望让搬迁群众"搬出渴望、搬出文化、搬出产业、搬出倍增、搬出尊严、搬出动力、搬出秩序"。以"搬出文化"为核心，通过对民族特色文化的挖掘、保护、传承，把大山里稀缺的文化遗产归类集聚，统筹管理，把丰富的民族文化资源变成可传承、可打造的产品，让民族传统文化自然而然地衍生成文化产业。然后，通过对百年民族特色小吃、民族歌舞、传统手工艺等民族文化的深度挖掘和市场嫁接，把民族文化变成吃住行游购娱的产品，链接上下产业链条，形成产业集聚，汇集成民族文化旅游产业园。把扶贫搬迁变成民族文化的彰显、民族文化的挖掘，促进易地扶贫搬迁与文化产业融合发展，"以产定迁"，使搬迁群众有文化传承、靠文化就业、有产业支撑，真正做到搬得出、稳得住，实现精神富、有收入、安居乐业奔小康。

四、文化产业扶贫面临的主要困境

（一）文化企业市场主体整体实力较弱，带动能力有限

总体来看，贵州省无论是国有文化企业，还是民营文化企业，都还较普遍地存在体量偏小、实力偏弱、市场竞争力不强等问题，带动贫困地区增收的能力有限。尤其是省直层面重点打造的省属国有文化企业资产总规模加起来，还不及部分发达省市一家公司的规模大，且发展不平衡，资产规模差距悬。同时，还面临同质化竞争严重，产业业态布局过于分散，不能有效集中资源和力量办大事的困境。所以，

整体来说，文化企业市场主体对贫困地区辐射力弱，带动贫困户精准脱贫的能力有限。

（二）地方配套资金不足

由于贫困地区经济基础薄弱，资金有限，通过文化产业扶贫大力助推脱贫攻坚面临诸多难题。地方配套资金不足是制约文化产业精准扶贫工作的重要因素，对于广大贫困地区来说，地方财政相当困难，他们无力从地方财政收入中筹集配套资金用于文化产业扶贫，主要依靠上级扶贫资金开展扶贫开发工作。这在一定程度上制约了文化产业扶贫的实施。

（三）重大文化产业项目示范引领作用有待进一步发挥

虽然近些年贵州省各地谋划实施了一批重大文化产业项目和工程，不少项目和工程已经建成并投入使用，但总体来看，在项目施工建设、项目管理运营，乃至项目作用发挥上，进度不一、效果不同，还有不少欠账需要补足。贵州省每年都会借助深圳文博会、贵州民博会以及对外文化"走出去"等平台，组织开展项目招商引资，但由于受经济基础薄弱等因素影响，项目资金缺乏的问题依然很明显，一些项目因缺少必要的资金投入，建设进度缓慢。贵州省各级特别是县级政府或者孵化类文化产业园区缺乏文化创意、研发设计、技术服务、展示交易、融资服务、人才服务、法律政策咨询等公共服务平台，管理运营团队缺乏相应的经验和能力，项目运转不顺畅，从而产生的社会效益和经济效益还不明显。

（四）文化产业人才支撑不足

民族贫困地区通过发展特色文化产业实现精准脱贫的目标，文化专业技术人员与管理人员严重匮乏。比如在文化创意产业扶贫路径中，专业技艺与现代技术的培养至关重要，但当地村民知识文化水平较低、技艺水平不高，就会严重影响文化产业扶贫项目目标的实现。部分地方干部对非物质文化遗产传承的意识不强，不愿意全身心投入非物质文化遗产的传承和创新。同时，文化企业懂经营管理的人才比较匮乏，文化创意人才更是极少。所以，人才不足会极大地阻碍文化产业扶贫的有效推进。

五、加强文化产业有力助推精准扶贫的对策建议

（一）民族特色文化品牌引领产业发展

品牌是一个事物区别于其他产品的重要标识和特色，体现的是一个事物的核心竞争力。一个事物只有做成品牌，才能真正具有影响力与竞争力，才能经久不衰、流芳百世。要结合各民族地区实际，根据市场需求，培育各种类型的文化产业品牌，突出地区文化差异性，抓住独特性文化资源，塑造品牌形象，实施文化产业品牌战略，提升核心竞争力，使特色文化品牌"走出去"。在打造文化产业品牌的过程中，关键在于这个文化产业品牌是否具备生命力，应深入挖掘文化精神内涵，提炼当地文化符号，整合资源、集中力量，多打"组合拳"和"整体战"，吸引更多消费者，争取更好的社会效益和经济效益，增加贫困地区农户收入，助推贫困人口精准脱贫。

（二）创新文化产业发展观念

文化产业要实现，长期全面发展，必须抬高起点，强化市场导向，认真研究比较优势，提炼文化特色，注重科技创新和创意设计。创新体制机制和管理模式，在规划上除了要考虑特色文化产业市场空间、

区域资源、内部能力、上位规划、错位竞争等因素外，更看重的是外部产业转移、内部承接能力相匹配的可能性、可行性。规划要切实，应符合产业的发展路径，所选的产业既要符合发展战略、发展趋势，更要具备招商可能、招商可行。

现代创意就是对传统文化的回望和坚守，与现代世界相融合，产生新的生活美学意趣。创意是人的知识、智慧和灵感在特定行业的物化表现。创新民族文化的传承与发展方式，就必须站在高端、站在高处、站在长远。民族地区的多元民族文化源远流长，其传统文化与现代文化交相呼应，地域文化与各民族文化相得益彰，文化传承、文化创意与文化产业相互促进，从而将民族地区特色文化资源与现代消费需求有效对接，拓展特色文化产业发展空间。

（三）大力推进"互联网+扶贫"

科技创新通过催生新型业态、提升产业价值链、创新商业运营模式优化文化产业结构、产品结构和市场结构，从而达到全面转型升级的目的。"互联网+"是当今各种产业发展的趋势，民族地区要鼓励企业和社会机构挖掘文化数据资源，推进民族特色文化内容创新、传播方式创新，激发文化创新活力。构建文化大数据综合服务平台，推动文化数据汇聚整合。推动文化大数据的交流融合，推进文化与旅游信息平台一体化建设，促进不同手段、不同形式的相互借鉴，推动文化创作出新、出彩。推动大数据在文化领域的应用，加快数字影院、数字视听、数字出版、数字教育发展，培育手机动漫、手机游戏等新兴业态。借助互联网平台大力推动民族地区文化产业精准扶贫，鼓励企业将传统文化与现代元素相结合，催生新技术、新工艺、新产品、新服务，建立文化产业扶贫微信公众号平台，利用媒体宣传优势，实现精准扶贫。进一步加强电子商务扶贫发展，在贫困地区实现全覆盖收发站点，畅通贫困地区的快递及物流，使电子商务扶贫发挥更大的作用。每一个贫困村都应建立至少一个网店，专门为当地村民输出特色文化产品，贫困户也可个体经营网店，销售具备当地特色的文化产品。"互联网+扶贫"不仅有利于发展民族特色文化，更能拓宽民族地区文化产业扶贫发展渠道，从而促进当地农户实现增收，有利于助推民族地区精准脱贫。

（四）特色发展彰显比较优势

民族地区一般民族特色突出，文化产业必然要走特色发展之路。特色发展就是立足特色文化资源和区域功能定位，构建具有鲜明区域和民族特色的文化产业体系，促进多样化、差异化发展。首先，要保护好现有文化资源。经过历史积淀留存下来的文化遗产，既是悠久历史的见证，也是人类文明的瑰宝，更是发展特色文化产业的前提和基础。其次，保持和突出本地特色。对本地文化资源的开发、利用进行科学规划，避免因无序开发、过度开发导致的资源浪费或破坏。发展特色文化产业，也要从本地的经济社会发展水平和人才、资金、资源等优势出发，因地制宜，集中力量打造具有本地特色的文化项目，提升影响力和竞争力，绝不能盲目跟风模仿，或者贪大求全，搞重复建设。再次，找准发展特色产业的突破口。谋划实施重大项目带动战略，整合民族文化、历史文化、非物质文化等各类特色文化资源和各方面力量，实行综合开发利用，推动文化产业与其他相关产业融合发展，提高资源开发利用效率，延伸文化产业链，使特色文化产业成为贵州新的经济增长点。最后，挖掘民族特色产业文化内涵。振兴传统饮食加工、建筑营造等传统手工艺。依托技艺传承人，培育工匠精神，加大人才培养力度，提高研发创意能力。结合现代市场消费，推动传统工艺标准化、规模化、文化化和市场化。注入更多创意理念及文化元素，提升产品文化内涵和品质。挖掘民族节庆活动，加大保护力度，推广民族传统节庆背后的历史典故和传说故事，进一步充实民族节庆文化传统活动内容，打造系列具有独特文化内涵的民族节庆活动。

（五）大力推进文化旅游深度融合发展

民族地区开展文化旅游深度融合发展是实现农户脱贫致富、同步小康、乡村振兴的重要路径之一。一是创新理念加速发展。推动文化旅游融合发展可以有效提高产业增加值，延伸产业链，融生新的业态，产生叠加放大效应，进一步加快发展速度。既是提质增效的重要途径，也是当前国内外文化旅游业发展的大趋势和成功做法。增强融合就是互促共赢，文化与旅游的融合发展有着具体而特别的内涵，不仅是文化内容向旅游产业的简单植入，而且是旅游产业向文化产业的空间拓展。融合不是两个产业谁吞并谁，而是两大产业全方位、各方面、广角度的合作共赢。融合就是一体化推进，在深度和广度上不断扩展，实现两个产业在基础资源、生产要素、产业链等各个环节的有效融合，实现理念、载体、市场的共享融通，形成一体化的组织结构、管理体制、发展规划和政策措施，做到两者合二为一，齐头并进。二是统筹利用资源，挖掘融合资源。文化资源和旅游资源既是两个产业融合发展的原料和内容，也是提高产业融合度和持久发展力的重要基础。在资源融合方面要着力进行系统梳理，根据资源的现状、性质，有的放矢，分门别类地保护、发掘、充实和利用。统筹好尚未开发利用的资源，协调推进，实现资源的共生共享。一方面，对于已经产生融合的资源，要推进深度融合，进行全方位、立体式，既有物理性，又有化学性的融合。例如，对于一些旅游景区来说，不能简单地卖卖文化旅游商品、做点特色小吃等，要进行深度融合开发，增加更多的文化元素。另一方面，对还没有产生融合的资源，要找准切入点，加快融合，拓展潜在的隐性资源。文化和旅游都是带动性和关联性很强的产业，要善于推动两个产业向各自核心层、外围层、相关层，以及上下游产业链有机结合，拓展新的资源。大力实施旅游精品战略，以旅游产品体系建设为重点，加快资源优势向经济优势的转化，以国际、国内旅游市场需求为导向，在不断巩固和完善现有观光、度假旅游的同时，大力发展民族文化游、生态文化游及历史文化游。突出特色，打造一批交通便捷、环境优美、安全舒适、服务配套，以及在旅游市场上影响大、竞争力强的旅游精品，建设一批重点旅游城市、特色旅游城镇及民族文化村寨，构建起初具规模的特色旅游产品体系。

整合历史文化、自然风光、人文景观等文化旅游资源，充分发挥文化的灵魂作用，利用好旅游载体，推动文化产业发展壮大。利用文化资源，打造具有文化特色的景区景点，提升已有景区景点的文化内涵，打造特色文化旅游街区，打造高品质旅游演艺产品，抓好文化旅游品牌的宣传推介，着力乡村旅游绿色发展，创新乡村旅游运营模式，带动贫困户发展乡村文化旅游。

（六）注重项目策划为资本聚集寻找载体

民族地区作为欠发达地区，在发展文化产业上，要特别注重项目的策划。借智借力，以资源禀赋为基础、以市场为导向认真谋划项目，搭建特色文化产业项目投融资发布平台。要加大策划包装力度，深刻洞悉独特的文化内涵资源，围绕特色文化产业的各个环节进行策划包装。要坚持内资撬动与外资拉动并举，创新合作模式，鼓励和支持社会资本采取独资、共建、合作等多种方式促进发展。要加大宣传推介力度，充分利用好文博会等平台，加大文化产业项目的招商宣传宽度和广度，为资本快速聚集营造信息通道。

（七）利用文化遗产助推贫困群众脱贫致富

根据民族地区物质及非物质文化遗产资源的实际情况，在保护传承的基础上合理开发利用，做实文化传承助推脱贫民生实事。积极创建一批保持传统技艺、具有示范带动作用的保护性生产基地，建设文化遗产展示体验区，拓展文化部非物质文化遗产传统手工技艺培训计划，大力发展民族服饰、民族美食、民族医药、手工制品、纪念品等非物质文化遗产衍生产品，鼓励民族文化元素与现代生活、时尚创意相结合，积极鼓励贫困人口学习传承非物质文化遗产技艺。以"非遗"项目代表性传承人培训计划推动贫困群众脱贫致富，培养传统手工艺骨干传承人、手工艺品设计者、市场营销人员，广泛动员数万户传统村落贫困农户参与传统手工艺培训，引进成熟、知名企业参与传统手工艺品的创意研发和销售，帮助拓展销售市场。推动自然遗迹、传统村落整体性保护、生态博物馆建设与旅游业有机结合，建设民族文化旅游景区、传统村落民俗文化旅游景区、生态文化旅游景区，助推贫困群众脱贫致富。推动贫困地区形成"大众创业、万众创新"的良好氛围，推动贫困地区群众创业就业，以各级非物质文化遗产生产性保护示范基地建设推动贫困群众脱贫致富。

（八）骨干文化企业带动贫困户精准脱贫

充分发挥国有骨干文化企业的带动作用，引导并鼓励将相关业务拓展至贫困县和贫困村，带动贫困户脱贫致富。发挥民族工艺品生产、休闲娱乐服务、文创产品生产等相关类别骨干龙头企业带动作用，推广"公司+小微企业""公司+农户""公司+合作社+农户"等模式，鼓励有条件的地方成立合作社，鼓励龙头企业聘用贫困户员工，鼓励合作社吸收贫困户社员，帮助企业及合作社提升研发创意水平、拓宽市场渠道及扩大销售规模。

（九）强化培育文化产业专业人才

加大文化产业人才队伍发掘培养力度，加大经营管理、创意设计等文化类高端人才引进力度，加大本土人才培训力度。组织开展各类以保护传承与创新发展为重点的有针对性的人才培训，提升人才队伍整体素质。切实加大对非遗传统手工技艺传承人的培养培训，壮大各类非物质文化遗产及传统工艺传承人队伍，优化传承人年龄结构，鼓励开办传承机构，开展传承活动，定期邀请非物质文化遗产传承人和文化产业专家对贫困人口进行系统化、专业化的培训，实施培训精准到人，提高贫困人口的文化自信和产业技能，大力推动非遗项目生产性经营，将文化资本转化为经济资本，促进非遗保护传承与农民脱贫致富实现"双赢"。

2019 年贵州省农村电商
发展与扶贫报告

罗以洪[*]

摘　要：贵州省立足脱贫攻坚，抓住产业扶贫这个关键，高度重视农村电商发展工作，农村电商发展基础设施逐渐夯实、国家电子商务进农村示范积极推进、电商人才培养逐步加强、电商扶贫工作取得实效，农村电子商务服务环境日趋改善。通过问卷调查和实地调研，发现贵州省农村电商发展存在突出问题，主要表现有：电商发展基础设施比较薄弱，农产品无品牌缺乏竞争力，没有合适的专业化垂直农村电商平台，缺乏专业团队引领的产业及人才体系。针对未来电商扶贫发展趋势，建议从省级层面加大对农村电商发展提速升级的支持力度，重点抓好"五个体系"建设，即加快农村电商政策体系建设，加快农村电商规划体系建设，加快农村电商物流体系建设，加快农村电商人才体系建设。

关键词：农村电商；精准扶贫；贵州；发展报告

贵州省紧守发展与生态这两条底线不动摇，以脱贫攻坚为立足点，以产业扶贫为关键手段，以绿色优质农产品为核心优势，发挥农村电商农产品上行渠道作用，为实现 2020 年全面建成小康社会的奋斗目标

---

* 罗以洪，贵州省社会科学院区域经济研究所研究员，博士，主要研究方向为区域经济、工业经济、大数据、电子商务、创新管理。

不懈努力，取得了一系列的优秀成果。

2013 年以来，贵州省高度重视农村电商发展工作，大力发展农村电子商务，推进农产品产销一体化进程，农村电商发展基础设施逐渐夯实，基本建成了电商网络平台，国家电子商务进农村示范积极推进，电商人才培养逐步加强，电商扶贫工作取得实效。农村电子商务服务环境日趋改善，农民迫切要求主动融入电商发展大潮，优质农产品资源为电商发展提供了品质保障，政府给予了农村电商发展较大支持，农村电商扶贫助力脱贫攻坚，助推乡村振兴，为全力打造生产美产业强、生态美环境优、生活美百姓富的贵州脱贫攻坚及乡村振兴新样板做出了突出贡献。

一、农村电商扶贫取得的主要成效

贵州省践行"大扶贫、大数据、大生态"三大战略行动，以"增强政府职能、带动产业融合、强化服务能力、完善支撑建设、践行群众路线"为重点，走出了一条"有别于东部，不同于西部其他省份的"电子商务扶贫新路子，电子商务助推脱贫攻坚取得了明显成效。

（一）夯实农村电商发展基础

自 2013 年以来，贵州省委、省政府高度重视农村电商发展基础建设，推进"小康讯"行动计划提升农村电商发展信息基础，农村大交通基础设施、物流设施、农村物流"最后一公里"问题得到显著改善，电商人才培育及引进工作得到较大提升。

1. 加强农村电商发展信息基础

由贵州省通信管理局牵头，按照贵州省委、省政府关于小康行动计划工作要求，推进"小康讯"行动计划提升农村电商发展信息基础。2018 年，深入推进"小康讯"行动计划，优化行政村 4G 网络质量，并向 30 户以上自然村延伸覆盖，全年投资 8.27 亿元，新增 12000 个 30 户以上自然村的 4G 网络覆盖，覆盖比率达到 85%。坚持"提速不提价"原则，开展光纤宽带网络提速行动，将具备条件的 50Mbps 以下家庭宽带用户免费提升至 50Mbps 以上。组织各通信运营企业对所有深度贫困村的"建档立卡"贫困户办理通信业务实行三折优惠。2018 年惠及 30.76 万贫困户，优惠金额达到 1.34 亿元。

2. 夯实农村电商发展物流基础

为使农产品快速适应市场以及全覆盖各级销售地区，贵州省以贵阳市和遵义市为中心、各个地市州为枢纽、县（市、区）为节点、乡镇大型农产品生产基地为末梢，构建了冷链物流运输一体化的完整体系。同时，各地区出台配套优惠条例，将邮政、供销、第三方农产品物流企业资源整合贯通，完成物流到县、快递到乡、配送到村的目标建设，贵州省 60% 以上的贫困地区已经完成快递网络的全覆盖。

（1）改善农村大交通基础设施。由贵州省交通厅牵头完成农村公路投资 420 亿元，新改建 8172 千米农村公路，通组 5250 千米硬化公路，全省农村 30 户以上村民组通畅率提高至 98.6%。实施农村公路新改建工程 3000 千米，实现全省 30 户以上自然村寨 100% 通硬化路，完成乡镇、建制村硬化路"畅返不畅"整治工程，彻底打通全省交通的"毛细血管"和"最后一公里"。建成农村公路安防工程 5000 千米以上。2018 年完成对贵州省农村物流网络节点体系建设情况的初步调查，并上报交通运输部，2019 年计划在贵州省全省范围内支持 24 个偏远贫困乡镇建设完善农村物流网络节点。

（2）加强冷链物流发展建设。由贵州省商务厅牵头，全省建成冷库 722 个，冷库库容与冷链运输车数量达两年前的 4 倍（121 万吨、1248 辆）。为切实降低贵州省绿色农产品冷链成本，2017 年，贵州省人民政府办公厅印发实施了《关于降低绿色农产品冷链成本若干政策》（黔府办函〔2017〕169 号），在降低冷链设施用电成本、运输车辆通行成本、冷链设施建设用地成本、冷链企业融资成本、标准化设备购置使用成本、研发推广冷藏先进技术降低企业成本以及加大对冷库建设和冷藏车购置支持力度等方面出台了7条政策措施，并强化了政策落实和督促检查，为贵州省冷链物流的进一步完善发展提供了政策支撑。

（3）解决农村物流"最后一公里"。2016年，经贵州省人民政府同意，贵州省发改委、财政厅、交通运输厅三部门联合印发《关于降低企业物流成本若干措施的通知》（黔发改经贸〔2016〕313号），明确采取有效措施减少物流成本。第一，给予货运车辆通行优惠。发行黔通卡，持有黔通卡的货运车辆在通过贵州省高速公路时，享有9.5折通行费优惠。给予本省货运车辆通行月消费额度积分阶梯优惠，单车月消费额度达到3000元、5000元、10000元以上的本省货运车辆，次月通过贵州省高速公路时以在线返利的形式分别给予车辆9.4折、9.2折、9折的通行费优惠；给予自有货运车辆100辆以上的贵州省重点物流运输企业，在以上优惠方式的基础上继续给予1%的通行费优惠。第二，降低物流运输企业的负担，取消和清理对货运车辆的不合理收费。2016年3月1日，全面取消本省营运车辆的二级维护检测、综合性能技术等级评定（检测）涉企行政事业性收费和变相涉企行政事业性收费；加快规范和清理公路路政（补）费等涉及物流运输企业的各项收费；规范和整合公路监督管理执法行为。加快建立客货运驾驶人员从业信息、交通违法信息、交通事故信息共享机制；充分发挥公路超限超载治理联席会议机制作用，加快实施《贵州省道路交通安全三年攻坚工作方案》，推进科技治超。大力开展收费公路违规行为及不合理收费的专项治理，实施"互联网+车辆检验"的便民措施；加速推广"三检合一"（货运车辆安全技术检验、综合性能检测和环保定期检测）在线办理，为货运车辆及其驾驶人员办理年检和审验提供便利。第三，积极推进多式联运发展。给予黔货出海多式联运运营、省内铁路货运环线班列补贴，加速建设多式联运基础设施，大力推进多式联运物流标准化建设，积极推动多式联运发展。政策实施以来，推动贵州（昌明）国际陆港多式联运示范项目和遵义黔北物流新城渝黔联动公铁水集装箱多式联运示范工程获评国家第二批和第三批多式联运示范项目，安排资金对贵铁物流、开磷集团和瓮福集团等企业开展多式联运进行了补贴。

（4）促进配送服务规范化。2017 年以来，由贵州省邮政管理局牵头，持续在全行业内开展邮件快件"三不"（不着地、不抛件、不摆地摊）专项整治工作，通过两年多的专项整治，全省邮政快递营业场所、分拣场所离地设施铺设比例从不足 30% 提升至 99% 以上，邮件快件配送服务进一步规范。在分拨场所，全行业所有分拨场地均实现视频联网，确保分拨在监控下运行，实现规范分拣，杜绝抛扔现象。在投递服务环节，贵州省大力发展近邻宝、丰巢、速递易等智能快递箱和菜鸟驿站、快递超市等末端投递站点，已实现全省大型社区设备铺设全覆盖，有效杜绝了快递"摆地摊"现象，进一步提升配送服务规范化。

3. 夯实农村电商发展人才基础

截至 2019 年 6 月，贵州省共有 24 所高职院校开设了电子商务、网络营销等电子商务相关专业，为贵州省电子商务产业及农村电商发展培养了大批专业人才，提供了智力支撑和人才支持。

（1）加强高技能人才队伍培养。为加快培养一支数量充足、结构合理、质量较好的高技能人才队伍，由贵州省教育厅牵头，积极支持职业院校开设电子商务产业专业及相关课程，扩大人才培养规模，加快培养既懂销售与市场，又懂产品包装设计、数据统计分析的电商专业人才。加强指导与支持，通过教育教学改革措施，提高人才培养水平。深化产教融合、校企合作，鼓励职业院校与相关企业通过专业共建、资源共享、人才共育等方式，深入开展合作，积极引导高校和职业院校电子商务专业毕业生从事农村电商相关工作。

（2）大力加强电商主体的培育。建设电商培训基地，引进专业电商培训服务商，着力打造电商企业聚集平台，吸引优秀的电商人才返乡创业或落户贵州。开展校企合作，面向政府公务员、企业管理人员、返乡创业农民工、大学生、农村青年等各个群体提供长期、中期和短期结合的递进式培训，打造一批具有较强创新意识和执行能力的电商人才队伍。

（二）创建培育农村电商品牌

通过加强国家级和省级电子商务进农村示范县创建工作，推进农产品品牌、质量及标准化建设，创建培育贵州农村电商品牌。

1. 创建国家级和省级电子商务进农村示范县

（1）示范县数量全国最高。商务部及其他相关部委从 2015 年开始在贵州省连续进行国家级电子商务进农村综合示范项目的创建工作。贵州省商务厅按照示范项目向贫困地区倾斜的原则，严格依照商务部国家级电子商务进农村综合示范县建设有关要求，推动湄潭县、习水县、贵定县、晴隆县等 70 个县（市、区）获批国家级示范县，示范县获批数量在全国位居前茅，共获得 11.6 亿元的中央专项资金支持，国家级电商示范县项目已经全部覆盖贵州省 66 个国家级贫困县。截至 2019 年 6 月底，贵州省创建国家级和省级电子商务进农村示范县 79 个，建成县级电商运营服务中心 70 余个，村级电商服务站点 10250 个。

（2）示范县服务体系逐步完善。进一步扩大电子商务进农村示范县的建设范围，依照国家级评选标准，已评选出 34 个省级电商示范县，通过对各类示范县的政策支持，完善服务中心（站点）的包装策划、人才培训、运营设计等基础工作，建立起县、乡、村的三级服务体系，把电商终端延伸至农村。为进一步扩大示范效果，落实贵州省委、省政府"大数据、大扶贫、大生态"战略。2015～2017 年，安排省级财政资金 2 亿元，支持创建 37 个县（区）省级电子商务进农村示范县。截至 2018 年底，贵州省国家级和省级电子商务进农村综合示范项目已经覆盖到 79 个县（市、区），形成了全省齐心共抓电商的氛围，电子商务进农村示范项目成效明显。农村现代化流通体系不断健全，有效地促进了农民脱贫增收和"黔货出山"工作。

2. 培育贵州农产品电商品牌

为进一步加强农产品尤其是上行配套体系的建设，贵州省严格依照各大电商平台的产品要求，推动农产品质量、品牌和标准化建设，使更多贫困地区的农产品符合网络销售的标准。

（1）加强农产品品牌标准组件创建。围绕标识形象创建、标准认证、标准体系评价工作，做好标准组件创建工作。一是出台品牌形象标识管理办法。贵州省商务厅组织设计了"贵州绿色农产品"品牌形象标识，出台了《贵州绿色农产品品牌形象标识管理办法》，并于 2019 年 7 月 15 日组织召开了贵州绿色农产品视觉识别系统授权仪式会议，首批授予企业 40 余家。二是建立标准认证。依托电子商务协会和电子商务龙头企业，建立健全农产品网络交易分类标准，引导农业经营主体申报"三品一标"认证，加强农产品标准化建设；依托"贵州绿色农产品"品牌建设，加强地理标志产品保护和地理标志证明商标培育，培育区域公共品牌。三是建立农产品评价标准体系。联同贵州省质监局等相关部门制定绿壳鸡蛋、贵州土鸡等农产品流通标准，推动养殖、流通的标准化建设，完善贵州绿色优质农产品评价标准体系。

（2）培育农村电商龙头企业。贵州省商务厅引导本土电子商务企业强化和大型电子商务平台的合作关系，引进京东、天猫（淘宝）、苏宁易购、贵州电子商务云、黔邮乡情、贵农网等大型电商平台落户电子商务进农村综合示范县；组织贵州省优质农产品、民族民间工艺品、旅游产品等进驻商务部电子商务扶贫频道、京东贵州扶贫馆、苏宁中华特色贵州馆、天猫贵州原产地旗舰店、那家网精准扶贫馆等平台。

（3）加强质量追溯体系建设。推动建设农产品质量安全可追溯体系，联合贵州科学院、贵州省质监局等相关部门和甲骨文（中国）等科技企业开展实施重点扶贫农产品溯源建设，实现源头可追溯、流向可跟踪、信息可查询、责任可追究。

（4）做好农产品品牌宣传。着力打造贵州省优质绿色农产品电子商务整体品牌形象，推广和应用贵州省优质绿色农产品公共视觉识别系统，提升贵州省贫困地区农产品的知名度和影响力。

（三）促进电商线上线下融合

为进一步完善贫困地区农产品上行能力，贵州省大力营造电子商务发展氛围，增强农村电商带动作用，强化政策引导，采取多项措施提高电商基层运营能力，积极引导农业生产、工业制造、服务产业等传统业态的电商转型，扩大农村电商覆盖面，提高精准扶贫实效。

1. 组织大型电商企业推动贫困地区农产品线上销售

做好大型电子商务企业与贵州省贫困县、乡对接工作，推进贵州省贫困地区农产品网络销售，以大数据分析结果为依据，发展订单式农业，推动贵州省农业结构调整，带动优质绿色农产品销售。贵州省安顺市平坝区村民杨明成发现当地黄姜市场竞争力较强，但销路不广、种植零星，杨明成利用贵州黔邮乡情电商平台，实现当年黄姜销售 10 万斤，次年带动 225 户本地居民调整种植品种，扩大种植规模，提升产品质量，黄姜价格从 1.5 元/公斤上涨到 5.6 元/公斤。当地农村电子商务在改善贫困户收入水平的同时，也形成了"一店带多户""一店带全村"的新模式。

2. 发挥电商平台作用推动线上线下销售

发挥各地各级电商办的主体作用，积极引导传统产业园区向电子商务转型，利用电子商务地理限制小、中间环节少和销售渠道广等特点，避免同质化竞争、产品易积压、传统渠道优势不明显等问题。位于贵州省遵义市正安县的贝加尔吉他公司借助电商平台，推动线上线下全面提升销量，快速树立"威伯"吉他品牌占领市场，联合园区吉他生产资源，仅仅一年实现吉他产业园区产值超过 30 亿元，提供就业岗位 9542 个，帮助就业脱贫 2160 人。

3. 引导大型企业拓宽贫困户产品销售渠道

做好中天金融集团、南京红太阳等大型企业与基层农户以及贫困户合作社对接工作，推进贵州省大型农贸市场的信息化建设，在贵阳市大型社区新建冷柜、生鲜车、自提柜等设施设备，联合广州江南、万达集团等大型企业，建立省外销售终端，建立起贵州省贫困地区优质绿色农产品到城市社区的直销渠道，拓宽农产品销售渠道，缩短农产品中间环节。推动京东集团、阿里巴巴、苏宁易购等大型电商企业与贵州省人民政府签署战略合作协议，建设销售贵州省农产品的特色馆、扶贫馆、地方馆、特色网店和产品专区，推动各类企业总部后勤部门及各省分支机构大规模定点采购贵州省贫困地区农产品，建立起稳定、长期的销售渠道。

（四）营造良好电商发展环境

将发展农村电商作为促进农村产业扶贫的重要抓手，通过增强政府职能、加强组织建设、完善社区保障等措施，营造良好的电商发展环境。

1. 增强政府职能

贵州省委、省政府已经明确把发展电子商务作为贵州省后发赶超、弯道取直的战略选择，把农村电子商务作为脱贫攻坚的重要抓手，全力开展农村电商精准扶贫。

（1）形成电商扶贫强大合力。贵州省、市、区三级均成立了由主要领导担任组长的电子商务发展领导小组，在市、县两级均由党政一把手任组长，各地将发展农村电商上升到促进转型发展、助力脱贫攻坚的重要位置。

（2）完善机构及人员配置。为将电子商务下沉到基层，同时不新增加人员和编制，各地调配机构编制，专门设立网络经济局或电子商务办公室，建立起完善的多级协调机制。在村一级，积极引导村党支部发挥好组织引导作用，探索建立起"农村电商+村级公共服务""基层党组织+农村电商"的发展模式。

（3）强化电商扶贫成效考核。为进一步发挥农村电子商务在脱贫攻坚中的作用，贵州省将网络上行零售额完成情况纳入市（州、县）经济发展综合测评及排位考核体系，在考核百分制中占2分，进一步提高了各地、各部门对农村电商精准扶贫的重视程度。

2. 开展社区电商示范新模式

为适应新零售模式发展，更好地服务城乡社区居民，加强农超对接和农社合作，贵州省开展了线上线下相结合的社区电商新模式。

（1）加强项目申报。对省内市场建设项目进行摸底和预申报，通过对预申报项目分析研究，确定市州资金和项目方案。

（2）落实资金支持。财政资金分配345万元，引导农产品流通和社区电商企业，贵阳市构建线上线下融合的社区电商体系，鼓励社区发展生鲜自提柜、自动售菜机等社区微菜场模式，为社区居民提供了线上下单、线下体验、网订柜取、便捷支付等便捷服务，培育了一批示范社区和社区电商龙头企业。通过将贫困地区农产品销售与项目建设有机结合，打造了农产品基地直供体系。

（3）发展社区电商平台。积极引导如美乘网等社区电商企业，利用电商平台对接机关食堂等B端渠道，同时销售贵州省农产品。以仓配服务模式将本地农产品输出进行标准化，向合力、盒马鲜生等省内外大型贸易商供应，达到500万元交易额。

3. 发挥基层党建作用促进农村电商发展

贵州省充分发挥基层党组织的带头作用，各地各级党组织深入基层群众，深入挖掘农村电子商务发展潜力，大力推进电子商务精准扶贫。

（1）充分发挥各级党组织的战斗堡垒作用。基层党员干部为摸清电商扶贫的症结所在，深入贫困地区进行调研，形成了一系列的具体解决办法。为了解决电商扶贫主体缺失的问题，各地各级党员干部赶赴沿海地区寻找贵州籍电子商务人才返乡创业，出现了华茜、陈应飞等一批农村电子商务创业典型代表。

（2）充分发挥各级党组织的先锋作用。贵州省将基层组织建设和电商服务中心进行有机结合，在电商服务中心开展党组织建设，组建党员小组、党支部，安排党员干部在电商服务中心挂职学习，面向基层、面向群众推动两个组织的共建，实现党组织服务群众的精准化、具体化，让电商服务中心有了党组织这个"主心骨"。

（3）充分发挥各级党组织的领导作用。抓好电商助力扶贫的关键少数，发挥好党组织的先锋模范带头作用，形成个个都会、层层都懂、大家撸起袖子一起干的良好氛围。贵州省把党员能人、村"两委"干部、贫困户作为电商培训的重点对象，推动同步小康驻村干部和第一书记担任电商服务中心与群众的联络人，大力提升关键少数的电子商务知识水平，解决电子商务助力扶贫遇到的难题和困难，引导贫困群众会用、用好电商。

二、农村电商发展存在的突出问题

通过问卷调查和实地调研，发现贵州省农村电商发展存在以下突出的共性问题：

（一）电商发展基础设施比较薄弱

一是大交通基础建设不够完善。虽然实现了县县通高速，但是部分县市的铁路建设仍然是短板，区域之间还没有形成农村铁路和公路物流体系。二是农村网络速度不够顺畅。多数乡村基本实现 4G 信号全覆盖，但信号质量不好，宽带上网覆盖率低。三是物流成本高。受村（组）交通基础薄弱、货物流量不够、物流网点少等因素影响，农村物流"最后一公里"问题还未完全解决，造成物流成本过高，通过网络销售的农产品订单中总销售额的 80% 是物流成本，占到总成本的 58%。

（二）农产品无品牌缺乏竞争力

一是特色品牌创建力度不够。贵州省农产品的质量认证和商标注册工作跟不上市场的需求，且包装简陋，质量安全溯源体系不健全。二是缺乏电商龙头企业带动。在全国电商品牌中电商龙头企业屈指可数，知名度不高，品牌效应带动不强，本土电商龙头企业培育还有一定差距。三是同质化市场竞争严重。农产品和电商平台"千网一面"，产品同质，低价竞争。

（三）没有合适的专业化垂直农村电商平台

农村电商产品多数为初级农产品，少部分为深加工的农产品或其他产品。在农村主要电商平台中，垂直专业农产品电商平台较少，农特产品销售渠道较窄，没有合适的农村专业电商平台，影响农村电商发展指数达 60.79%。

（四）缺乏专业团队引领的产业及人才体系

电子商务人才的缺乏，尤其是市场活动策划、数据统计分析、产品研发、营销推广、包装设计等电子商务专业人才的匮乏，严重制约了电商发展。例如，在农村电商发展较好的黔西南州兴义市，全市累计培训 1.3 万人/次，成功转化 0.15 万人/次，转化率仅为 11.5%。

三、加快贵州省农村电商发展的建议

大力发展农村电商，除了要着力抓好市场运作与政府引导相结合、重点推进与全面发展相结合、深化应用与融合发展相结合、营造环境与鼓励创新相结合"四个结合"外，还需从省级层面加大对农村电商发展提速升级的支持力度，重点抓好以下"五个体系"建设：

（一）加快农村电商政策体系建设

加大对农村电商发展的政策、资金、项目、人才支持力度。一是把发展农村电商作为助推脱贫攻坚、乡村振兴的重要抓手，出台政策帮助各市州全面提升农村电子发展水平。二是加大项目、资金的扶持力度，大力推动建设省级电子商务进农村综合示范县。三是加快村（组）公路、通信网络提等升级，打通各市州、各县市区间的"断头公路"。四是加大基层办证许可的政策倾斜力度，缩短办证周期，破解农产品出山的"认证"瓶颈。

（二）加快农村电商规划体系建设

一是编制规划。及时编制《贵州省电子商务助推乡村振兴发展规划（2019—2022）》，并报国务院审批后组织实施；二是建立机制。建立农村电商大数据中心、跨区域电商、特色产业发展基地、冷链物流仓储基地等的资源共建共享机制，实现优势互补、错位发展；三是资源共享。运用大数据引导各知名电商向农村延伸，打包发布农产品信息，实现供销资源上行与下行的资源共享。

（三）加快农村电商物流体系建设

第一，整合物流快递资源。推动建设布局合理的县、乡、村三级电商物流服务站，贯通下行和上行的"最后一公里"；第二，加强物流设施建设。把农村电子商务物流基础设施建设纳入各个市州的城乡建设规划，整合供销、商务、农业等项目资源，分批分期建设县城及乡镇农产品冷链仓储物流中心和仓储中心，支持开展产地预冷、田头集货、冷藏保鲜、冷链物流、分级包装、集散仓储、运输车辆等设施建设改造；第三，支持优化城乡物流配送体系建设。出台建立城乡物流配送体系的措施，在财政上给予一定补贴。实施"干线物流+农村货运班线"模式，做好现有农村货运班线与物流企业结合的引导工作。在现有的农村货运班线的基础上，推出定点、定线、定车、定时的"四定"农村物流货运班线，完善农村货运班线网络。推行"镇货运班线+通村客车对点衔接"模式，实施"货运班线+客货联盟"的运营模式，整合农村综合运输服务站、邮政快递、商务供销等资源，优化农村物流运输组织，建立城乡一体客货联盟。

（四）加快农村电商人才体系建设

加大对农村电商领军产业、人才培育计划的支持力度，为农村电商培养实战性、高技能、技能性人才。一是加强校企合作。依托高职院校资源，为地方、企业培育电子商务理论与实践相结合的实战性高技能人才队伍；二是支持实施"一村多名大学生计划"行动。在农村选拔多名懂农业、有技术、会经营、爱农村、回得去、留得住、用得上的优秀青年农民进入高校进行学习，学成后返乡带领群众脱贫致富；三是培养高技能人才。支持鼓励当地企业和高校建立电子商务高技能人才工作站（技能大师工作室），每年为当地培养一定数量的中级和高级以上电子商务高技能人才；四是支持举办农村电子商务技能大赛。

每年由各市（州）联合轮流举办农村电子商务技能大赛，通过举办大赛，挑选农村电子商务领军性人才，选择优势电子商务产业，打造产业标杆和树立人才榜样；五是加强农村电子商务领军人才资源库建设。从优秀的电子商务企业和高校中遴选突出的专家纳入专家人才库，发挥专家智库作用，加强电子商务产业规划设计，引领和指导电子商务产业科学发展。

参考文献

[1] 贵州省人民政府办公厅：《贵州省进一步加快农村电子商务发展助推脱贫攻坚行动方案（2019—2020 年）（黔府办函〔2019〕29号）》，贵阳：贵州省人民政府办公厅，2019 年。

[2] 佘军敏、马坤：《电商精准扶贫下农产品的发展与探究——以贵州湄潭翠芽茶为例》，《农家参谋》2019 年第 21 期，第 39~40 页。

[3] 刘遗志、刘昊天、胡争艳：《贵州黔南电商扶贫模式案例分析》，《经济研究导刊》2019 年第 18 期，第 125~128 页。

[4] 黄毓骁：《贵州农村电商扶贫战略成效及问题分析》，《电子商务》2019 年第 4 期，第 14~15 页。

[5] 杨刚、任友：《贵州民族地区新自媒体平台+农村电商扶贫模式运行机制研究——以今日头条为例》，《农村实用技术》2019 年第 3 期，第 69~70 页。

[6] 滕稳稳：《贵州农村电商扶贫模式研究》，贵州民族大学硕士学位论文，2017 年。

[7] 周莉莉、苗银家、蔡兰等：《农村电商助力扶贫的作用途径——基于贵州多地的调研分析》，《江苏农业科学》2018 年第 11 期，第 319~323 页。

[8] 张鸿、宋炜、黄文广等：《贵州农村电商精准扶贫的困境及对策研究》，《农村经济与科技》2018 年第 9 期，第 135~139 页。

［9］罗宏：《贵州农村电商扶贫发展问题调研分析》，《知行铜仁》2017 年第 6 期，第 51~54 页。

［10］颜强、王国丽、陈加友：《农产品电商精准扶贫的路径与对策——以贵州贫困农村为例》，《农村经济》2018 年第 2 期，第 45~51 页。

［11］滕箫：《贵州农村开展移动电商的信息扶贫创新思路研究》，《商场现代化》2016 年第 17 期，第 48~49 页。

［12］杨洪涛、李惊亚：《贵州电商扶贫仍存短板》，《金融世界》2016 年第 1 期，第 118~119 页。

［13］吴旭：《为贵州电商扶贫喝彩》，《贵州日报》2017 年 9 月 25 日，第 6 版。

推进农村产业革命与构建脱贫长效机制研究

黄 勇 吴 杰 王 彬 蔡 伟 陈绍宥 王国丽*

摘 要：党的十八大以来，贵州省坚持把解决好"三农"问题作为全省工作的重中之重，不断深化农业供给侧结构性改革，积极推进农业结构调整，脱贫攻坚与农村产业革命推进成效显著。本文从贵州省脱贫攻坚与农村产业革命推进情况出发，提出了贵州省推进脱贫攻坚与农村产业革命的总体思路，以及加快发展现代山地特色高效农业、夯实现代农业发展基础、加快构建现代农业经营体系、推动农村产业深度融合发展等主要措施。

关键词：农村产业革命；脱贫攻坚；现代山地特色高效农业

一、脱贫攻坚与农村产业革命推进情况

党的十八大以来，贵州省紧紧围绕"五位一体"总体布局和"四个全面"战略布局，落实新发展理念，牢牢守住发展和生态两条底

---

* 黄勇，贵州省社会科学院乡村振兴战略智库人才基地负责人、研究员，研究方向为区域经济、产业经济；吴杰，贵州省社会科学院区域经济研究所副研究员，研究方向为农村经济、产业经济；王彬，贵州省社会科学院区域经济研究所副研究员，研究方向为区域经济、产业经济；蔡伟，贵州省社会科学院区域经济研究所副研究员，研究方向为产业经济；陈绍宥，贵州省社会科学院区域经济研究所副研究员，研究方向为区域经济；王国丽，贵州省社会科学院区域经济研究所助理研究员，研究方向为农村区域经济。

线，坚持把解决好"三农"问题作为全省工作的重中之重，不断深化农业供给侧结构性改革，积极推进农业结构调整，农业农村发展取得了历史性成就。

（一）脱贫攻坚取得决定性进展

贵州省把脱贫攻坚作为头等大事和第一民生工程，坚持以脱贫攻坚统揽经济社会发展全局，举全省之力推进脱贫攻坚，贯彻"六个精准"，狠抓"五个一批"，打好"四场硬仗"，抓牢"八要素"和"五步工作法"，建立五级书记抓扶贫责任体系，创造精准扶贫"四看法"，使精准扶贫、精准脱贫方略落地生效，产业扶贫、易地搬迁扶贫、教育扶贫、健康扶贫、生态扶贫等稳步推进。在全国率先设立脱贫攻坚投资基金，开设扶贫专线，建立"扶贫云"，推动贫困县涉农资金统筹整合使用，实现脱贫攻坚督察巡查全覆盖。2012~2018年，贵州省累计减少农村贫困人口818.8万人，贫困发生率由26.8%下降到4.3%。2019年又有24个贫困县出列，120万人"摘帽"。2020年还有9个县、35万人需要脱贫"摘帽"。贵州省减贫和易地搬迁人数居全国首位，创造了脱贫攻坚"省级样板"。

（二）农村经济持续提速提质发展

深入推进振兴农村经济的产业革命，大力实施500亩以上坝区农业结构调整，粮经作物种植比例达到35∶65，茶叶、辣椒、薏仁米等特色优质农产品种植面积居全国第一位，"三品一标"产地认证面积达到68.9%，省级现代高效农业示范园区464个，农业集聚集约化、经营规模化、生产专业化水平明显提升。农村第一、第二、第三产业融合发展态势良好，农村电商等新业态、新模式蓬勃发展，休闲农业和乡村旅游呈"井喷式"发展。耕地红线得到严格保护，农业物质技术装备得到较大改善，农业信息化水平逐步提升。2012~2018年，贵州省第一产业增加值年均增长 6.3%,增速持续居全国前三位。

(三) 农村产业革命风生水起

2018 年,贵州省第一产业增加值增长 6.9%,居全国第一位。通过一年多的努力,贵州省农村产业革命取得了阶段性显著成效。特色产业发展成效显著,12 个特色农业产业在贵州省委、省政府的领导下,专班化推进发展迅速。尤其是食用菌、中药材、水果、茶叶、辣椒等产业在前期气候持续低温、灾害的影响下,产量、产值等方面仍取得了大幅度提升。截至 2019 年 8 月 31 日,贵州省食用菌生产规模达到 24.1 亿棒 (万亩)、产量 71.5 万吨、产值 87.5 亿元,同比增长 54.7%、61.7%、63.7%;中药材种植 597.53 万亩 (不含刺梨、石斛)、产量 42.87 万吨、产值 50.51 亿元,同比增长 75.44%、168.95%、70.7%。粮食产量达到 1059 万吨,肉类总产量达到 209.81 万吨。新增高效经济作物 666 万亩,粮经比调整到 35∶65,经济作物比重提高 2 个百分点,在经济下行压力加大的情况下,为推动贵州省经济持续健康发展做出了重要贡献。农村产业革命带动农户 204 万户 788.2 万人,人均增收 2604.6 元。其中,带动贫困户 45.5 万户 160.8 万人,人均增收 2348.4 元。2019 年,贵州省农村产业革命在贵州省委、省政府的高位强力推进下呈现出良好的发展态势,2019 年上半年农业增加值 935.22 亿元,高于全国 2.5 个百分点。2018 年,贵州省农村常住居民人均可支配收入 9716 元,同比增长 9.6%,增速继续保持全国前列;2019 年上半年农民人均可支配收入 4574 元,名义增长 10.3%,增速继续保持全国前列。

二、总体思路

坚定不移深化农村经济产业革命,紧紧围绕"巩固、提升、增强、畅通"八字方针，深化农业供给侧结构性改革，坚持质量兴农、绿色兴农、效益优先、市场导向，大力推进质量变革、效率变革、动力变革，着力构建经济结构优化、绿色发展突出、现代科技引领、发展平台助力、品牌带动提升、产业深度融合、利益联结紧密的贵州乡村生态经济体系。深入推进思想观念改革，主动适应农业主要矛盾变化和供给侧结构性改革的要求，彻底摒弃陈旧的、不符合新时代发展要求的产业发展观念，推进农村产业革命，充分体现山地特色，突出现代高效，更加重视生产适销对路、单产价值高、优质安全的农产品。深入推进产业发展方式革命，着力转变农业经营方式、生产方式、资源利用方式和管理方式，推动农业发展由数量增长为主转到数量质量效益并重上来，由主要依靠物质要素投入转到依靠科技创新和提高劳动者素质上来，由依赖资源消耗的粗放经营转到可持续发展上来，走产出高效、产品安全、资源节约、环境友好的现代山地农业发展道路，不断提高农业规模化、标准化、绿色化、产业化、品牌化发展水平。按照"五步工作法"（政策设计、工作部署、干部培训、督促检查、追责问责），深入推进工作作风革命，牢牢把握"八要素"（产业选择、培训农民、技术服务、资金筹措、组织方式、产销对接、利益联结、基层党建），坚持强弱项补短板，一个要素一个要素地学习、研究、设计、部署、检查、考核、推进，不断提升各要素针对性、实效性，全流程、全环节推进农村产业革命，确保农村产业发展落细、落小、落实。

三、加快发展现代山地特色高效农业

按照建设现代山地特色高效农业产业体系的要求，加快调整农业结构，推动农业由增产导向转向提质导向，提高农业供给体系的质量和效率。

（一）优化农业生产力布局

贵州省应立足主体功能区规划，围绕资源禀赋和产业基础，以500亩以上坝区为重点区域，加快全省农业生产力布局调整优化，保障粮食综合生产能力，同步构建六大特色农业发展区。

（1）黔中创新型农业先行区。主要包括贵阳市、贵安新区、安顺市所辖县（市、区），重点发展蔬菜、食用菌、水果、茶、乳牛和特色渔业等产业，确保为城市供给优质农产品。拓展农业多种功能，大力发展总部农业、创意农业、休闲观光和健康养生产业，加快建设一批农业科技示范园区（基地）、休闲农业与乡村旅游示范县（点、精品线路），在科技创新、现代物流、电子商务、文化创意等领域引领全省现代农业发展。

（2）黔北现代农业发展示范区。主要包括遵义市所辖县（市、区），重点发展茶、蔬菜（辣椒）、生态畜牧、中药材、竹、酒用高粱和特色渔业等产业，培育产业集聚区和农产品加工集群，打造一批规模化、标准化、商品化程度高、产业链条完整的农产品重点生产基地。加快发展休闲农业、智慧农业、循环农业、创意农业、会展农业，实现"大粮仓"变"大厨房"、"大基地"变"大游园"。

（3）黔西北—黔西冷凉气候特色种养区。主要包括毕节市和六盘水市所辖县（市、区），充分发挥高原生态、气候冷凉等优势，大力发展马铃薯、中药材、核桃、猕猴桃、刺梨、荞麦、生态畜牧等产业，加快建设一批优势特色产业良种繁育基地和高品质生态农产品生产基地。

（4）黔东北休闲农业示范区。主要包括铜仁市所辖县（市、区），重点发展生态畜牧业、蔬菜、茶、中药材、珍贵树种用材林、特色渔业和油茶等产业，依托环梵净山"金三角"文化旅游创新区和乌江生态经济走廊的农村绿水青山、田园风光、乡土文化等资源，探索发展农业主题公园、农业嘉年华、教育农园、摄影基地、特色小镇、渔人码头、运动垂钓示范基地等。

（5）黔东南—黔南生态农业示范区。主要包括黔东南州和黔南州所辖县（市、区），重点发展茶、蔬菜、水果、中药材、珍贵树种用材林、战略储备林、特色养殖、生态渔业和油茶等产业，充分发挥生态优势，大力发展无公害绿色有机农业，积极推进农业与民族文化、乡村旅游融合发展。

（6）黔西南喀斯特现代农业区。主要包括黔西南州所辖县（市、区），充分利用光热资源，重点发展草食畜牧业、蔬菜、食用菌、薏仁米、热带水果、中药材、工业原料林等产业，建设一批冬春喜温蔬菜、夏秋喜凉蔬菜、食用菌、火龙果、薏仁米、金银花等规模化标准化生产基地，推进田园、果园、茶园和花卉基地、草地畜牧业基地等景区化，打造喀斯特石漠化防治生态功能区的现代农业发展样板、山地农业与山地旅游相结合的休闲农业样板、低热河谷特色产业示范带。

（二）发展壮大特色优势产业

以 500 亩坝区农业提质增效和坡耕地种植结构调整为主抓手，重点发展茶、食用菌、蔬菜、生态畜牧业、石斛、水果、竹、中药材、刺梨、生态渔业、油茶、辣椒 12 个特色产业和单品，因地制宜加快发展薯类、核桃、特色杂粮、花卉苗木等产业，继续发展壮大烤烟、油菜等传统产业。加快发展粮经饲统筹、种养加一体、农牧渔结合的现代农业产业，加快创建一批特色农产品优势区，努力形成一批特色农业产业集群，打造一批农业现代化样板田、科技田、效益田，促进农业结构不断优化升级。

（1）大力发展茶产业。以发展高品质绿茶为主攻方向，围绕做生态茶、干净茶、出口茶，大力推进茶产业提质增效、质量安全、加工升级、市场开拓、出口提速、品牌建设六大任务建设。贵州省茶叶面积稳定在 700 万亩，茶叶产值 585 亿元，打造欧标茶生产基地 80 万亩，年产值亿元以上的公共品牌龙头企业与企业联盟之和占茶业制造总产值的 60% 左右，努力建成全国最大的优质茶原料基地、最大的茶产品加工基地、最大的茶产品商贸中心、最大的茶产品出口基地。

（2）大力发展食用菌产业。推进食用菌标准化、规模化基地建设，加快野生、仿野生抚育基地和菌材供应基地建设，着力培育新型经营主体，加快科技服务体系、市场和品牌建设。建成栽培种生产供应基地 40 个、菌材林基地 150 万亩，食用菌种植规模达到 30 万亩（30 亿棒）以上，产量达到 150 万吨以上，年产值达到 150 亿元以上，建成全国食用菌珍稀品种重要生产基地和野生食用菌重要抚育基地。

（3）大力发展蔬菜产业。聚焦优势单品、优势时段、优势区域，重点发展大白菜、萝卜、菜豆、茄子等大宗蔬菜，大力发展韭黄、生姜、山药等优势单品，开展蔬菜基地"清源"行动、蔬菜商品化提升行动，强化经营主体引进培育和市场流通体系建设，加快建成一批规模化、标准化、绿色化生产基地。蔬菜种植面积在 1500 万亩以上（不含辣椒），产量 3000 万吨，年产值 820 亿元，建成规模化、标准化、绿色化示范基地 300 万亩，建成中国南方重要的夏秋蔬菜基地。

（4）大力发展生态畜牧业。坚持"稳生猪、增牛羊、扩家禽、兴奶业、养特色"的发展思路，大力发展草食畜牧业，提高畜牧业在农业总产值中的比重和增长贡献率。大力推进贵州奶业振兴，继续实施奶业提升行动计划，打造知名乳业品牌。实施良种繁育体系建设、饲草饲料供应体系建设、疫病防控体系建设、畜产品安全保障体系建设、畜产品加工体系建设等工程。生猪出栏 1900 万头，牛出栏 190 万头，羊出栏 400 万只，家禽出栏 3 亿羽，牛奶产量达 5.4 万吨，畜牧业年产值达到 1200 亿元以上，努力建成南方现代草地畜牧业大省。

（5）大力发展石斛产业。加快石斛种质资源的收集、保护和利用开发，积极选育本土化良种。加快建立完善石斛产业系列标准，延伸产业链条。以贵阳、黔南、黔西南、黔东南为重点，发挥贵州石斛品种资源优势，高标准打造铁皮石斛产业带。加快培育石斛产品加工企业，着力构建种植、加工、销售等全产业链发展模式，打造"贵州石斛"产业品牌，推动产业深度发展，不断提高石斛的影响力、竞争力和市场占有率，助推脱贫攻坚和乡村振兴。贵州省石斛种植规模达到30万亩以上，其中铁皮石斛16.7万亩。

（6）大力发展竹产业。走品质化、高端化和特色化发展道路，加快构建以赤水市为核心，以赤水河、大娄山、清水江和武陵山四大竹产业带为依托的总体布局，着力推动竹产业优化布局、扩面提质、加工升级、品牌建设、康旅融合，加快延伸产业链、提升价值链。新造竹林80万亩、改培竹林100万亩，全省竹林基地达500万亩以上，综合产值突破130亿元。

（7）大力发展中药材产业。坚持"加快发展重点品种、稳定发展鼓励品种、突出发展贵州地道药材品种"的方向，围绕天麻、太子参、半夏等20个重点发展品种和山药、玄参等30个鼓励发展品种，实施良种繁育基地建设、标准化种植提升、加工基地提升和品牌建设等工程，加快培育一批中药材产业聚集区。培育发展皂角产业，加快开发皂角精深加工产品。中药材面积达到720万亩，产量210万吨，年产值200亿元，建成全国重要中药材原料基地和民族医药强省。

（8）大力发展刺梨产业。围绕"抓基地、强龙头、建标准、重科技、树品牌"的发展思路，以现有刺梨林为基础，有序推进规模适度、符合现实、利于转化的刺梨种植，深挖刺梨的自然、文化、历史、科学内涵，加快构建刺梨全产业体系，加大刺梨产业标准制定，加快建立具有行业示范性的刺梨系列标准，集中打造"贵州刺梨"公共品牌，进一步提高贵州刺梨知名度和美誉度。刺梨种植面积达到400万亩，产值实现100亿元，力争把贵州省打造成为中国刺梨第一大省。

（9）大力发展生态渔业。围绕"零网箱·生态鱼"的发展目标，加快转变渔业养殖方式，优化养殖结构和生产布局，大力发展标准化绿色生态健康养殖，加快发展稻渔综合种养，推动生态养殖、休闲垂钓、乡村旅游等多业态有机融合。实施"贵水贵鱼"整体品牌创建推广行动，重点打造"贵水贵鱼·乌江鱼""贵水贵鱼·稻花鱼""贵水贵鱼·冷水鱼"等系列子品牌，推动渔业高效益、高品质、高产量均衡发展。加快建成一批各种类型的大宗水产品生态养殖技术示范点，打造一批鲟鱼、大鲵、鲑鳟鱼等优质冷水鱼标准化养殖示范基地。生态养殖产量20万吨以上，产值50亿元以上，使贵渔产品打上绿色优质的标签。

（10）大力发展水果产业。围绕"强龙头、扩规模、拓市场、带农户、促增收"的发展思路，加快发展火龙果、百香果、猕猴桃、蓝莓、地方名李、特色樱桃等优势水果，依托旅游景区、城市郊区，融合发展杨梅、枇杷、葡萄、桃等时令水果。推广绿色生产技术，加快主体引进培育，强化科技支撑引领，创新产销衔接路径，加强质量安全监管，推进三产融合发展，着力打造一批"万亩片""千亩村"示范区。水果种植面积达760万亩以上，产量420万吨以上，年产值250亿元以上，把贵州省建成我国南方重要的精品水果产区。

（11）大力发展油茶产业。以扩大油茶种植规模、提高低产低效林质量、提升油茶精深加工水平为重点，深入实施油茶基地扩面提质、精深加工提升、市场培育拓展、茶旅融合发展、品牌培育壮大等重点工程，促进油茶生产品种优良化、基地规模化、经营集约化、产品市场化。油茶种植面积达到500万亩，产值达到100亿元以上，把油茶产业培育成贵州省生态和经济效益兼备的重要产业。

（12）大力发展辣椒产业。充分发挥贵州辣椒"香辣协调、品味温醇"的品质优势，加强优良品种换代推广，推进辣椒标准化、规模化生产，推动加工集群发展，抓好市场产销衔接，做大做强"贵州辣椒"品牌，保持辣椒种植面积500万亩以上，产量650万吨，产值达

230亿元以上，促进辣椒产业提质增效和转型升级，使贵州省实现由辣椒大省向辣椒强省跨越。

（三）保障农产品质量安全

实施食品安全战略，加快完善农产品质量安全监管、检测、执法体系，严厉打击食品安全犯罪，保证让老百姓吃上安全放心的农产品。

（1）强化农产品生产源头管控。加强农产品生产环境管理，完善农产品产地环境监测网络。开展农产品产地环境污染调查和管控，把住农产品生产安全关，控药、控肥、控添加剂，强化农药、兽药、化肥、饲料等投入品准入管理和规范经营，实施使用环节兽药、抗菌药减量化行动。积极推进农资和农产品生产经营主体诚信体系档案建设，落实守信联合激励和失信联合惩戒机制。实施动植物保护能力提升工程，开展农作物重大病虫害及植物疫病绿色防控和统防统治，农作物病虫害绿色防控示范面积达到320万亩以上，建设绿色防控示范区50个以上，示范区绿色防控覆盖率达到50%以上，统防统治覆盖率达到45%以上。完善重大动物疫病强制免疫和强制扑杀补助政策。

（2）完善农产品质量安全监管体系。完善省、市、县、乡（镇）四级农产品质量安全监管、检测、执法队伍和装备建设，逐步建立以茶叶、蔬菜、水果、禽蛋等农产品生产企业为重点的可追溯体系。推进农产品质量安全县创建。加强农产品质量安全监测，提高监测覆盖面，坚持检打联动，加大查处力度。建立健全农产品质量安全预警和应急处置机制，提高应急处置能力。抓好农产品质量安全追溯管理，推进全省农产品质量安全追溯平台应用，逐步纳入国家农产品质量安全追溯平台。率先将农业产业化龙头企业、农业生产示范基地、"三品一标"农产品等纳入追溯管理。

（四）打响绿色农产品品牌

大力实施"贵州绿色农产品"整体品牌建设工程。突出标准化、规模化、组织化生产，突出品牌宣传、营销和保护，大力推进驰名商标、中华老字号、农产品地理标志、国家地理标志产品、地理标志证明商标、有机产品、绿色食品标识产品、无公害农产品生态原产地保护产品企业、贵州省品牌产品、贵州省知名品牌示范区等认证创建，着力构建以区域公共品牌、企业品牌和特色农产品品牌为核心的农产品品牌体系，加快建成无公害绿色有机农产品大省。到 2022 年，"贵州绿色农产品"整体品牌形象在全国范围内享有较高知名度和影响力，"贵州绿茶"品牌知名度进一步提升，培育壮大一批区域公共品牌和企业品牌，农产品区域公用品牌使用授权和动态管理机制全面形成，品牌农产品实现全程可追溯。

（五）提升农业开放发展水平

围绕"一带一路"建设，将农业"走出去"与"引进来"相结合，推动"黔货出山""黔货出海"，全面提升农业对外开放水平。

（1）扩大农产品出口规模。积极培育具有国际竞争力的农业企业集团，支持企业参加境外农业合作示范区建设，加快农产品生产（加工）外贸转型升级示范基地建设。扩大鲜活农产品、茶、薏仁米、辣椒制品等出口规模。鼓励企业开展国际品牌认证，支持企业参加国际展会，开拓国（境）外市场。贵州省农产品出口总额达到 5.5 亿美元，培育 10 家农产品出口规模达 200 万美元以上的企业。

（2）推进农业对外合作。推动与粤港澳大湾区、长江经济带各区域的合作，加速特色农产品的有序流通。加强与泛珠三角区域的合作发展，形成协调联动发展新格局。推动黔台农业合作示范基地建设，促进与港澳台涉农行业协会、涉农科研单位、特色乡镇的合作交流。积极开展面向东盟、中亚、欧洲的农业合作交流。积极创建出口食品农产品质量安全示范区，推动贵州优势特色农产品列入国家对外准入谈判目录，密切与"一带一路"沿线国家进行农业合作与农产品贸易。积极参加农业对外合作试验区建设。以举办农业园区招商引资暨项目签约活动为载体，加大农业招商引资力度。

四、夯实现代农业发展基础

推进藏粮于地、藏粮于技落实落地，扛稳粮食安全重任。加强农业基础配套设施建设，强化农业科技推广与应用，提高农业装备和信息化水平，夯实农业发展基础，补齐农业发展短板，大力提高农业综合生产能力。

（一）加强耕地质量保护和建设

牢牢守住耕地保护红线，全面落实永久基本农田特殊保护制度，实施耕地质量保护和提升行动。

（1）大力推进土地整治。以促进城乡统筹发展为导向，按照统筹山水林田湖草系统治理要求，全面推进城乡散乱、闲置、低效建设用地整理和土地综合整治。大力推进土地复垦，加强生态保护和土地修复，全面实施非农建设占用耕地的耕作层剥离利用，促进土地资源永续利用。

（2）大力推进高标准农田建设。以 500 亩以上坝区耕地为重点，加强资金整合，创新投融资模式，建立多元化筹资机制，加快推进高标准农田建设。加强高标准农田信息化管理，实现所有高标准农田统一上图入库，形成完善的管护监督和考核机制。

（3）加快"两区"建设。以永久基本农田为基础，全面划定粮食生产功能区和重要农产品生产保护区，并细化落实到具体地块，实现精准化管理。优先在"两区"建设高标准农田，引导农业政策向"两区"倾斜。

（4）切实提升耕地质量。大力开展测土配方施肥、耕地质量保护以及提升、水肥一体化和保护性耕作。采取秸秆还田、秸秆青贮、种植绿肥和增施有机肥等措施，提高土壤质量，改造中低产田。加强农业面源污染监测和耕地质量监测工作。

（二）强化农业科技创新与应用

深入实施创新驱动发展战略，加快构建新型农业科技创新体系，进一步发挥科技对现代农业的支撑引领作用。

（1）实施现代种业科技支撑行动。加快建设贵州种质资源库（基因库），搭建全省统一的公益性、基础性、战略性的动植物资源搜集、保存、共享平台。开展良种重大科研联合攻关，积极搭建以企业为主体的现代育种平台，培育壮大现代种业龙头企业。推进南繁育种基地建设，培育一批具有重大应用前景和自主知识产权的优良农作物品种。加快农作物种子生产基地建设，选育一批高产、高效、优质的农业新品种，提高种业的自给水平。组织实施玉米种植规模化替代技术榜单。

（2）实施农产品精深加工科技支撑行动。加快生物工程技术的集成转化和产业化应用，实施植物精华萃取、烤烟炉式烘烤装置等科技重大专项。开展酶工程（生化工程）技术、微生物工程（发酵工程）技术、遗传工程（基因工程）技术的研究与应用，提高农产品加工科技支撑能力。培育农产品综合利用产业技术联盟，开展多层次、多角度深加工和精加工技术研究应用，建设10个农产品加工企业联盟。

（3）加快科技成果转化应用。围绕高寒山区、石漠化地区、林区和500亩集中连片坝区等不同类型区域，建设一批特色鲜明的农业高新技术产业示范区和农业科技示范园区，培育一批农业高新技术企业和科技型企业。加快培育科技示范村，集成示范推广现代农业生产技术、绿色防控技术等先进技术。深化农业科技体制改革，健全农业科技人员股权激励机制，落实科研成果转化及农业科技创新激励相关政策，促进农业高新技术成果转化。强化现代农业产业技术体系建设，

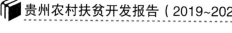

支持各类社会力量参与农业科技推广，加强农业重大技术协同推广。到 2022 年，转化应用农业科技成果项目 200 项，引进农业科技成果 100 项，农业高新技术企业达到 80 家，科技示范村达到 50 个。

（三）提升农业机械化水平

（1）推进农业机械化转型升级。推进主要农作物耕、种、收、植保、烘干、秸秆处理生产过程机械化，整合农机生产企业、科研单位、农机推广机构等各类社会资源，进一步加大先进农机装备研发、推广力度。加快研发推广适宜丘陵山区、果菜茶生产、设施农业、农业废弃物资源化利用、畜禽水产养殖的农机装备。实施高效农机化规模生产示范工程，争取在果园、菜园和茶园生产的重点、薄弱环节实现机械化大突破。

（2）加强农业机械推广应用。积极创建主要农作物生产全程机械化示范县。扶持农畜产品生产、储藏、加工以及经济作物生产机械化服务，健全农机培训、维修、代耕代种代收等社会化服务体系。围绕一批覆盖面广、农户参与度高的绿色优质农产品，开展品种改良、病虫害（疫病）防控、加工储运保鲜等全产业链技术攻关并进行产业化示范推广，在农业产业聚集区探索建立专业化农技服务推广机构。加强农机农艺融合示范基地建设。大力支持喷滴灌、水肥一体化设施、畜禽养殖设备、保鲜储藏、农产品初加工设备、渔业设施等农业生产设施设备建设。落实好农机购置补贴政策。

（四）加强农业信息化建设

（1）推进农业数据库建设。建立健全农业大数据采集更新体系，利用遥感监测、全球导航定位、物联网、互联网挖掘等技术，建立涵盖农产品生产、流通、销售等环节的贵州农业大数据库及长效更新机制，持续开展农业生产、新型经营主体、市场价格等数据采集。建立国土、气象、扶贫等部门数据交换机制，实现农业相关数据资源实时共享。建立500亩以上坝区农业结构调整大数据调度平台。

（2）大力发展数字农业。实施智慧农业工程和"互联网+"现代农业行动。加快农业数字化改造，建设一批农业物联网示范基地。完善信息进村入户省级综合服务平台和益农信息社的建设，丰富提升公益、便民、电商、培训这四类服务，实现信息进村入户、农产品出山进城。鼓励互联网企业建设产销衔接的农业服务平台，促进信息技术与农业生产、经营、管理和服务等深度融合。建设一批乡村振兴大数据应用与示范项目。发展贵州智慧农业气象手机客户端，面向新型农业经营主体开展"直通式"智慧农业气象服务。着力健全农业气象服务体系和农村气象灾害防御体系，加强重大农业气象灾害监测预警评估。全省农业信息化综合水平达到51%。

五、加快构建现代农业经营体系

坚持家庭经营基础性地位，构建家庭经营、集体经营、合作经营、企业经营等共同发展的新型农业经营体系，发展多种形式适度规模经营，努力提高农业经营集约化、专业化、组织化、社会化水平，有效带动小农户共同发展。

（一）巩固和完善农村基本经营制度

落实土地承包关系稳定并长久不变政策，衔接落实好第二轮土地承包到期后再延长30年的政策。全面完成土地承包经营权确权登记颁证，推进确权登记颁证数据库和信息系统建设，建立承包合同网签管理系统，健全承包合同登记制度，实现承包土地信息联通共享。推进农村承包地"三权分置"，在依法保护集体土地所有权和农户承包权的前提下，平等保护土地经营权。农村承包土地经营权可以依法向金融机构融资担保、入股从事农业产业化经营。维护进城落户农民的土地承包权、宅基地使用权、集体收益分配权，引导进城落户农民依法自愿有偿转让上述权益。

（二）大力培育新型农业经营主体

（1）发展壮大农林龙头企业。聚焦特色优势产业，深入实施"双千工程"，加快培育引进一批主业突出、带动能力强、科技含量高、经济效益好的龙头企业。

（2）规范发展农民专业合作社。实施农民专业合作社扩量提质工程，引导合作社生产规模化、质量标准化、产品品牌化、营销网络化发展，全面提高合作社运行质量和效益。引导合作社自愿按照生产经营需要和市场需求联合发展，支持特色优势产业合作社开展联合社创建工作，发展合作社联合社。

（3）大力培育发展家庭农场。启动家庭农村培育计划，围绕特色优势产业和"一村一品"基地，推进土地、劳动力、资本等生产要素优化配置，因地制宜培育一批规模适度、生产集约、管理先进、效益明显的家庭农场。完善家庭农场风险保障机制，建立家庭农场主培训制度，引导支持星级家庭农场承担适合的农业项目。引导有一定规模的专业大户向家庭农场转型，支持家庭农场领办合作社，具备条件的向公司制企业发展。

（4）扶持发展农业产业化联合体。创新农业经营体制机制，建立分工协作机制，引导龙头企业、农民合作社和家庭农场等农业经营主体组建农业产业化联合体，引领农村第一、第二、第三产业融合和现代农业建设。发展土地适度规模经营，健全资金、技术、信息、品牌等资源要素共享机制，推动农业产业化联合体融通发展，探索农村规模经营新模式。完善利益共享机制，促进农业产业化联合体与农户共同发展。

（三）发展壮大新型村级集体经济

实施新型农村集体经济振兴计划。以县为单位制定村级集体经济发展规划，盘活村级集体资产，完善创新财政投入方式和农村利益联结机制。鼓励整合利用集体积累、政府帮扶等资金，通过入股或者参股农业产业化龙头企业、村与村合作、村企联手共建、扶贫开发等多种形式发展村级集体经济。农村集体经济组织可以利用未承包户的集体"四荒"地、果园、养殖水面等资源，集中开发或者通过公开招标等方式发展现代农业项目。鼓励利用生态环境和人文历史等资源发展休闲农业和乡村旅游。

（四）促进小农户与现代农业发展有机衔接

充分发挥小农户在乡村振兴中的作用，按照"服务小农户、提高小农户、富裕小农户"的要求，加快构建和落实扶持小农户发展的政策体系，让小农户共享改革发展成果，实现小农户与现代农业发展的有机衔接。实施小农户能力提升工程和科技服务小农户行动，开展多种形式的小农户能力培训，加强小农户科技装备应用。改善小农户生产基础设施条件，支持村集体组织小农户开展农业基础设施建设和管护。引导小农户开展多种形式合作与联合，降低生产经营成本。鼓励新型主体带动小农户专业化、标准化、集约化生产，与小农户建立契约型、股权型利益联结机制。探索实行农民负盈不负亏的分配机制。支持小农户发展特色优势农产品，实施农户发展有机农业计划。带动小农户发展新产业新业态，开展电商服务小农户专项行动，实施"互联网+小农户"计划。强化对小农生产的多元化专业化服务保障，培育各类专业化市场化服务组织。

六、推动农村产业深度融合发展

把握城乡发展格局发生重要变化的机遇，培育农业农村新产业新业态，打造农村产业融合发展新载体新模式，推动要素跨界配置和产业有机融合，让三次产业在融合发展中同步升级、同步增值、同步受益。

（一）发掘新功能新价值

（1）加快发展农产品加工业。推进农业与工业全产业链融合，深入实施绿色农产品"泉涌"工程。加快发展粮食、油料、薯类、果品、蔬菜、茶叶、菌类、中药材等农产品初加工，支持农户和农民合作社改善储藏、保鲜、烘干、清选分级、包装等设施装备条件，积极推广采用方便适用技术。依托各级农业产业园区，引进一批精深加工企业，培育支持一批农民专业合作社，着力发展一批特色优势农产品精深加工基地，推动传统产业链向差异化、功能化、高端化延伸。积极发展萃取植物精华产品和开发食药同源食品，推动乡村特色优势农产品商品化、品质化、多样化，提升农产品有效供给水平，提升农产品附加值。

（2）深入发掘农业农村多重价值。顺应城乡居民消费拓展升级趋势，深入挖掘农业农村的生态涵养、休闲观光、文化体验、健康养老等多种功能和多重价值，促进农业功能从提供物质产品向精神产品拓展，从提供有形产品向无形产品拓展。充分发挥乡村特色资源富集、生态环境优美的优势，推动乡村资源全域化整合、多元化增值，增强地方特色产品时代感和竞争力，形成新的消费热点。增加乡村生态产品和服务供给，变绿水青山为金山银山。合理适度利用农耕文化遗产，发展以农耕文化为载体的文化创意产业。

（二）培育新产业新业态

（1）加快发展休闲农业和乡村旅游。实施休闲农业和乡村旅游精品工程，全面推进全域化乡村旅游发展，做强"山地公园省·多彩贵州风"旅游品牌。着力延长产业链、拓展产业幅，加快推进旅游与农业、商贸、互联网、文化、美丽乡村建设等融合发展，建设一批设施完备、功能多样的特色小镇、休闲观光园区、康养基地、乡村民宿、妇女特色手工锦绣坊。加快发展民族文化型、古村古寨型、乡村文化景观型、城郊游憩型和休闲农业型等乡村旅游，因地制宜开发田园风光、民族特色村寨、民族美食餐饮、民俗活动、工艺特产等乡村旅游产品。建设"旅游一站式服务平台"。

（2）大力发展农村电子商务。充分发挥贵州省特色产品资源和大数据产业优势，创新农村电商发展模式，加强农村电子商务人才、物流、通信、政策等支撑体系建设，着力培育和壮大农村电子商务市场主体，积极搭建各级农产品电商物流园、市县级电子商务服务（运营）中心和农村电子商务乡（村）服务站（点）等农村电子商务发展平台，建立完善贵州省农村电商平台体系，开展电子商务进农村综合示范创建活动，拓宽农特旅产品网销渠道，提高农村商品流通配送能力。

（3）加快农村物流体系建设。鼓励商贸、邮政、供销、运输等企业加大在农村地区的设施网络布局，支持建设一批农村物流网络节点体系示范县。利用行政村内的农家店、综合服务社、村邮站等，建设村级农村物流服务点，健全农村物流基础设施末端网络。鼓励有条件的地区建设面向农村地区的共同配送中心，支持城乡连锁商业超市配送服务向农村延伸，推进农资、农机、日用工业品配送下乡。

（4）实施农村新产业新业态培育工程。大力发展创意农业、农村服务业、乡村建筑业、乡村共享经济、森林康养等新产业新业态，推动多种业态互相融合、多元发展。推动科技、人文、创意等元素融入农业，鼓励发展生产、生活、生态有机结合的功能复合型农业，推动"农业+文创"产业融合发展，推出创意农产品、创意景观农业、创意农业活动，打造农村民俗文创产品，积极培育特色消费、体验服务等新增长点。积极推进中央厨房等农商联结模式，构建覆盖农产品生产、加工、配送等新型产销体系。大力挖掘农村能工巧匠，创新发展乡村手工业，创响一批"土字号""乡字号"特色品牌。

（三）打造新载体新模式

深入实施农业园区提质增效行动，做大做强园区，提升园区质量，优化园区布局，形成乡镇有园区、县县有平台的发展格局。加强国家特色农产品优势区、现代农业产业园、农业科技示范园、农村创业园、农村产业融合发展示范园建设，抓好农村第一、第二、第三产业融合发展试点县创建，实施产业兴村强县行动。建设一批综合性、多功能的农业公园、田园综合体，打造农村产业融合发展示范区和先导区。鼓励培育和创建一批农旅结合的特色小镇和特色小城镇，推动农村产业发展与新型城镇化相结合，打造一批产城融合示范区。

安顺市推进脱贫攻坚与乡村振兴有效衔接研究

吴 杰*

摘 要："十三五"以来，贵州省安顺市脱贫攻坚成效显著，未来一段时期，全市将面临决战脱贫攻坚决胜全面小康，为实现"第二个百年奋斗目标"奠定坚实基础等重大任务。本文通过分析安顺市脱贫攻坚、经济社会发展、区域特色优势等发展现状，研究提出了安顺市下一步推进脱贫攻坚和乡村振兴的发展思路和七大主要任务。

关键词：脱贫攻坚；乡村振兴

一、安顺市脱贫攻坚和乡村振兴发展现状

（一）脱贫攻坚成效显著

1. 脱贫攻坚取得阶段性成果

"十三五"以来，贵州省安顺市突出实施扶产业、强基础、提素质、优保障、抓改革、促开放、创机制的扶贫工程，紧紧瞄准稳定实现扶贫对象"两不愁三保障"，突出抓好精准扶贫"七个到村到户"和基础设施"六个小康建设"两个结合，深入实施蔬菜、食用菌、生

---

* 吴杰，贵州省社会科学院区域经济研究所副研究员，研究方向为农村经济、产业经济。

态家禽等特色产业扶贫，着力抓好小额扶贫信贷、雨露计划、扶贫生态移民"三个品牌"建设，加强乡镇党委书记、村支部书记、农村合作经济组织及致富带头人"三支队伍"建设，全面深化扶贫资金、项目、监管和考核机制改革，加大实施自治县、民族乡民族地区扶贫开发力度，大力推进精准扶贫、精准脱贫，脱贫攻坚成效显著。产业扶贫利益联结机制不断完善，涌现出西秀区"菜单式"扶贫、普定县"一村一公司"、镇宁布依族苗族自治县"公司+合作社+农户"的订单模式、关岭布依族苗族自治县"五户联保"、经开区食用菌产业带动等典型模式。农村贫困人口"四重医疗保障"、"先诊疗后付费"救治、医疗保障"一站式"即时结报全面落实，对口帮扶扎实推进，"千企帮千村"行动深入开展，贫困地区办学条件全面改善，家庭经济困难学生资助实现全覆盖。截至2017年底，安顺市还有农村贫困人口18.69万人，较2015年减少15.7万人，贫困发生率下降6.19个百分点；农村居民人均可支配收入为8956元，较2015年增加1552元。2018年，安顺市实现10.88万人贫困人口脱贫，贫困人口减少到9.24万人，贫困发生率下降到3.37%，全市共实现180个贫困村出列，西秀区、平坝区通过国家评估验收成功脱贫"摘帽"，普定县、镇宁布依族苗族自治县也达到了"摘帽"条件。

2. 生产生活条件明显改善

截至2017年底，安顺市实现了乡乡通二级公路，所有建制村通沥青路或水泥路，通组道路1184千米，行政村客运通车率100%。农田水利基础设施巩固提高，2016年以来新增有效灌溉面积7.2万亩，其中高效节水灌溉面积2.9万亩。新一轮农村电网改造扎实推进，通信基础设施实现升级换代，实现村域通信全覆盖、自然村光网全覆盖，电视"村村通""户户通"综合覆盖率达100%。积极推进农村危改及"三改"工程，累计改造危房近41258万户。全面开展河长制工作，实行最严格水资源三条红线管理，饮用水水源地水质达标率为100%。

全面完成"绿色贵州"建设三年行动计划，实施营造林 72.7 万亩，综合治理石漠化面积 128 平方千米，治理水土流失面积 220 平方公里，森林覆盖率达 54%。截至 2018 年底，全市完成 2017 年度易地扶贫搬迁 14 个安置点 3.53 万人搬迁，2018 年 6 个安置点主体工程全部完工。统筹搬迁安置人口的劳动技能培训、创业就业服务、医疗、教育、社会保险、政策兜底保障等工作，2018 年应到位资金 10.1 亿元，已到位资金 7.97 亿元，资金到位率为 78.84%。2017 年搬迁劳动力培训率达 105.26%，1 户 1 人以上就业落实率达 86.21%。安置点落实产业项目 134 个，覆盖率达 100%。在教育扶贫方面，资助 23136 名建档立卡贫困学生 6249.97 万元，免除 12040 名普通高中贫困学生学费 852.46 万元。在健康扶贫方面，实现建档立卡贫困人口参保全覆盖，住院费用实际补偿比达 90%，实施贫困人口大病集中专项救治行动，免费救治 819 人次，补偿 1883.79 万元。在改善住房方面，完成农村危房改造 13740 户，竣工率达 100%。2017 年以来，已开工建设通组公路 3323 千米，建成 3074.22 千米，完成投资 16.82 亿元，通组路覆盖 161 个深度贫困村，2018 年底所有 30 户以上的村民组实现通硬化路。安全饮水有保障，安顺市累计完成投入 10.42 亿元，解决 21.12 万建档立卡贫困人口的饮水安全问题，实现深度贫困村全覆盖。

3. 组织领导有力，责任体系持续巩固

安顺市建立了市、县、乡党政主要领导任组长的"双组长"脱贫攻坚扶贫开发领导小组和指挥部，加强了领导、协调和督察，安顺市政府每次召开常务会都有一个与脱贫攻坚相关的议题。完善市县抓落实、重在乡村的工作责任，细化目标任务，落实"五包"责任制，层层立下军令状。安顺市委四届四次全会研究出台了《中共安顺市委安顺市人民政府关于深入实施打赢脱贫攻坚战三年行动发起总攻夺取全胜的实施意见》，聚焦春季攻势、夏季攻势、"1+5"专项治理和巡视问题整改出台了工作方案，切实落实《安顺市深度贫困地区脱贫攻坚行动实施方案》。安顺市出台了《安顺市脱贫攻坚问责工作细则》，通过督办问责向不作为、乱作为"亮剑"，推动全市各级干部依法依纪自觉履行扶贫开发职责。同时，在基层全面推行民生监督工作制度，设立"扶贫专线"推进扶贫项目资金工作公开，接受社会和群众的监督。安顺市委书记、市长分别联系帮扶镇宁简嘎乡、紫云大营镇两个极贫乡镇；全市 57 名市级领导和 121 名县级领导包保 178 个深度贫困村，共选派处级、科级干部或后备干部 3808 人担任贫困村第一书记和驻村干部。全市涌现出一大批脱贫攻坚先进典型，先后举行两次市级脱贫攻坚表彰活动，表彰了脱贫攻坚 150 名优秀共产党员、150 名优秀党务工作者、100 个先进党组织等先进典型，不断熔铸安顺脱贫精气神。

（二）经济社会发展成效突出，综合支撑能力显著增强

1. 经济实力显著增强

2014 年以来，安顺市经济增速连续四年居全省前两位，2017 年地区生产总值 802.46 亿元，同比增长 12.3%，高于贵州省 1.4 个百分点，增速居贵州省第二位。2018 年，安顺市地区生产总值 849.40 亿元，同比增长 10.3%。其中，第一产业增加值 149.16 亿元，同比增长 6.9%；第二产业增加值 272.83 亿元，同比增长 10.4%；第三产业增加值 427.41 亿元，同比增长 11.4%。安顺市人均地区生产总值 36164 元，同比增长 9.8%。相继获批全国文明城市提名城市、国家卫生城市、全国双拥模范城、国家首批新型城镇化综合试点城市、国家首批全域旅游示范区创建单位、全国首个农村金融信用市、国家第二批生态修复城市修补试点城市、全国唯一的"省部共建"石漠化片区水利精准扶贫示范区。

2. 现代农业稳步发展

安顺市农业产业结构持续调优调精，蔬菜、食用菌、茶叶、精品

水果、中药材、生态畜禽等特色产业规模不断扩大，打造了一批反错季蔬菜、时令水果、优质粮油基地，畜牧业产值保持全省领先地位，畜禽规模化标准化养殖水平全省最高。2017 年，安顺市第一产业增加值 135.70 亿元，同比增长 6.7%，增速位列贵州省九个市（州）第二。非粮产业增加值占第一产业增加值比重达 90%，粮经种植比例调整到 28∶72，优于全省比例 38∶62。蔬菜种植 185.05 万亩、茶叶 75 万亩、水果 95.02 万亩，分别较 2015 年增长 35.07%、48.40%、58.37%；肉蛋类总产量 18.5 万吨、水产品产量 2 万吨，分别较 2015 年增长 10.58%、17.65%。安顺金刺梨、刘官山药、东关草莓、林卡辣椒、大山茭白、镇宁荸荠、六马蜂糖李、镇宁樱桃、白旗韭黄、白水生姜、板贵花椒、宗地大蒜、良田柠檬、关岭牛、紫云花猪、平坝灰鹅、普定高脚鸡、关岭长毛兔等特色农产品蓬勃发展，取得农产品商标 1442 件、农畜地理标志产品 16 个，无公害产地认证面积达 230 万亩。安顺市基本形成了良种育、繁、推、销一体化服务，农机总动力达 210 万千瓦，病虫害防治率达 98.8%，科技兴农成果显著。安顺市各类农民专业合作社发展到 3760 家，家庭农场 132 个，经营土地面积 1.66 万亩，市级农业产业化经营重点龙头企业 224 家。建成规模以上农产品加工企业 107 家，2017 年实现产值 173.26 亿元，本地原材料农产品加工转化率达 74%。电商、乡村旅游等新兴业态稳步发展，建成 500 多个农村电商综合服务站，注册中小企业户 630 余户，2017 年线上农产品年交易额达 1 亿多元，涌现出梓涵、川渝、黔优品等一批农特产品电商品牌。具有一定规模并纳入统计范围的休闲农业经营主体 622 家，营业收入共计 3.66 亿元，带动农产品销售 8455.8 万元，建成以双堡、旧州、浪塘、石头寨为代表的国家级休闲农业与乡村旅游示范点一个、省级休闲农业与乡村旅游示范点四个，打造了普定秀水生态园、思源农业生态园及平坝小河湾村等农旅一体化发展新典范。2018 年，贵州省农林牧渔业增加值 155.91 亿元，同比增长 6.8%。其中，农业增加值97.65亿元，增长8.0%；林业增加值10.32亿元，同比增长8.0%；牧业增加值35.44亿元，同比增长4.4%；渔业增加值5.74亿元，同比增长5.5%；农林牧渔服务业增加值6.75亿元，同比增长3.1%。粮食总产量79.27万吨；肉类总产量14.62万吨，同比增长3.3%；水产品产量22151吨，同比增长10.7%；完成造林面积35061公顷；核桃产量达到61.34吨，同比增长33.6%。投入扶贫子基金24.75亿元实施产业扶贫，产业结构不断优化，形成了"一县一业""一乡一特""一村一品"特色优势产业，贫困户产业覆盖率达到90%以上，技术服务全覆盖贫困村，贫困户100%加入农民专业合作社，辐射带动3.75万贫困户增收发展。

3. 乡村治理水平有效提升

安顺市以"红色党建行动"为引领，选好、用好、管好农村基层党组织带头人，认真抓好选派贫困村"第一书记"工作，加强建立村务管理和民主治理机制，全面推行村务公开"五个统一"模式，实施农村基层党组织"领头雁工程"，大力支持由村党组织领头创办的合作社、企业等经营实体，乡村治理水平显著提升。安顺市平坝区乐平镇塘约村创新实施"村社一体、合股联营"模式，在壮大村集体经济的同时，还积极推进村级党组织向村组延伸，在小组上成立党小组，对党员干部采取"积分制""驾照式"管理，实行班子成员互评、小组长参评和村民测评的"三级考评"制，完善村委会自身监督、监督委员会监督和村民小组监督的"三方"监督制度，切实提升基层组织的战斗力和执行力；利用村规民约，实行村民自治；组建村级红白理事会，全村红白喜事一律由红白理事会进行管理，提倡移风易俗，倡导文明新风。截至目前，"塘约经验"在安顺市75%的行政村得到推广学习。

4. 农村综合改革不断深化

安顺市涌现了普定县"秀水五股"、塘约村"村社一体、合股联营"、关岭布依族苗族自治县莲花村"442"利益分配等农村"三权"促"三变"改革典型。普定县人民政府向试点企业——白岩思源现代农业发展有限公司颁发了贵州省第一本《农村土地流转经营权证》，平坝区被确定为全国农村集体产权制度改革试点，普定县被确定为全国自然资源统一确权登记工作试点，安顺经开区被确定为首批全国农村社区治理实验区。截至目前，安顺市共完成农村土地承包经营权实测面积390.24万亩，集体土地所有权确权133.6万亩，集体林地确权颁证面积522.9万亩，集体建设用地（含宅基地）使用权确权颁证14.75万宗，"房屋合一"不动产权证发放178本，小型水利工程确权登记20345宗，参与"三变"改革经营主体334个，28.2341万农民通过"三变"改革获得收益44821.26万元、人均获益1587元。2017年，安顺市流转耕地达89.54万亩、占全市耕地面积的20.21%；村级集体经济总收入14.7亿元，同比增长23.43%，其中集体经营性收入占总收入的35.9%；农村集体资产总额166.4亿元，同比增长29.76%；"双超村"增加到13个，涉及4.13万人。

（三）推进脱贫攻坚和乡村振兴中的特色和优势

1. 交通区位优势不断凸显

安顺市距贵州省省会贵阳市仅90公里，有"黔之腹、滇之喉、蜀粤之唇齿"之称，是黔中经济区重要增长极、黔中城市群重要中心城市，是贵州省交通网络发达、快速便捷的地区。沪昆高速公路横贯安顺市东西，境内县县通高速、乡乡通油路；贵昆铁路穿越全境，沪昆高铁在安顺市设有平坝南、安顺西、关岭三个站点；黄果树机场已开通至北京、上海、重庆、深圳、南京、青岛等10余条航线；位于珠江水系上游北盘江的镇宁坝草码头可以直接通江达海。水陆空并举的交通建设加快推进，现代综合交通运输网络已基本形成，安顺市作为贵州省重要陆路交通枢纽的地理区位优势不断凸显，为优化农业投资环境、拓展农产品市场、拉动农业经济增长和增强农业对外交流提供了有效支撑，有利于脱贫攻坚和乡村振兴战略的实施。

2. 生态资源开发潜力巨大

安顺市生物资源多样，2017年森林覆盖率达54%，获批"国家森林城市"称号。空气质量优良，2017年安顺市（含县区）环境空气质量优良天数比例平均为98.4%，居贵州省第二位，高出国家约束性年度指标3.4个百分点。水环境质量保持良好，地表水省控断面水质状况总体为"优"，2017年出境断面水质优良率达100%，集中式饮用水水源地水质达标率为100%。山清水秀，气候凉爽，将气候与生态资源优势转化为经济优势明显。

3. 文化旅游资源丰富

安顺市文化底蕴深厚，是贵州省历史文化名城，拥有穿洞文化、夜郎文化、牂牁文化、屯堡文化等独特的历史文化遗存，有"亚洲文明之灯"普定穿洞古人类文化遗址、"千古之谜"关岭"红崖天书"、"世界唯一"的明代屯堡村落、"中国戏剧活化石"安顺地戏、"东方第一染"安顺蜡染。多民族聚居，有43个少数民族，民族风情特色鲜明、浓郁淳朴。同时，安顺市是中国共产党老一辈无产阶级革命家、全国"100位为新中国成立做出突出贡献的英雄模范人物"王若飞同志的故乡。历史文化、民族文化和红色文化为安顺市发展全域旅游提供了绝好的资源支撑。多彩的民族民间文化和淳朴的乡风、乡情、乡韵、乡愁是拓展农业功能、发展乡村旅游的最好载体，有利于促进安顺市农业"接二连三"融合发展，促进农民持续增收。

4. 坝区与山地农特资源品质突出

安顺市位于黔中腹地，是贵州省地势最为平坦的区域，拥有四个五千亩以上耕地大坝和八个万亩耕地大坝，四季分明、雨量充沛，特殊的地理位置与地形地貌，为发展无公害、绿色和有机农产品提供了天然的理想场所，非常有利于蔬菜、食用菌、茶叶、精品水果、中药材、生态畜禽等特色优势产业的发展，造就了独具特色的农业资源。为安顺市农产品的多元化生产和消费升级，发展现代山地特色高效农业和都市农业提供了有利条件。

（四）推进脱贫攻坚和乡村振兴仍面临一系列问题

当前，安顺市仍面临着脱贫攻坚任务重、生态环境脆弱、农业农村发展滞后等挑战和问题，主要表现在：仍有四个国家扶贫开发重点县，近 10 万人未脱贫；农村人均可支配收入低；农业产业规模小、产业链条低，规模化经营程度不高，大中型龙头企业不多，农产品加工带动能力不强；石漠化面积大、程度深；农民发展意识薄弱，主动发展意识不强；农村"空心化"严重；村庄建设凌乱，缺乏统一规划管理等。

二、安顺市推进脱贫攻坚和乡村振兴的发展思路

当前，安顺市正处于加快脱贫攻坚、为乡村振兴打下坚实基础的良好机遇。党中央提出实施乡村振兴战略，贵州省委、省政府提出打造"美丽乡村·四在农家"升级版和推进全省乡村振兴的重点任务、重大工程、政策措施，为安顺市乡村振兴指明了方向。贵州省三大战略行动的实施和三大试验区、黔中经济区建设的加快推进，为安顺市打赢脱贫攻坚、缩小城乡差距、加快乡村旅游发展、深化第一、第二、第三产业融合提供了重大机遇。当前，人民群众对生态绿色农产品和休闲康养的需求强烈，为安顺市现代山地特色高效农业和乡村旅游业发展提供了契机。安顺市要以习近平新时代中国特色社会主义思想为指导，牢固树立新发展理念，落实高质量发展要求，坚持农业农村优先发展，按照"产业兴旺、生态宜居、乡风文明、治理有效、生活富裕"的总要求，建立健全城乡融合发展体制机制和政策体系，以"四

在农家·美丽乡村"建设为主要抓手，以"五步工作法"引领苦干实干，牢牢把握"八要素"深化农村产业革命，坚决打好精准脱贫攻坚战，统筹推进农村经济建设、政治建设、文化建设、社会建设、生态文明建设和党的建设，全力推动乡村产业振兴、人才振兴、文化振兴、生态振兴、组织振兴，加快推进乡村治理体系和治理能力现代化，加快推进农业农村现代化，让农业成为有奔头的产业，让农民成为有吸引力的职业，让农村成为安居乐业的美丽家园。

三、安顺市推进脱贫攻坚和乡村振兴的主要任务

（一）决战脱贫攻坚，为实施乡村振兴战略打好基础

1. 打好脱贫攻坚"四场硬仗"

一是打好基础设施建设硬仗。着力加强农村路、水、电、信等基础设施建设，进一步夯实贫困地区脱贫基础。二是打好易地扶贫搬迁硬仗。深入实施易地扶贫搬迁工程，确保"一方水土养不起一方人"地区的建档立卡贫困人口"应搬尽搬"，到 2020 年全面完成"十三五"易地扶贫搬迁工程任务。三是打好产业扶贫硬仗。精准落实农村产业发展"八要素"，全面推进贫困地区产业结构调整，切实开展特色产业提升工程，进一步扩大产业项目对贫困户的覆盖面，因地制宜发展壮大蔬菜、食用菌、茶叶、水果、中药材、生态畜禽等主导产业，做优做强"一县一业""一乡一特""一村一品"。四是打好教育医疗住房"三保障"硬仗。深入实施教育脱贫攻坚行动，全面改善贫困地区乡镇寄宿制学校和乡村小规模学校办学条件。深入实施健康扶贫工程，大力推广安顺市西秀区健康扶贫经验，从根本上有效遏制因病致贫、因病返贫。深入实施农村住房保障行动，分类推进农村危房改造、无房户民政救助兜底、因灾倒损房屋恢复重建、农村老旧住房整治，

实现"住房安全有保障"脱贫底线目标。

2. 重点攻克深度贫困

聚焦紫云深度贫困县、简嘎和大营两个极贫乡镇、178个深度贫困村等深度贫困地区和贫困老年人、残疾人、重病患者等特定困难群体"两大重点",全力实施脱贫攻坚行动,加大政策倾斜力度,重大工程建设项目继续向深度贫困地区倾斜,特色产业扶贫、易地扶贫搬迁、生态扶贫、金融扶贫、社会帮扶、干部人才等政策措施向深度贫困地区倾斜,集中力量攻关,攻克深度贫困堡垒,确保深度贫困地区如期完成全面脱贫任务。

3. 加强脱贫攻坚支撑保障

一是推进社会力量参与脱贫攻坚。抢抓青岛市对口帮扶机遇,主动开展全方位的对接,积极争取支持,主动做好各项配套服务,优化投资环境,深化基础设施、产业园区、旅游发展、教育医疗、人才培训、劳务输出等重点领域的帮扶合作,深入推进东西部扶贫协作和定点扶贫。引导支持开展好开磷集团结对帮扶关岭布依族苗族自治县、贵州电网公司结对帮扶紫云苗族布依族自治县,激励各类企业、社会组织和社会力量扶贫。动员组织各类志愿服务团队、社会各界爱心人士开展扶贫志愿服务,大力开展扶贫志愿服务活动。二是强化脱贫攻坚落实责任机制。全面贯彻中央统筹、省负总责、市县抓落实的工作机制,强化党政一把手负总责的责任制,县(区)委书记作为脱贫攻坚工作"一线总指挥",压紧压实脱贫攻坚责任链任务链。三是深入开展扶贫领域突出问题治理。重点排查建档立卡之外的农村低保户、危房户、大病患者家庭、重度残疾人家庭、义务教育阶段辍学生家庭、老人户、居住偏远农户七类特定群体,以及建档立卡之内达标退出后又返贫的脱贫户,深入开展贫困人口漏评错评专项治理。系统锁定对象筛查,核查退出是否符合程序、标准,开展入户核查认定,坚决纠正贫困户"被脱贫"现象,深入开展贫困人口错退专项治理。开展农村危房改造不到位治理，实现建档立卡户应纳尽纳、应改尽改，全面消除农村住房安全隐患。深入开展扶贫资金使用不规范专项治理，规范贫困县统筹整合使用财政涉农资金，探索建立财政扶贫资金动态监控机制，加强财政扶贫资金日常监管和专项检查，继续执行贫困县扶贫资金审计全覆盖。重点查处和纠正贯彻党中央和省委、市委脱贫攻坚决策部署不坚决、不到位、不扎实问题，主体责任、监督责任和职能部门监管职责不落实问题。四是完善脱贫攻坚考评监督机制。完善扶贫考核评估工作，改进对县及县以下的扶贫工作考核，切实解决基层疲于迎评迎检问题。

4. 巩固脱贫攻坚成果

一是提升贫困人口内生动力。提升贫困群众发展生产和务工经商的基本技能，增强贫困群众自我发展能力。强化脱贫光荣的正向激励机制，消除精神贫困。二是健全脱贫巩固提升机制。按照"脱贫不脱钩、脱贫不脱政策、脱贫不脱帮扶"的原则，建立健全贫困户退出"后扶持"机制，在一定时期内保持扶贫开发政策不变、支持力度不减，防止出现边脱贫、边返贫现象。

（二）深入推进农村产业革命，激发产业兴旺新活力

1. 加快现代山地特色高效农业发展

一是突出发展生态畜牧业。以西秀区、平坝区、普定县、紫云苗族布依族自治县为重点区域发展生猪养殖，以镇宁苗族布依族自治县、关岭苗族布依族自治县、紫云苗族布依族自治县为重点区域发展肉牛养殖，以西秀区、平坝区、普定县、镇宁苗族布依族自治县为重点区域发展家肉（蛋）禽养殖，加快发展平坝灰鹅、宗地花猪、普定高脚鸡、绿壳蛋鸡等特色养殖业，构建生猪、蛋禽、肉牛羊、特色养殖"四大养殖产业"。二是加快发展蔬菜产业。以沪昆高速安顺段沿线和赤望高速安顺段沿线为重点，建设打造"一横一纵"两大蔬菜产业

带。在镇宁苗族布依族自治县、关岭苗族布依族自治县、紫云苗族布依族自治县的低海拔河谷地区，打造冬春喜温蔬菜产业带。以镇宁苗族布依族自治县大山乡的水生蔬菜基地、西秀区旧州镇和刘官乡的"安顺山药"基地、普定县白岩镇和马官镇的"白旗韭黄"基地、平坝区马场镇的"林卡辣椒"基地等特色蔬菜产业基地为重点，打造特色蔬菜产业带。在城郊、农业园区重点建设蔬菜保供基地，适度发展香菇、竹荪、双孢菇等食用菌种植。三是提质发展茶产业。重点在25°坡度以下山地、丘陵岗地宜茶适种区域，大力采用新茶园建设、中低产老茶园改造以及林茶间作套种等方式，打造构建"两园三廊"的生态高效茶园、优质初精加工、中外驰名品牌、特色康养茶旅并行发展格局。四是稳步发展精品水（干）果。重点在关岭苗族布依族自治县、镇宁苗族布依族自治县海拔 600 米以下的北盘江流域低热河谷区域，发展火龙果、百香果、芒果、柑橘、芭蕉等热带水果；大力发展普定县坪上乡冰脆李、紫云苗族布依族自治县火花乡冰脆李、关岭苗族布依族自治县上关镇六月李、镇宁苗族布依族自治县六马镇四月李和蜂糖李；以西秀区、平坝区、普定县、关岭苗族布依族自治县等为重点，发展金刺梨；重点在紫云苗族布依族自治县达邦乡、普定县城关镇、平坝区夏云镇、西秀区杨武乡发展葡萄；重点在西秀区宁谷镇、平坝区夏云镇、镇宁苗族布依族自治县丁旗镇、关岭苗族布依族自治县断桥镇发展桃；重点在镇宁苗族布依族自治县、关岭布依族苗族自治县、西秀区打造核桃种植基地。五是加快发展中药材。以西秀区（含开发区、龙官景区）、平坝区、普定县、镇宁苗族布依族自治县（含黄果镇）、关岭苗族布依族自治县（含白水镇）、紫云苗族布依族自治县六县（区）重点乡（镇）规划创建安顺市中药材主要品种产业化发展示范区，重点发展黄柏、小黄姜、刺梨、山豆根、薏苡、山药、丹参、山（金）银花、白芨、吉祥草。六是巩固烤烟发展。在紫云苗族布依族自治县、镇宁苗族布依族自治县、关岭苗族布依族自治县建设"山地醇甜香型"中偏清特色烟叶核心区，在其余县（区）建设"山地醇甜香型"辐射区。

2. 加快构建现代农业经营体系

一是大力培育新型农业经营主体。以扶持壮大谷物磨制、植物油加工、屠宰及肉类加工、调味品加工、特色食品加工、饮料加工等农产品加工企业为重点，大力培育优质米、优质油菜、蔬菜、烤烟、茶叶、中药材、金刺梨、火龙果、山药、肉类等种子（种苗）生产、加工企业和独具特色的农产品龙头企业、制药企业，优先培育肉牛、瘦肉型猪、家禽加工企业。实施农民专业合作社扩量提质工程，积极支持种养殖大户升级发展，吸纳有发展意愿的农民组建农民专业合作社。围绕特色优势产业和"一村一品"基地，强化土地、财政等政策，优化生产要素配置，以种植养殖大户为重点，因地制宜培育一批家庭农场。二是发展壮大新型村级集体经济。加快制定村级集体经济发展规划，有序推动安顺市集体经济发展，积极盘活村级集体资产，推动集体经济保值增值。三是推进小农户与现代农业有机衔接。加强冷链物流网络等建设，加强"农校""农超""农企"对接，推动农业全产业链改造升级。根据区域内特色产业产品的生产销售情况，加快构建生产组织、设施配套、产品营销三个体系，提升小农户产销环节市场衔接能力。支持多种类型的农业产业化龙头企业、农民专业合作社、家庭农场、专业大户等新型农业经营主体开展代耕代种、联耕联种、土地托管等专业化服务，充分发挥多种形式农业适度规模经营引领作用。四是提升农业开放发展水平。支持农业企业开展多种形式的跨国经营，加强农产品加工、储运、贸易等环节合作，培育具有国际竞争力的农业企业集团。支持企业参加境外农业合作示范区建设，实现抱团出海，推进全产业链运营。做大做强关岭苗族布依族自治县供港澳蔬菜产业园，围绕关岭牛、普定韭黄，以及安顺山药、朵贝茶、金刺梨等特色生态农产品建设一批外向型农产品生产基地。积极参加农业对外合作试验区建设，探索农业对外开放新路径。积极吸引境内外资本参与特色农产品深加工、农业技术研发推广、规模化种养基地建设和农产品购销。

3. 夯实现代农业发展基础

一是加强耕地质量保护和建设。全面落实永久基本农田特殊保护制度，加强土地修复整治、农业综合开发、高标准农田等工程建设，推进耕地数量、质量、生态"三位一体"保护。统筹农业综合开发、新增粮食产能田间工程建设等，加快推进高标准农田建设。以永久基本农田为基础，全面划定粮食生产功能区和重要农产品生产保护区。二是巩固提高农田水利基础设施。继续强化工程性措施，深化水利产权制度改革，促进水资源高效利用和可持续发展，切实解决农田水利基础设施"最后一公里"问题。三是强化农业创新与推广应用。加强农业科研创新及成果转化体系建设，推动形成以科技创新引领和支撑产业发展的农业发展新模式。进一步加大对农业科技推广体系建设支持，以公益性为主导，充实和完善县、乡两级农业科技推广机构。加快水稻、玉米、小麦等主要粮食作物新一轮品种更新换代，实施畜禽遗传改良计划，加快培育优异畜禽新品种。四是提升农业装备水平。大力支持喷滴灌、畜禽标准化圈舍、冷链物流、渔业设施及物联网等农业生产设施设备建设，抓好农业机械服务体系建设重大工程。五是加强农业市场和信息化体系建设。在贵黄公路沿线重点抓好茶叶、山药、韭黄、小黄姜、蚕豆、大山茨白、生姜等农产品产地批发市场建设。建立健全农业大数据采集更新体系，利用遥感监测、全球导航定位、物联网、互联网挖掘等技术，建立起涵盖农产品生产、流通、销售等环节的农业大数据库及长效更新机制，持续开展农业生产、新型经营主体、市场价格等数据采集。应用物联网、云计算、大数据、移动互联等现代信息技术，助力农村产业发展"八要素"落实落地，加快智慧农业发展。六是加强农作物病虫害防控及畜禽防疫体系建设。

重点建设县、乡两级基层农作物病虫害防控体系，完善市、县、乡、村四级动物疫病体系网络，建立健全畜禽防疫冷链体系。七是加强质量品牌建设。加强农产品生产环境管理，完善农产品产地环境监测网络。完善市、县、乡（镇）三级农产品质量安全监管、检测、执法队伍和装备建设，建立健全村级农产品质量安全监管员队伍，逐步建立以茶叶、蔬菜、水果、禽蛋等农产品生产企业为重点的可追溯体系。抓好"三品一标"等品牌认证，重点打造百灵、柳江、鑫龙、鸿龙、瀑布、朵贝、康农、黔农、特驱、百花串、苗立克、草原颂、牛来香等一批蔬菜、水果、茶叶、生态畜牧优质品牌。

4. 加快农村服务业、加工业等发展

一是加快发展以乡村旅游为龙头的农村服务业。利用农业生产、农民生活、农村风貌以及人文遗迹、民俗风情等乡村旅游资源，大力发展休闲农业和乡村旅游，打造贵阳市"后花园"，带动农村住宿餐饮、文化演艺、交通运输、商贸物流等相关产业的发展。二是加快农产品加工业发展。重点打造以关岭牛为代表的肉类、蛋类，以韭黄、山药、辣椒、蘑菇为代表的蔬菜类，以金刺梨、李子、葡萄、核桃为代表的果品类，以及中药材类、茶叶、油菜、杂粮等加工产业链。以经济开发区、工业园区、农业园区为平台，支持各类加工主体进园入区集聚发展，大力发展农产品加工集聚区。推广以股份为纽带的紧密型联结方式，支持农户和合作社以生产要素入股龙头企业，组建"收益共享、风险共担"的利益主体。引导龙头企业采取股份分红、利润返还等形式让利农户。创建一批扶贫龙头企业，构建以种植养殖、深加工、销售于一体的产业链条，提高贫困群众参与度，分享加工增值收益。三是推动农村新业态新模式发展。加快建设乡镇电子商务服务中心和村电商服务站（点）等农村电子商务发展平台，创新农村电商发展模式，着力培育和壮大农村电子商务。坚持把农业园区建设作为农村第一、第二、第三产业深度融合和现代山地特色高效农业发展的主平台、主载体、主战场,统筹谋划产业布局、基础支撑、主体培育、功能配套、要素集聚等各种因素,坚持全境域发展、全产业推进和全要素提升,坚持市县乡协同推进,做大园区总量,形成"乡乡建园区、县县有平台"的现代农业园区分布格局。坚持产业互动融合,突出农业功能拓展,启动"接二连三"试点,推动园区全产业、多业态、多功能、多模式融合发展,建成一批集吃、住、行、游、购、娱、体七位一体的田园综合体。

(三) 加强美丽乡村建设,打造宜居秀美新安顺

1. 打造美丽乡村升级版

按照"统筹规划、典型引领、重点突破"的思路,深入推进美丽乡村建设,以农村生活垃圾、污水处理、厕所革命为重点,加快推进村庄环境综合整治。同时,注重示范点建设,加强精品村、特色村培育,突出经营管理和示范引领,有序推进"四在农家·美丽乡村"创建工作。

2. 加大乡村基础设施建设力度

以"小康路"为抓手,优化加密农村交通网络,积极创建"四好农村路"示范县和示范项目,推动城乡交通基础设施互联互通,建立完善布局合理、标准适宜、出入便捷的农村公路体系。以"小康水"为抓手,推进水利基础设施向乡村延伸,构建大中小微结合、骨干和田间衔接、长期发挥效益的农村水利基础设施网络,实现全市有大型水库、县县有中型水库、乡乡有稳定水源,着力提高节水供水和防洪减灾能力。以"小康电"为抓手,推进农村能源革命。优化农村能源供给结构,大力发展太阳能、浅层地热能、生物质能等,因地制宜开发利用水能、风能,实现供能方式多元化。以"小康讯"为抓手,实施数字乡村战略,推进"宽带乡村"工程,推进接入能力低的行政村进行光纤升级改造,加强农村地区宽带网络和 4G 移动通信网络覆盖

步伐。

3. 加大乡村生态保护与修复力度

以生态环境保护、农业减量投入、资源循环利用和农业生态修复为重点，切实提升农业可持续发展能力。围绕山水田园型、绿色生态型、宜居宜游型、开放创新型和历史文化型的"五型安顺"建设，加快农村生态文明建设。探索建立多元化生态保护补偿机制，切实提高自然资源的科学利用水平，提高生态保护与修复综合效益，让保护生态环境得到实实在在的收益。坚持生态产业化，产业生态化思路，不断满足人民群众对乡村优美风光、生态产品和服务的需求。

（四）繁荣乡村优秀文化，焕发乡风文明新风尚

1. 加强农村思想道德建设

进一步加强新时代中国特色社会主义和"中国梦"宣传教育，大力培育和弘扬"团结奋进、拼搏创新、苦干实干、后发赶超"的新时代贵州精神，大力培育和践行以社会主义核心价值体系为灵魂、以安顺优秀历史文化传统为底蕴、以现代文明素质为特征的新时期安顺人文精神，大力开展"新农村新生活新农民"思想宣传，着力将现代文明理念渗透到农民群众的心坎里。充分发挥好新时代农民讲习所的重要文化宣传阵地作用，有效整合"道德讲堂"、党员活动室等其他阵地平台，充分利用好广播、电视、宣传栏等宣传载体，拓展新媒体宣传途径，创建全方位、多元化的传播平台。

2. 弘扬乡村优秀传统文化

充分发挥安顺历史文化、屯堡文化、红色文化等地方特色文化优势，加强保护和利用非物质文化遗产，着力创造性转化、创新性发展乡村优秀传统文化，并将优秀传统文化融入文化产品、文化服务和文化活动中，以新时代理念，快速推动安顺文化产业发展，引领黔中文化大繁荣大发展。

3. 强化乡村公共文化服务

持续完善农村公共文化设施，着力推动农村公共文化服务，使更多资源向农村和农民倾斜，继续实施"文化惠民、服务群众"办实事工程，使文化惠民项目与农民群众文化需求相适应。

4. 加强农村精神文明建设

深化开展文明村镇创建活动，坚持突出重点，着力提升文明村镇创建水平，统筹推进文明村镇创建与农村人居环境整治相结合，着力将精神文明创建活动覆盖到深度贫困地区、易地扶贫搬迁小区及贫困群众。全面实施文化惠民工程，为群众提供丰富多样的公益文化产品和服务，积极开展乡村文化艺术普及活动，引导农民养成文化生活习惯和文化消费习惯。大力推进村规民约修订，积极成立村民议事会、道德评议会、禁毒禁赌协会、红白理事会为内容的"一约四会"乡村自我管理组织。

（五）推动乡村组织振兴，健全现代乡村治理新体系

1. 加强农村基层党组织建设

健全党管农村工作的领导体制和工作机制，提升农村基层党组织组织力。健全以村党组织为核心，村民委员会、村务监督委员会、集体经济组织、社会组织广泛参与的村级治理架构。加强农村党员队伍建设，加大在优秀青年农民、外出务工人员、妇女中发展党员力度。加大农村基层党组织建设保障力度，将抓党建促脱贫攻坚、促乡村振兴情况作为每年市、县、乡党委书记抓基层党建述职评议考核的重要内容，纳入巡视、巡察工作内容，作为领导班子综合评价和选拔任用领导干部的总要依据。

2. 构建乡村善治新格局

深入实施村民委员会组织法，加强群众性自治组织建设，完善农村民主选举、民主协商、民主决策、民主管理、民主监督制度。深入

开展"法律进乡村"活动，重点加强土地征收、承包地流转、生态保护、农产品质量安全、社会救助、劳动和社会保障等方面法律法规的宣传教育，不断增强农村基层干部群众的法治观念和依法维权意识，在乡村形成办事依法、遇事找法、解决问题用法、化解矛盾靠法的良好法治环境。深入挖掘乡村熟人社会蕴含的道德规范，结合时代要求进行创新，强化道德教化作用，建立道德激励约束机制，引导乡村居民向上向善、孝老爱亲、重义守信、勤俭持家，实现家庭和睦、邻里和谐、干群融洽。深化"一村一警务助理"模式，推动社会治安防控力量下沉，强化农村群防群治队伍。

3. 加强基层政权建设

立足脱贫攻坚、乡村振兴工作实际，着力统筹乡镇机构编制资源，整合基层审批、服务、执法等方面力量，建立乡镇大部制综合性机构，实行扁平化和网格化管理。推进乡镇协商民主化、制度化、规范化建设，以村民评议会、村民代表会、共建理事会、民主听证会等为载体，切实发挥其在服务民主决策、民主管理、民主监督、民主自治中的多重作用。整合优化公共服务和行政审批职能，鼓励各地制定农村社区便民服务清单，推进社区服务规范化标准化，打造"一门式办理""一站式服务"的综合服务平台。

（六）切实改善农村民生，提升人民群众幸福感

1. 促进农村劳动力创业就业

大力发展劳务经济，做大做强打工经济，加快农村劳动力转移。有计划、有组织、全方位地支持农民就近就地参与现代农业产业园、工业园、重大工程建设，推动农民向第二、第三产业转移，多方式、多渠道促进农民就近、就地就业。大力发展乡镇就业扶贫车间、村社代工点、易地搬迁安置点集中就业等就业新形态。支持引导返乡下乡人员结合区域特色创业，通过网络博客、微信等新媒体发展电子商务，

结合产业融合创业，把农产品种植、加工、流通销售和休闲农业、文化教育、养生养老、"互联网+"等融为一体进行创业创新。完善农民就业创业扶持政策，加大对农民小额贷款、培训、社保、外出务工交通费补贴等政策扶持力度。

2. 优先发展农村教育事业

加快推进建立以城带乡、整体推进、城乡一体、均衡发展的义务教育发展机制，促进教育均衡和教育公平。以公办幼儿园为主体，积极发展农村学前教育，基本解决乡村"入园难"问题。加大建设农村公办幼儿园力度，构建"大镇两所、小镇一所、大村独立建园、小村联合办园"的学前教育发展格局。重点支持市内涉农职业院校建设一批现代农业技术、茶叶生产与加工、种养殖、园林技术、烟草生产与加工、畜牧兽医、农产品加工及营销等涉农专业、实习实训基地和精准扶贫基地。探索建立义务教育学校"县聘校用"的教师聘任与管理制度以及县域内校长、教师轮岗交流制度，促进教师资源的合理流动。全面推动全市教育信息化建设，使优质教育资源全面覆盖乡村。

3. 加快推进健康乡村建设

加快制订"乡村医疗卫生服务能力提升计划"，完善城乡医疗卫生和公共卫生服务体系，加强乡村医疗卫生服务能力建设，倡导健康生活方式，促进农村人口健康素质进一步提高。

4. 完善农村社会保障体系

完善统一的城乡居民基本医疗保险制度、大病保险制度，建立长期护理保险制度与基本养老保险待遇、基础养老金正常调整机制，实施社保扶贫政策，将农村建档立卡贫困人口、低保对象、特困人员等困难群体纳入城乡居民基本养老保险保障范围，确保养老金按时足额发放，发挥商业养老保险的补充性作用，进一步构建多层次社会保险体系。全面实施特困人员救助供养制度，完善特殊困难群众的救助与法律援助制度，深入落实医疗救助和临时救助政策。全面建立以居家为基础、幸福院养老服务为依托，区域性养老服务中心（敬老院）为支撑，其他养老服务机构为补充医养相结合的多层次农村养老服务体系。

（七）构建统筹推进脱贫攻坚和乡村振兴的保障体系

1. 加快农村各项改革

充分发挥"塘约经验"的示范效应，深入推进以农村产权确权、赋权、易权促进资源变资产、资金变股金、农民变股东的"三权"促"三变"改革，盘活农村资源资产资金，促进农业增效和农民增收。全面完成土地承包经营权确权登记颁证，健全承包合同登记制度，推进承包土地信息联通共享。完善农村承包地"三权分置"制度，保障农民承包权，放活土地经营权，创新农业经营体系。完善盘活利用农民闲置宅基地和闲置农房政策，探索宅基地所有权、资格权、使用权"三权分置"，落实宅基地集体所有权，保障宅基地农户资格权和农民房屋财产权，适度放活宅基地和农民房屋使用权。加快推进农村集体资产全面清产核资，摸清集体经营性资产和资源性资产家底，科学确认农村集体经济组织成员身份，有序分类推进农村集体资源性、经营性和非经营性资产股份合作制改革，推动资源变资产、资金变股金、农民变股东，多渠道开辟农民增收致富途径。

2. 培育乡村建设人才队伍

以素质提升和就业创业创新能力建设为核心，采取多样化教育培训方式，构建以专业组织为载体、重点产业为依托、创业实践为示范、资格认定为手段、政策扶持为动力、跟踪服务为保障的新型农民成长制度体系，加快建立一支爱农业、懂技术、善经营的新型职业农民队伍。加大农业生产服务、农技推广应用、乡村手工业、医生、教师、规划建设、文化旅游等重点领域实用专业人才培育力度，为脱贫攻坚和乡村振兴提供人才保障。建立有效激励机制，以乡情乡愁为纽带，深入实施春晖行动，吸引支持企业家、党政干部、专家学者、医生、教师、规划师、建筑师、律师、技能人才等，通过下乡担任志愿者、投资兴业、包村包项目、行医办学、捐资捐物、法律服务等方式服务脱贫攻坚和乡村振兴事业。

3. 强化乡村用地保障

积极探索农村土地征收改革，建立被征地农民长远生计的多元保障机制，探索有效的征地补偿安置争议解决机制。进一步激活农村土地要素资源，积极探索土地置换城镇住房和社会保障的有效机制，赋予农村集体和农民更多权益。

4. 加大资金投入

积极争取上级转移支付和专项扶贫资金，加大财政资金对贫困地区的支持。加大涉农资金整合力度，加强各类扶贫资金项目绩效管理，实现扶贫资金更多地在使用效益好的贫困地区循环使用、滚动发展。引导各类工商资本、社会资本投入乡村，开发保证保险贷款产品，多渠道募集资金，推广政府与社会资本合作、政府购买服务等扶贫模式，支持引导市场和社会资本参与脱贫攻坚和扶贫项目建设。成立安顺市农业投资公司，建立健全安顺农业投资公司平台。健全适合农业农村特点的农村金融体系，把更多金融资源配置到农村经济社会发展的重点领域和关键环节；协调国家开发银行、中国农业发展银行创新金融产品和服务方式，加大对扶贫开发和乡村振兴信贷支持；支持加快农村信用社改制成农商银行，巩固其扎根农村、服务乡村的职能地位；鼓励大中型商业银行延伸服务到乡村，实现村镇银行县域全覆盖。

党组织引领下的农村合作制
经济发展研究

黄　勇　陈绍宥　谢　松　谢艳锋　李恒全*

摘　要：农村合作经济组织是广大农民群众在家庭承包经营基础上自愿联合、民主管理的互助性经济组织，是实现小农户和现代农业发展有机衔接的中坚力量。近年来，贵州省正深入推进农村产业革命，贵州省委高度重视农村合作经济发展，提出要大力推广"龙头企业+合作社+农户"的组织方式，尤其强调党组织在合作社发展中要发挥引领作用。贵州省农村党组织在合作社经济发展中起主导作用的地方，合作社发展往往较好。新时代党组织引领农村合作制经济发展，重点做好引领创办、规范运行、业态选择、服务保障、利益联结等重点工作。

关键词：农村党组织；合作社；贫困户

在大力发展农村合作制经济的进程中，如何把党组织的政治领导、政策引导、发动群众等优势同合作社的创建、发展、管理等重要环节有机结合，探索党组织创办引领农村合作组织，提升合作经济组织层次，拓宽发展模式，努力成为发展农村合作经济组织的领导者、推动

* 黄勇，贵州省社会科学院乡村振兴战略智库人才基地负责人、研究员，研究方向为区域经济、产业经济；陈绍宥，贵州省社会科学院区域经济研究所副研究员，研究方向为区域经济；谢松，贵州省社会科学院工业经济研究所副所长、副研究员，研究方向为工业经济；谢艳锋，贵州省社会科学院工业经济研究所助理研究员，产业经济；李恒全，贵州省社会科学院助理研究员，研究方向为产业经济。

者和实践者，从而实现建一个组织、兴一项产业、活一片经济、富一方农民的目的，既是农村合作制经济健康发展的关键所在，也是新时代推进农村产业革命的重要保障。

一、农村合作制经济发展的理论政策依据与经验借鉴

（一）农村合作制经济发展的理论依据

1. 马克思主义合作经济理论

马克思主义农村合作理论是马克思、恩格斯在探讨俄国、中国、印度等国家农村小农如何向社会主义过渡中提出来的。马克思、恩格斯认为，小农经济经营手段落后，抗自然和市场风险能力弱，通常维持简单的生产，难以进行积累，是一种落后的生产方式；农民需要大规模组织起来合作劳动，用合作社并辅以示范和帮助，是小农可以接受的改造方式，合作社则是引导农民走向社会主义发展的好形式；合作社要维护农民的利益，但不能以暴力去剥夺小农，要通过示范提供帮助；要坚持政府扶持，循序渐进，在合作化过程中实现从个体耕作到集体耕作的自愿过渡；坚持以按劳分配为主，但在特殊发展阶段也可以采用股金分红的形式，但要加以限制。

2. 西方合作社理论

西方合作社理论主要是对罗虚代尔合作社发展过程的理论总结。1844 年，在英国北部兰开夏小镇罗虚代尔，28 个纺织工人成立了一个日用品消费合作社，取名罗虚代尔公平先锋社，以提供应社员的生活日用品、减轻商业中间盘剥、改善社员的家庭生活境况为目的，并建立较为规范的原则。1895 年，国际合作社联盟在伦敦成立，采用了罗虚代尔原则，之后在 1995 年国际合作社联盟经修改后重新确立了会员

资格自愿开放、民主管理、社员经济参与、自治自助、培训教育、合作社间相互合作、关心社区七条原则。

3. 产权理论与交易费用理论

马克思主义产权理论认为，产权包括所有权、处置权、收益权，其中所有权是其他权力的基础。现代西方产权理论认为，明确产权可以调动产权主体的积极性，降低交易费用，从而提高经济运行效率。以科斯为代表的交易费用理论认为，交易费用包括获得市场信息的费用、订立合同和履行合同的费用、谈判性费用、事后监督费用，以及人工、市场信息、谈判和签约等一系列相关费用、对未来的不确定性和风险预测困难等因素引起的费用和度量、界定与保护产权的费用等。产权理论与交易费用理论所要研究的就是界定和调整产权规则，降低交易费用，节约成本，从而提高资源配置效率。个体农户在市场上进行交易时，会产生大量的交易费用，当外部市场交易费用太高，就必然存在一种组织将交易费用内部化，从而减少交易费用。合作社将个体农户组织在一起，再通过合作社与市场进行交易，是市场机制的一种创新，有效降低了交易费用。农民专业合作经济组织在设立和运行的过程中，会有成员出资、公积金、国家的财政补助资金以及合法取得的其他资产等形成的财产，对于这些产权的合理界定和划分，是农民专业合作经济组织运行的前提条件。合作社的资产所有权、控制决策权与受益权是否被农户社员所拥有，是合作社未来发展健康与否的"试金石"。

（二）农村合作制经济发展的政策依据

党的十八大以来，我国已初步构建了扶持农民专业合作社发展的一系列政策与制度。党的十八大提出要壮大集体经济实力，发展农民专业合作和股份合作，培育新型经营主体，发展多种形式规模经营，构建集约化、专业化、组织化、社会化相结合的新型农业经营体系。2013年7月，经国务院批准，农业部会同发展改革委、财政部、水利部、税务局、工商局、林业局、银监会、供销合作社等部门和单位建立了全国农民合作社发展部际联席会议制度，并联合印发了《国家农民专业合作社示范社评定及监测暂行办法》。2014 年，农业部会同发展改革委、财政部等九部门联合下发了《关于引导和促进农民合作社规范发展的意见》（农经发〔2014〕7 号），明确了促进农民合作社规范发展的总体思路、基本原则、主要目标、主要任务和保障措施；农业部会同银监会印发了《关于金融支持农业规模化生产和集约化经营的指导意见》（银监发〔2014〕38 号），对新型农业经营主体提供金融支持。2015 年，财政部印发了《农业综合开发推进农业适度规模经营的指导意见》（财发〔2015〕12 号），进一步加大对新型农业经营主体的支持力度。2016 年，国务院办公厅印发了《关于完善支持政策促进农民增收的若干意见》（国办发〔2016〕87 号），提出健全新型农业经营主体支持政策。2017 年 5 月，中共中央办公厅、国务院办公厅印发了《关于加快构建政策体系培育新型农业经营主体的意见》（中办发〔2017〕38 号），从财政税收、基础设施建设、金融信贷、保险支持、市场营销、人才培养六个方面，进一步构建了支持农民合作社等新型经营主体的扶持政策。2017 年 10 月，党的十九大报告提出实施乡村振兴战略，明确指出构建现代农业产业体系、生产体系、经营体系，发展多种形式适度规模经营，培育新型农业经营主体，实现小农户和现代农业发展有机衔接。2017 年 12 月，《中华人民共和国农民专业合作社法》通过修订并自 2018 年 7 月 1 日起施行，对合作社业务范围、入股资产、组建联合社、撤销等做出新的规定。2018 年中央一号文件指出，培育各类专业化市场化服务组织，提升小农户组织化程度。2018 年农业农村部启动了为期两年的合作社整县提升活动，着眼于发展壮大单体合作社、培育发展联合社、提升县域扶持能力。2019 年中央一号文件继续指出，在坚持家庭经营基础性地位的同时，突出抓好农民合作社新型农业经营主体，开展农民合作社规范提升行动，深入推进示范合作社建设，建立健全支持农民合作社等发展的政策体系和管理制度。2019 年 7 月，财政部、农业农村部发布了《农民专业合作社解散、破产清算时接受国家财政直接补助形成的财产处置暂行办法》（财资〔2019〕25 号），对农业合作社解散、破产清算行为进行了规范，进一步健全了现代农民合作社资产管理制度。2019 年 7 月，市场监管总局对《农民专业合作社登记管理条例（修订草案征求意见稿）》公开征求意见，对合作社的名称、住所、成员出资总额、业务范围及法定代表人姓名等登记事项、业务范围等做出了调整和新的规定。总之，我国已经初步构建了以农民专业合作社法为核心、地方性法规为支撑、规章制度为配套的合作社法律规范体系。

（三）农村合作制经济发展的经验借鉴

1. 国外农村合作经济制发展的经验和启示

合作社在世界上已经有 170 多年的发展历史，从世界各国合作社的发展来看，国外合作社主要有日本"农协"模式、美国模式、西欧模式三种模式，他们组建合作社的基本特征有：组织模式由本国具体国情所决定，主要有政府组建的"自上而下"的模式和由农民自发组建的"由下而上"模式；完善的组织体系是保证组织运行效率的重要因素；经营内容大部分以销售、农业服务、农产品深加工为主；完善的法律体系是农村合作经济组织健康发展的前提；政府的支持和推动是农村合作经济组织发展的保障。

一方面，由于我国农村基础薄弱，大部分地区农民生产技术不高、人口素质低、缺少能人、经济实力较弱，难以自发组建合作社。另一方面，改革前由国家强制推进的"人民公社"扭曲了合作制经济本来面目，造成了一定损失，农民不容易接受合作社。因此，需要政府扶持建立合作社。对此，可以借鉴日本对农协组织的制度安排、农协组织综合性事业和农户全员入社的制度，使合作社得到政府多方面的政策扶持和保护。世界各国合作社发展的主要模式及其特征见表1。

表1 世界各国合作社发展的主要模式及其特征

	日本"农协"模式	美国模式	西欧模式
基本国情、农情	人均土地少,农民文化程度较高,农业现代化、精细化水平高	农民拥有土地资源较多,大农场特征突出;农民文化程度较高,历来有结社的传统;农业现代化、集约化、专业化水平高	主要代表有德国、法国、荷兰等西欧国家;人均土地规模较高,以中小农场居多;农民文化程度较高;农业现代化水平高
合作社组建方式	自上而下,由政府部门组建,半官方性质	自下而上,农民根据自身需要组建;保留私有制,活动独立、经费自理	自下而上,农民在家庭农场的基础上组建;独立于政府;保留私有制和独立经营权
政府作用	通过农协的半官方中介机构发挥作用,三级管理(中央农协、县级农协和基层农协);农协既是政府推广农业政策的中介组织,又是农民保护自身利益的群众机构	政府不直接参与合作社的经营,没有管理权,只是为合作社的发展提供外部条件;行业协会与政府之间进行行业协调、行业服务	在合作社组建和发展过程中,国家出台各种税收和财政补贴政策进行扶持
业务经营方式	大多属于综合农协,以农协所在地区内所有的农业从业者为对象,围绕组合员在农业经营和日常生活方面,综合开展指导、共同销售、共同购买、信用、共济等事业	包括专业合作社和农产品行业协会;合作社的运营接近于股份制公司;"新一代合作社"通过向自己的社员以订单的方式收购预定数量的产品,发展农产品深加工和精加工业	以专业合作社为主,如奶类合作社,很少跨越产品部门
合作关系	农协和农民不是买卖关系,而是合作关系,各级农协通过提取适当的手续费来维持协会的运营	合作社所有者与服务对象相统一;合作社成员的持股额,与农产品的交售配额相互挂钩,两者比例一定,不允许少数人控股;坚持一人一票原则	重视传统规则,在罗虚代尔原则上延续和变通,遵循社员资格开放、成立理事会、坚持一人一票、按交易量返还盈余等原则
发展趋势	恢复基层农协的经营自主性;公司化改制;专业化,逐步将基层农协的信用、保险业务剥离;改善理事会治理结构,适当允许外界人士进入;组织形式多样化	合作社实力雄厚,企业化、商业化倾向浓厚	经营模式逐渐向企业化转变,表现为合作社对企业的控制

2. 内部分地区农村合作制经济发展的经验和启示

从我国各地合作社的发展来看，随着各省的农业资源、产业基础、农民素质、文化、市场环境等方面的不同，合作社的发展也各有特色，在发展路径、发展阶段、发展动力等方面不尽相同。综合来看有以下几方面的共同特性：在合作社的发展过程中，除了江浙等发达地区农户自发组织合作社的意愿比较强烈外，大部分地区农户自发组织的意愿不强，需要政府有力推动；合作社的组建，必须依托优势产业，其发展壮大必须得到种植、畜牧、渔业、生产型服务业等产业的支撑；合作社在专业化发展较为成熟后，会进一步走向联合社发展阶段，一部分合作社具有商业化与公司化发展的倾向。我国东中西地区合作社发展的主要模式及其特征见表2。

表2 我国东中西地区合作社发展的主要模式及其特征

	东部地区发展模式	中部地区发展模式	西部地区发展模式
案例省份	浙江省	湖南省	四川省
基本省情、农情	有深厚的产业集群基础、优良的多元组织主体、显著的市场需求导向、宽松的文化氛围等；改革开放后我国最早出现新型农民专业合作组织的地区之一	中部农业大省，在合作社的发展上有一定的实践积累	农业农村改革走在全国前列，专业合作组织早期开始萌芽发展
合作社创办方式	经营模式经历了专业技术协会、专业协会、合作社等经营模式；分为自发组建、公司带动、能人大户带动、基地带动、政府带动、合作社联社带动组建等	创办主体以种养大户为主体，向多元化发展，农村能人、龙头企业、基层农技服务组织、返乡创业农民工、大学毕业生等已成为领办合作社的生力军	立足优势特色产业兴办合作社、依靠大户能人兴办合作社、依托龙头企业兴办合作社；合作社通过核心社员入股、普通社员交纳会费的方式把社员组织起来
政府作用	农民合作经济组织联合会（以下简称"农合联"）是由政府推动，依托供销体系建立的省市县镇四级高层次的联合组织	有力推动，对合作社的发展实施立法、指导、扶持、培育典型示范社等，并将其纳入工作考核	政府推动

续表

	东部地区发展模式	中部地区发展模式	西部地区发展模式
经营模式	大部分采取"大股东（包括公司）+普通农户"的组织模式，小部分采取大股东均等入股的组织模式，合作社多倾向于公司化经营	以"合作社+农户""合作社+公司+基地+农户+科研院校""合作社+公司+农户"等，以"工资+股份"等形式进行盈余分配，引进先进技术，建立电商销售渠道	以"支部+合作社""合作社+农户+超市""公司+基地+农户""合作社+龙头企业+农户"等形式开展生产经营活动
发展效果	合作社的发展处于全国前列	能够得到发展壮大的合作社主要是企业带动、基地带动、能人带动型，合作社的经营以市场需求为导向、以优势产业为依托	农村合作社的发展走在西部地区前列
发展趋势	逐步推广更高层次的合作实践，即"三位一体"合作（农民专业合作、供销合作、信用合作三类组织融合在一起）的"农合联"，进一步增强为农民服务的流通、金融、科技三重功能	创办主体以种养大户为主体，向多元化发展	合作社群体化、规模化发展趋势；由一定区域内的农产品或者相似的农产品走农民专业合作社联合社，联合社在生产方面实行统一品种、技术、培训、生产标准、农资供应、质检、商标等

二、贵州省农村合作制经济发展及农村基层党组织作用发挥情况

当前，贵州省正深入推进农村产业革命，贵州省委高度重视农村合作经济发展，提出要大力推广"龙头企业+合作社+农户"的组织方式，发展农村合作制经济组织，这既是脱贫致富的需要，更是实施乡村振兴的经济基础保障。在这样的大环境下，发展农村合作经济的氛围将越来越浓，政策支持力度也会逐步加大。

（一）党组织引领下农村合作经济发展的新机遇

1. 全党高度重视农村基层组织建设为党组织引领农村合作经济发展提供了组织保障

办好农村的事情，关键在党，中国共产党的最大优势是组织群众、发动群众、凝聚群众。党的十九大报告指出，东西南北中，党是领导一切的。2018年新修订的《中国共产党农村基层组织工作条例（试行）》指出，要坚持和加强党对农村工作的全面领导。《中国共产党支部工作条例（试行）》进一步明确提出，村党支部要组织带领农民群众发展集体经济，走共同富裕道路的职责任务。贵州省委十二届五次全会也指出，要发挥农村基层组织在农村产业革命中的战斗堡垒作用。这些政策和规定的出台，为健全农村组织体系，不断夯实党在农村执政根基奠定坚实基础。党组织引领农村合作经济组织发展，这既是党在农村的优势所定，也是巩固党的执政基础所需。

2. 不断健全的政策法规体系为党组织引领农村合作经济发展提供了政策支撑

自2017年中央一号文件提出，现代农业是社会主义新农村建设的首要任务以来，培育新型农业经营主体、推动土地流转便成为历年中央一号文件的关注重点。党的十九大报告指出："要培育新型农业经营主体，健全社会化服务体系，实现小农户和现代化农业发展有机衔接。"贵州省委十二届五次全会还专门针对如何发展壮大合作经济发展出台了文件，提出了相应工作措施。随着贵州省推进农村产业革命、乡村振兴，合作社数量将快速攀升，中央和地方各级党委、政府已经开始将重心转移到提升农村合作制经济质量、引导合作制经济规范发展、拓展合作制经济功能等方面上来，这有助于推动合作经济组织规范运作机制，推动农村生产关系发生变革。

3. 群众想发展、愿发展的迫切愿望为党组织引领合作制经济发展提供了动力源泉

一方面，随着农村合作经济增值功能的凸显、合作收益的增多，普通社员合作意识增强，这将有助于激发普通社员主动与骨干社员进行沟通、协商、谈判以改善自身地位的意愿，并将这种意愿转换成实践中的集体行动，使合作与竞争的博弈不再只是能人大户的事情，更有利于打破骨干社员与普通社员之间的支配控制与依附性关系，进而塑造出一种新型的平等、公平的社员关系，促进农村合作制经济的健康发展。另一方面，随着脱贫攻坚、乡村振兴的推进，发展农村经济将被放到越来越重要的位置，基层党组织代表着最广大人民群众根本利益，对上争取政策支持、对内占据谈判优势，使农民真正成为合作经济发展的受益主体。

（二）农村合作制经济发展及农村基层党组织作用发挥现状与特点

随着当前农村产业革命的不断推进，农业科技水平的不断提高，农业发展模式也在不断变化，高效、绿色的农业生产越来越受到重视。脱贫攻坚战打响以来，贵州省各地坚决贯彻党中央、贵州省委精准脱贫、精准扶贫的决策部署，积极探索出了许多发展合作制经济带领农民脱贫致富的路子，不同规模、不同组织形式、不同运营模式的合作社纷纷出现，有效集中了农村各户分散的财力、物力，大大增加了农业的发展空间，增强了农村经济，有力推动了农村产业发展，助推了贫困地区农民脱贫致富增收。

1. 贵州省农村合作制经济的发展的总体现状与特点

贵州省多数合作社通常都是围绕农产品或产业组建起来的，据统计，2019年，贵州省有农民专业合作经济组织6.9万个。根据调研结果和对数据的分析，当前贵州省农村合作经济组织的发展主要呈现出

以下发展特点：一是总体发展较快，但覆盖面较低。随着农村产业结构的调整和农村产业革命的推进，农村合作经济组织发展迅速，显示出很强的活力。但参加农村合作经济组织的农户还不普遍，覆盖面较低，与浙江、北京、上海、山东等省（市）还存在不小的差距。二是合作的领域不断拓宽，但总体上仍以种养业和服务业居多。在贵州省的农村合作经济组织中，加工、流通领域中的合作经济组织较少。三是合作范围逐步扩大，但区域跨度较小。贵州省的农村合作经济组织虽然发展较快，但从总体上看，绝大多数农民合作经济组织还没有突破行政区划的界限。四是组织形式多种多样，但党组织领办的少。以农民协会为基础，以专业合作为重点，农村各类新型合作经济组织呈多样化态势。从兴办主体来看，既有农民自发组建的合作经济组织也有依托农村中的能人牵头兴办的合作经济组织，既有依附企业创办的合作经济组织也有供销部门创办的合作经济组织，但村党组织领办创办的合作组织比较少。

2. 贵州省合作制经济发展的主要模式及特点分析

在农村合作制经济的发展过程中，我们重点选取合作社进行分析，从当前贵州省合作社创办领办的类型看，主要有以下几种方式：

（1）党员干部带头办。一般采取的是"村社合一"方式，"两委"班子成员、党员干部要带头领办合作社，按照依法、自愿、有偿的原则，组织全体贫困户以土地、资源、资金入股合作社。比如铜仁市思南县青杠坝村，安顺市大坝村、塘约村，兴义市岔米村等都在采取这种方式组建合作社，取得了较好的效果。这种类型的合作社在当前群众抱团发展的意识比较淡薄、村集体资源比较分散的大背景下，能充分发挥党组织的政治优势和组织优势，最大限度整合资金、土地、人力等资源。同时，广大群众出于对党组织的信任，参加合作社的意愿更加强烈，能组织发动全体贫困户加入合作社，实现村集体、合作社和农户三方共赢。在当前贵州省大力推动农村产业革命，助推脱贫攻坚、乡村振兴的战略中，这是最值得推广的一种模式。

（2）能人自发组织办。主要以由从事同类产品生产经营的农户（专业户）自愿组织的各种专业合作社为主，以提高竞争力、增加成员收入为目的，从而在技术、资金、信息、购销、加工、存储等环节实现自我管理、自我服务、自我发展。比如盘州市普古乡娘娘山银湖合作社等就采取这种方式组建。这种类型的合作社建立在家庭承包经营的基础上，不改变现有的生产关系，不触及农民的财产关系，占贵州省专业合作社数量大部分。但由于是自发组建创立合作社，受创办人经营策略、能力素质等因素的影响，并不能很好地兼顾集体和群众的利益，政府投入的项目资金等虽然能帮助合作社发展壮大，但农民并未得到真正实惠。因此，这种模式在制度上有很大的局限性，在当前的大背景下并不具备大规模推广的实践条件。

（3）龙头企业促办。这种模式以某个经济实体为龙头，以利益机制为纽带，通过合同形式将生产者、加工者、销售者结成风险共担、利益均沾的经济联合体，比如黔东南苗族侗族自治州丹寨县扬武镇洋浪村专业合作社等就采取这种方式创办。在这种模式中，企业占据主导地位，通过契约的形式将农民与市场联系起来，在一定程度上能促进当地农业经济的发展，但由于信用制度的不完善，企业和农民很容易为了追求短期的利润最大化而放弃履行契约。虽然通过党组织在其中的沟通、协调、组织能在一定程度上缓解这个矛盾，但公司和农户毕竟是两个利益主体，在一定条件下双方的矛盾还是会激发，不能使合作社真正惠及群众。因此，这种模式的合作社，虽能有效助推产业发展，但也并不能大规模推广。

（4）官民结合共办。这里的"官"主要指各级供销社、各类国有平台公司、国有企业，依托这些"官方"平台与农户共同建立合作社，发挥单位资源优势，合力推动农村产业发展，比如福泉市陆坪镇凤凰村、安顺市普定县水井村等地组建的合作社都采取此种方式。这种模式的合作社行政色彩较为浓厚，官方主要起宏观指导和监督的作用，主要从单位自身职能职责出发设置合作社，通过一些人力、政策和资金的倾斜，以促进合作社发展壮大，推动当地农业经济的发展，但这种模式容易忽略合作社发展的规律，行政的命令手段较多，合作社的发展有很大的局限性。同时，这种模式在贵州省所占的比例较少，操作模式不适合进行推广。

通过对贵州省合作制经济发展现状的分析可以发现，当村党组织在合作社经济发展中起主导作用时，合作社发展往往较好，特别是村党组织采取党员干部直接领办创办的合作社，具有政府行为和群众所需的双重性，具有良好的外部环境、政策支撑和内在动力以及平稳性，基本能够兼顾集体、群众等各方的利益，是目前贵州省发展合作社最为理想的一种模式。

3. 村党组织在农村合作经济发展中的作用发挥现状与特点

村党组织在农村合作经济发展中作用发挥主要有以下四种形式：

（1）村党组织发挥主导作用。一般是由村集体或村"两委"班子成员牵头创办"村社合一"的合作社，按照依法、自愿、有偿的原则，组织全体贫困户以流转土地、资源入股等方式，由合作社统一耕种，合作社每年支付给农户定额流转费作为保底收入，盈利部分按合作社章程分红。从贵州省目前情况看，领办创办合作社的村，村党组织战斗力比较强，带头人能力素质高，开拓创新和发展的意识强，能带领群众增收致富。这种方式能较好地把群众组织发动起来，由于完善了相应的利益连接机制，也能最大限度地保障群众利益。

（2）村党组织发挥政治引领作用。一般是在合作社上建立党组织，通过下派党建指导员，加强对合作社负责人的教育引导，推动合作社负责人带领群众发展产业；或者采取与合作社负责人交叉任职的方式，加强对合作社经营、发展等方面的引导，帮助合作社发展壮大，以更好地联结群众、服务群众。目前，贵州省在合作社上建立党支部

4810个。这种方式主要是发挥党组织的政治引领作用，此类村"两委"班子成员有较强战斗力，但发展经济、闯市场的能力素质稍欠缺。这种方式能发挥党组织的政治功能，确保合作社能按照正确方向发展生产，最大限度地保障群众利益。

（3）村党组织参股介入。一般由村里能人、农民或企业牵头创办领办合作社，在带领群众发展产业、脱贫致富增收上有较好成效，村集体整合集体土地、资金、设备等资源，尤其是国家投入的扶贫资金，由村集体入股到合作社，再由合作社来进行经营发展。这种方式由于村党组织战斗力一般，缺乏发展的能力素质，只能将带领群众发展产业的任务交由合作社，虽能取得一定的收益，但对群众的组织发动方面还存在一定问题。

（4）村党组织对合作社放任不管。这主要是由于村党组织战斗力较弱，欠缺发展产业、带领群众增收致富的能力素质，也缺乏对合作社进行政治引领的意识，对村里有多少群众加入合作社、群众收益如何、合作社发展如何等问题，村党组织都不能较好地了解掌握。导致把产业发展、脱贫致富的主动权拱手让于所谓的能人、大户或合作社，村党组战斗堡垒作用被削弱，群众"跟着协会跑、不听支部话"的现象时有发生。

（三）党组织引领农村合作经济发展存在的问题及挑战

在影响农村合作制经济的发展的因素中，除了内部治理结构、外部的市场环境的因素外，基层党组织的作用未得到有效发挥的因素也不容轻视，归纳起来，主要有以下几个方面：

1. 自发性不足

自发性既是合作组织生存和发展的基本前提也是合作组织与农民联系的紧密程度的重要保障。在贵州省农合合作社的组建中，发挥主导作用的是政府和企业，作为参与或合作主体的基层党组织和农民的自发性没有得到充分激发，很大程度上导致了"上热下冷"和合作社运行的低效，为合作经济组织发展带来新挑战。

（1）基层组织自发性不足。强有力的基层党组织和敢担当、善作为的基层党员干部是合作社发展的根本保障，但受各种因素影响，基层组织领办合作社发展的自发性还没有充分体现出来。一是资源禀赋限制。贵州省耕地较为破碎，农村人多地少，且大多处于深石山区，单位产出率低，全省500亩以上坝区仅占耕地面积的7.18%，农业生产条件差，农户普遍以发展传统农业为主，规模农业产业发展滞后。加之由于当初包产到户时"分得过多"，村集体资产和集体经济积累薄弱，面对先天不足的自然条件，一些基层干部感到束手无策，在领办合作社发展农业生产时主观上就打了"退堂鼓"。二是能力素质不够。合作社的运行需要较强的综合素养和能力，而大多数村干部的文化程度、学识见识、综合素质等参差不齐，对合作社管理、运作的能力大小不一，面对领办合作社的任务往往"有心无力""无从下手"。加之村集体经济积累、合作社原始积累等不多，除非政府帮忙聘请专业人才参与合作社运行管理，否则村里无力承担。三是激励制度不全。无论是"塘约经验"还是其他一些地方的成功做法，党组织领办合作社的关键是有一套完善的激励考核制度，明确集体、干部、成员的利益分配，从一开始就解决"干有奔头"的问题。否则，即使合作社建了起来也只是为了完成上级交办的任务，合作社无论是发展生产还是提供服务都无从谈起，往往流于形式。

（2）农民自发性不足。农民主动参与加入合作社的积极性还不高。一是对合作收益的预期较低。欧美农民合作社发展壮大的重要原因就是专业的管理使合作组织能够赚取足够的利润以提高会员的回报和服务质量，使会员对合作组织有充分的信任。要将农民成功地组织起来，需要明晰的产权、科学的制度、民主的管理、合理的利益分配，更需要做好成功经验的推广，以部分运行较好的合作社带动更多合作社，以部分农民带动更多农民，通过宣传引导和"以点带面"的方式不断提升农民对合作收益的预期值。二是合作的产权不明。建立合作组织的关键在于产权制度的公平性，要有社员在经济上的参与，尽管参与的金额相对较小，但可以更好地保障组织和农民联合的紧密程度以及农民的积极性。由于在大多数合作社中农民在经济上没有参与，他们在无形中放弃了在合作社中的决策权、使用权以及政府扶持中相应福利的索取权等，并不把这些组织当作"自己的"，由此造成了合作社组织结构松散、社员与非社员差异不大的现状。三是对合作的认识不足。一方面，农民受文化教育水平影响，对农业新技术、新成果、新模式反应不敏锐，基层组织对农民合作意识的宣传教育力度不够，农民处于追随阶段，主动合作的意识不强。另一方面，农民意识到了合作的好处，但合作需要成本，这些成本包括组织的组建成本、组织的运行成本、劳动力成本、风险成本等，特别是放弃外出务工造成短期内收入减少的成本。在生产规模有限、相应合作效益也有限的条件下，这种合作的成本相对较高，理性的农民并不愿意支付这些成本。

2. 合作社管理不规范

虽然合作社建了起来，但先天不足、运行管理跟不上的情况普遍存在。一是创建程序不规范。由于国家政策倾斜，合作社成立门槛低，在办社条件、组建程序等方面均没有严格按照《中华人民共和国农民专业合作社法》等规定的相关标准执行，一些农户甚至在不知情的情况下就已经入了社，由此催生了大量"有名无实"的合作社。二是指导帮扶不规范。从农民合作社的组建角度分析，有学者指出可以将其模式分为自上而下型、自下而上型和混合型。国外的许多合作运动是政府自上而下发起的，在一定程度上保证了合作组织能够成功进行商业运营。贵州省合作社发展存在的一个问题，就是上级要求各地纷纷建立合作社，但没有专门的指导服务机构，基层获得专业指导服务的途径不多。三是运行管理不规范。贵州省合作社管理规范化水平普遍较低，运行机制不完善、规章制度不健全、利益分配机制不明晰等问题较突出。虽然多数合作社都制定了章程，但大多流于形式，在实际运转中基本不按章程操作。调研中发现，合作社在日常管理活动中合作社事务缺乏公开性、透明性，成员参与不多，运作和管理随意性较大。由于合作社缺乏规范化、制度化管理，难以发挥组织化经营的管理优势，其作用大打折扣。四是利益联结不规范。合作是弱者的联合，扶贫是合作社的本质属性之一，但从调研看，贵州省建立的大多数农民合作社的扶贫功能还没凸显出来。除国家量化到贫困户的扶贫资金外，很多合作社未有效组织贫困群众以土地、劳动力等入股发展规模生产，成员之间利益联结不紧密、组织化程度低，由于合作社发展参差不齐，贫困户得到的分红少，合作社带领群众脱贫致富的功能未有效发挥出来。从合作社发展外部环境来看，对合作社建设政策扶持、融资渠道、产品销售等方面还需进一步加大扶持力度，合作社人员以农民为主，缺乏有效的智力支撑。从合作社内部运行来看，部分合作社内部管理尚不规范；有些合作社从章程到利益分配还不是十分明确；大部分合作社缺乏社员议事、培训、活动场所和办公设施，议事活动开展不正常、不规范。

3. 产权界定不清晰

随着产权制度的变迁，农业生产也经历着发展、衰退、再次发展和减缓的历程。明晰的财产关系具有激励、约束、资源配置等功能，是农民合作社进步发展的关键。但产权模糊的问题在各类农民合作社中依然存在，导致成员投资合作组织的意愿降低，影响到合作社的稳定可持续发展。一是私有产权与集体产权模糊。从合作社的发展看，其包含私有产权之间的联合、私有产权与集体产权之间的联合等方式。不同的产权归属形成不同的利益主体，他们的利益必须得到保障。但目前许多合作社在成立之初没有对此进行合理划分，如一些村党组织将村集体资产提供给合作社使用，却从中得不到任何收益；一些地方投入大量项目资金支持合作社发展，却造成"垒大户"等情况。二是农民对产权分配不了解。农民加入合作组织时，并没有明确要求投入多少资产，以及在农民合作社中占有多少股份，或农民可以凭借这些产权获得多少利益。大多数农民合作社并没有针对这些问题对农民予以解释，即使有这方面的组织规定也很少落实。大多数农民对合作社产权和分配制度是不了解的，导致农民对合作社的归属感不高、参与积极性低，影响了合作社活力和生命力。三是产权结构不灵活。新型农民合作社建立的最初目的就是将市场竞争中的弱势群体平等地联合起来，它可以是劳动的联合、劳动与资本的联合、劳动与资本与技术的联合。但从了解到的情况看，一些合作社只注重以资金、固定资产等的投入划分股权，却不主动吸纳技术专业人才以技术入股，或没有适当提高农民的土地、劳动力、技术等要素作价入股的分量，合作社的管理水平和效率难以提高。面对发展资金不足的问题，合作社的产权难以转化为债券，不能源源不断地从会员或民间获得资金和人力资本，制约了合作社的自我生存能力。

4. 风险管控不够

现阶段，农民合作社和其成员面临着外在的和内生的风险，如生产风险、市场风险、自然灾害、金融风险等，但目前仍缺乏较为有效的风险管理和应对机制。一是社会环境的风险。尽管政府部门每年都出台促进农民合作社发展的政策，包括税收、信贷、补贴、其他政策支持等，但是基层反映一些政策缺乏可操作性，很多合作社的管理者和成员并不了解这些政策，加上地方执行力度不够，使这些优惠政策不能很好地落实到基层合作社。有些企业利用合作社税收减免政策进行偷税漏税，这也是地方对合作社进行照常收税的一个重要原因。此外，只有发展较好的合作社才能够享受补贴政策，而处于起步阶段的合作社在经营困难时期无法申请到补贴。二是市场环境的风险。农民合作社的主营业务是农产品项目，市场风险包括消费者需求变化、市场预测能力、销售渠道执行力、产品保质期短等，如突如其来的禽流感、猪瘟。在销售中，由于渠道执行力差、运输成本高、产品保质期短，导致到餐桌的"最后一公里"价格飙升。所以，需要政府和社会力量的介入，帮助农民合作社发展订单农业、做好产销对接等控制市场风险。三是生产环境的风险。生产环境风险包含生产标准程度、培训能否到位、自然灾害的有效应对、引进技术是否成熟等。由于农民对技术的接受程度、掌握程度、培训程度各有不同，这些都会影响到农产品标准化程度。此外，自然气候对农业生产带来巨大不确定性，干旱、洪水、冰雹、天气突变等都影响着农产品的产量和质量，仅仅依靠合作社是无法抵御这些自然风险的，需要创新风险管理工具，让政府、保险公司、社会资本等各种力量参与农业生产风险的抵御，分散成本实现共赢。四是人力资源的风险。体现在缺少合作企业家、合作培训，以及管理和专业技术人员缺乏等。一方面，政府还未建立一套从外部吸引人才进入农民合作社发展的激励机制，如针对企事业单位人员、大学生等；另一方面，对内部人才培训的针对性还不强，激励考核机制还不健全，利用现有资源解决人力资源缺乏风险的办法还不多。五是融资的风险。农民合作社融资风险包括股金不稳定、固定资产少、原始投资难以筹集、银行认可度低等。调研发现，合作社融资问题依然没有得到实质性解决，缺少资金是大部分合作社面临的最主要的问题。合作社融资可分为外部融资和内部融资。合作社外部融资主要是因为银行、信用社等信贷机构还不太认可农民合作社这类市场主体，这与农民合作社较为宽松的成立条件、运行机制、资产持有量和担保情况有关，给农民合作社贷款的风险较高。对于内部融资，影响农民投资的因素是多方面的，如农民对合作社收益的预期、产权利益分配、经营管理等的信心不足。但在融资过程中最根本的是要提高农民投资的积极性，如果农民投资意愿较低，那么从外部获得资金的困难也就更大。

（四）党组织引领农村合作制经济发展的重要意义

农村党组织在加快合作经济组织发展中起着决定性作用，没有农村党组织的支持，农民专业合作经济组织就难以形成凝聚力，必然缺乏生机与活力。因此，党组织引领的农村合作制经济发展，具有其他任何组织都不能替代的独特优势，这对加快农村经济发展、始终保障农民利益、巩固党在农村的执政基础具有十分重要的意义。

1. 有利于发挥党的组织优势

在加快农村合作制经济发展中，农村基层党组织具有独特的优势。一是具有凝心聚力的政治优势。农村基层党组织是组织广大干部群众战胜困难、发展农业生产的战斗堡垒，在合作制经济中，有了基层党组织的组织协调，群众就有了主心骨。二是具有人才荟萃的组织优势。通过党组织的引导、教育，大力发展能人成为基层党员干部，能汇集大批"有能力的人、有特长的人、有资金的人"，帮助农民转变思想观念、解决技术难题和市场难题，让农村党员融入合作经济组织，能有效化解内部矛盾。三是具有引导扶持的服务优势。实践证明，农村一线基层党组织具有许多引导、扶持和服务农民的经验，在合作经济发展中，村党组织具有政策引导、市场服务、科技培训等优势，能消除农民参与合作发展的认识误区，调动积极性、增强主动性。

2. 有利于巩固党在农村的执政基础

随着农村的发展，群众意识形态不断发生变化，农村工作方式发生了转变，农村对基层党组织战斗堡垒作用的需求更加强烈，如果党支部的工作不能与经济发展结合起来，党支部的工作就会空转，就会失去支撑和依托。农民合作经济组织作为推动农村经济发展的组织形式，为基层党组织发挥引导、组织、服务作用提供了广阔舞台。在扶持农民合作经济组织发展的过程中，村党组织通过发挥能人效应、强化组织服务、规范运行机制，使基层党组织的活力充分迸发，使党组织的核心和战斗堡垒作用充分显现，使基层党组织建设中暴露出的新问题、新矛盾得到有效解决，有利于不断开创夯实基础、强基固本的局面。

3. 有利于维护广大群众的根本利益

党始终代表着最广大人民群众的根本利益，全心全意为人民服务，这是我们党的根本宗旨。农民专业合作经济组织是从事生产经营的农村在自愿互利的前提下组成的，代表着农民群众的根本利益。农村基层党组织对这种组织进行领导、引导、大力支持，把基层党组织的重心倾向帮助发展农民专业合作经济组织上，并以此为突破口，帮助农民增收致富，实现、维护了最广大人民群众的利益，体现了为民服务的根本宗旨。

三、新时代党组织引领农村合作制经济发展的基本思路与发展目标

（一）基本思路

以深入推动精准脱贫攻坚、农村产业革命和实施乡村振兴战略为统领，强化党组织作为农村合作经济的领导者、推动者和实践者的作用，把党组织的政治领导、政策引导、发动群众、凝聚人心、促进和谐等优势同合作社的创建、规范、管理、发展等重要环节有机结合起来，以引领创办、规范运行、业态选择、服务保障、利益联结为重点，实施"组织引、干部推、党员带、能人领、协会转"等措施，因村制宜、分类指导，探索多种合作制经济发展模式，强力推进合作社建设，走出一条党组织引领合作制经济，推动农村经济持续发展、实现农民共同富裕、促进农村和谐稳定的新路子。

（二）发展目标

到 2020 年，创建省级以上示范社 2000 家以上，创建 500 个左右

党建强、合作制经济发展好的农村合作经济组织示范党支部，"党支部+合作社+龙头企业+农户"组织方式和利益联结机制基本建立，农民合作社"空壳社"和"僵尸社"全面消除，100%的村都建有运行规范、带动明显的合作社，100%的农户加入合作社，基层党支部和党的工作覆盖面进一步扩大，基层党支部在农村合作经济组织的影响力、凝聚力和创造力进一步增强。

四、新时代党组织引领农村合作制经济的发展任务

以研究好党组织如何有效跟进融入、引领发展为目标，着力构建以党组织为引领、合作社为根基、龙头企业和农户为支撑的农村合作制经济组织发展框架，做好引领创办、规范运行、业态选择、服务保障、利益联结等重点工作。

（一）优化农村合作制经济创办模式

《中华人民共和国农民专业合作社法》对农村合作社内部的层级和机构设置、职责权限、人员编制、工作程序和相关要求等进行了规范和安排，是农村合作制经济组织资源、搭建流程、开展业务、落实管理的基本要素。党组织引领农村合作制经济发展，一个重要任务就是在优化农村合作制经济的组织架构中牢牢把握"党组织引领"这个抓手，既使合作社架构能够适应市场和现实需要，又对合作社在管理和运行方面提供充分动能。党组织发挥引领作用的合作社组建方式主要有以下几种：

1. 党支部领办

农村党支部充分发挥党组织的政治优势和组织优势，由支部牵头把党员、专业大户和部分群众组织起来，村集体整合集体土地、资金、

设备等资源，依据产业优势，创办、领办合作经济组织。按照"支部主导、群众参与、盘活资产、集体增收"的原则，由党支部牵头成立（运行）合作社，按照现代企业经营管理办法制定合作社章程和财务管理办法，由社员（股东）代表会议讨论确定重大事项，村党支部书记依照法定程序兼任合作社负责人（理事长），村"两委"成员通过选举进入合作社理事会，社员（股东）代表投票推选出乡贤能人进入理事会或社员（股东）代表参与合作社日常管理。党支部要统一技术管理、统一耕种、统一销售产品，带领合作社充分发挥内联生产、外联市场的作用。村党支部领办的合作社组织发动全体贫困户加入合作社，按照一定比例建立利益联结机制，实现村集体、合作社和农户三方共赢。党支部领办合作社发展的较高形态是"村社合一"模式。

2. 党员干部带头办

村"两委"班子成员、党员干部带头领办合作社，按合作经济组织章程经选举担任合作经济组织主要职务，党支部领导在合作经济组织中交叉任职，按照依法、自愿、有偿的原则，组织全体贫困户以土地、资源、资金入股合作社，使党的组织直接融入合作经济组织之中。实践证明，这种合作组织形式是行之有效的，特别是在合作社和农村集体经济发展的初期，这种模式的效果比较明显。

3. 党组织扶持能人领办

这种模式是指党组织借势各类能人资源，引导支持能人带头组建合作社，帮助协调解决合作社在技术、资金、信息、购销、加工、储运等环节上面临的困难，帮助合作社提高竞争能力，带动群众参加合作社，发展生产。同时，通过党员培养措施，逐步吸引符合入党标准的人吸引入党，列入村干部培养对象，使致富能力团聚在党组织旗帜下，扩张基层党组织对合作经济组织的融入潜能。

4. 建强产业党小组

农村合作经济组织大多是由专业大户、农村"能人"和基地农户自发创建的，其中也有部分党员参与合作经济组织。在农村合作制经济组织内部，以特色农业产业为纽带，建立不同的产业党小组。对合作经济组织规模大、党员人数多、条件成熟的可直接在内部设立党支部，对党员人数少、不具备成立支部的设立党小组，形成党支部、党小组加合作经济组织的模式。对党员流动分散的合作经济组织，要建立临时党组织、流动党支部或党小组。对尚无党员的农村合作经济组织，要做好合作经济组织的党员发展规划，同时向农村合作经济组织宣传党的路线、方针、政策，使农村合作经济组织始终与基层党组织保持密切联系。可将具备条件的村党支部升格为党总支，形成"村党总支—合作社党支部—产业链党小组—产业党员"的党组织设置体系。村党支部要对各产业党小组、党员的责任和分工进行设岗定责，把党小组的设置和活动延伸至经济产业链条之中，全面搭建起党组织、党员发挥作用的有效平台，将产业链上各类优秀人才集聚到党组织周围，使党员积极性的发挥与产业结构的调整紧密结合起来。

5. 党组织扶持龙头企业领办

村"两委"或党员干部带头组建合作社，围绕"八要素"做好产业链各个环节的服务保障，同时对接龙头企业，帮助收购和进行初加工服务。对于龙头企业参与的合作社，生产委托给农户，但在监督生产过程、确保产品达标等方面，企业需要耗费大量精力、人力、财力，为了更好地组织群众，帮助企业解决用地、劳务等方面困难，由"村两委"负责组织农产品生产等进入企业前的系列过程。

6. 官民合办

指各级供销社、农村合作信用社、各类国有平台公司、国有企业，依托这些"官方"平台与村"两委"、农户共同建立合作社，发挥单位资源优势，合力推动农村产业发展。

7. 按照股份制模式创办

股份制是农村合作制经济的发展趋势和方向。党支部要充分主导农村合作制经济组织的股权改制过程，特别是要对股权结构的量化设置进行优化。合作制经济组织成员作为原村集体经济组织成员，天然成为股份制经济合作组织的社员股东，享受选举权、被选举权和收益分配权等权利。村集体根据需要，可保留部分集体股份，其收益用于建设集体公共设施和公益事业，提高公共服务能力。此外，可根据需要允许一定数量的外来资本投入，外来资本投入者作为股份制经济合作组织的非社员股东，享受收益分配权利。基层党组织要严格按照资本投入数量以及原村集体资产的权属关系，公平、公正地对不同主体股权份额进行配置，明确各股东方所享有的权利。

（二）规范合作社运行机制

党组织在合作经济组织的章程制定、内部制度运行及发展方面起着至关重要的作用。要将契约化引入合作社规范化建设，重点在内部运行机制、内外部利益关系的处理及合作社与各种组织、合作社与社员、社员与社员等之间的权利与义务关系等方面采用契约机制。要建立健全党支部与合作经济组织理事会的沟通机制，从决策机制、经营管理、财务管理、利益分配、监督机制等方面进一步推动合作经济组织向着良性有序的方向发展。

1. 改进决策机制

《中华人民共和国农民专业合作社法》第三十二条规定："合作社成员超过一百五十人的，可以按照章程规定设立成员代表大会。"成员大会和成员代表大会主要行使章程修改、选举或罢免合作社相关负责人以及合作社财产处置等重大事务。农民专业合作社成员大会选举和表决，实行一人一票制，成员各享有一票的基本表决权。出资额或者与本社交易量（额）较大的成员按照章程规定，可以享有附加表决权。本社的附加表决权总票数，不得超过本社成员基本表决权总票数的20%。但从实际情况看，法律规定的"一人一票"民主决策方式，在很多地方往往被农村强人"一言堂"式决策、核心成员"内部人控制"式决策以及资本集中带来的"资本主导"式决策所取代。基于此，党组织引领农村合作制经济发展，必须改进现有决策机制，形成决策"既有民主，又有集中""既保证组织意图，又体现群众意愿"的新局面。一是要建立党支部与理事会联席会议制度。通过召开党支部与理事会联席会议的形式，对需要表决的重大事项进行充分酝酿和研究讨论，形成一致意见后提请成员大会或成员代表大会进行表决。二是要规范成员（代表）大会议事章程。要制定详细的议事章程，明确成员（代表）大会议事范围。特别是对于人事提名、财务支出、利益分配、资产处置等重大事项，必须纳入成员（代表）大会议事范围。三是要赋予组织成员异议权。当组织成员认为成员（代表）大会、理事会在召集程序、表决方式、表决内容等方面违反法律、法规或合作社章程时，可以提出异议。党支部与理事会联席会议须对异议进行研究，并形成处理意见。

2. 统筹经营管理

目前，农村合作制经济组织大多由群众自发组建，村党支部、村委会一般不参与组织的经营管理，通常由合作制经济组织中的理事会按照组织章程承担起经营管理的职责。在实际运行过程中，这些农村合作制经济组织在经营管理方面往往容易出现发展思路不清晰、规章制度流于形式等问题。针对这些问题，党组织引领农村合作制经济组织发展，就必须加强对经营管理的统筹。一是要统筹内部资源。党支部通过领办农村合作制经济的方式，使村集体与合作制经济组织成员结成经济发展共同体。党组织对集体和组织成员的资金、土地、农机等资产资源统一调配、集中使用、按股分红。二是要统筹产业发展。党支部要深刻统筹农村合作制经济产业发展的全过程，要积极引领产业的规划和选择，要积极组织农民进行规模化的种养，还要积极促进产销对接，实现订单化的销售。三是要统筹外部协调。党支部要积极统筹农村合作制经济组织的对外协调，要积极与上级党委和政府对接，争取政策扶持。要积极与金融机构和社会资本接触，寻求资金支持。要积极与龙头企业、科研机构、专业技术力量联动，获得市场与技术方面的支持。

3. 规范财务管理

目前，一些农村合作制经济组织还没有建立起规范的财务管理制度，存在人员配备不齐素养不高、原始凭证取得不规范、审批程序不严格、记账凭证不规范、会计账簿不健全等问题。针对这些问题，党支部要牵头加强合作制经济组织的财务管理，规范财务工作的流程。一是要规范机构设置。要在农村合作制经济组织内部设立专门的财务管理部门，匹配会计、出纳等岗位。对那些规模不大的合作制经济组织，既可以设置 AB 角，也可以一岗多人，但不能一人身兼多岗，要做到相互监督制约。二是要规范工作流程。要建立会计核算体系，统一会计科目，对银行存款账目、成员往来明细账务、固定资产账目等重要账目设置专业化银行账簿。要实施财务公开，定期对组织成员公布基本的财务运行状况，明确资金的具体使用状况，并及时完成资产负债表、成员权益变动表等的编制。三是加强经费预算管理。要建立规范的经费预算管理制度，农业合作社应将所有政策范围内的收支统一纳入预算管理，科学编制预算，把所有财务收支活动纳入经费集中支付的轨道。禁止采取变通方式在账外支出。四是加强业务能力培训。要针对财务管理岗位制订专业培训计划，定期组织对财务管理人员进行培训，提高财务管理人员的业务能力和综合素质，进而提高农村合作制经济组织整体财务管理水平。

4. 完善分配机制

《中华人民共和国农民专业合作社法》第四十四条规定："在弥补亏损、提取公积金后的当年盈余，为农民专业合作社的可分配盈余。可分配盈余主要按照成员与本社的交易量（额）比例返还。可分配盈余按成员与本社的交易量（额）比例返还的返还总额不得低于可分配盈余的百分之六十；返还后的剩余部分，以成员账户中记载的出资额和公积金份额，以及本社接受国家财政直接补助和他人捐赠形成的财产平均量化到成员的份额，按比例分配给本社成员。"但在现实当中，一些合作社并没有做到"可分配盈余按成员与本社的交易量（额）比例返还的返还总额不得低于可分配盈余的百分之六十"的要求，甚至有的合作社还出现了完全按入股股金返利的情况。然而，合作制经济组织的成员加入组织的基本动机，就是获得利益。利益分配机制的不公平、不合理，极易挫伤组织成员的积极性，影响"利益共同体"的团结协作。因此，党组织引领农村合作制经济发展，必须要对分配制度加以完善，以激发组织成员活力，提高组织运行效率。一是要科学制定盈余分配顺序。要严格依照法律、法规和合作制经济组织章程，并结合组织实际运行情况，制定盈余分配的顺序。在逻辑上，大体上应按照"弥补亏损、发放股息、提取公积金、提取公益金、向组织成员返还盈余"的先后次序进行。二是要严格按交易额返还盈余。按交易额返还合作社盈余是合作社激励机制的重要组成部分。在向组织成员返还盈余过程中，要根据组织成员各自的交易额来进行返还。要使组织成员对组织的贡献与从合作社获取的回报相对应，以推动组织成员与合作制经济组织持续形成稳定的业务关系，进而推动农村合作制经济组织获得持续发展的动力。三是要合理确定资本报酬。农村合作制经济组织要从吸引资本、壮大组织规模的角度，给予资本合理的报酬，从而吸引更多的社会资本进入，解决资金瓶颈的问题。四是要适当给予管理者酬劳。要从激励管理者干事的角度，结合合作制经济组织实际，适当给予管理者一定的薪酬和分红，以激发管理者的工作效率和创新能力。

5. 夯实监督机制

《中华人民共和国农民专业合作社法》第三十三条规定："农民专

业合作社可以设执行监事或者监事会。理事长、理事、经理和财务会计人员不得兼任监事。"从此条法律条文来看，合作社是否设立监事或监事会并非是强制性的。所以，农村合作制经济组织的监督结构并非是固有和常态化的。因此，农村合作制经济组织的管理层在行使权力时很容易出现被放任的状态。党组织引领农村合作制经济发展，就必须要扭转合作制经济组织在监督结构上的先天缺陷，通过夯实监督机制，强化制度的刚性约束，从而规范组织内部的权力运行，确保农村合作制经济组织健康运行。一是要健全组织监督结构。基层党组织要强力推动农村合作制经济组织成立监事会，并督促监事会正常履行职责。要确保监事会对农村合作制经济组织的财产状况、经营状况、理事会执行业务情况、财务收支情况等进行有效监督。二是要建立管理层述职制度。农村合作制经济组织的理事会和管理人员要定期向组织成员（股东）代表述职述廉，报告合作制经济组织全年的资产管理、财务收支等情况，并现场接受组织成员（股东）代表质询。三是要健全财务审查机制。要设置专人负责定期审查财务收支明细，并对重大资金管理事项进行责任监管。要定期组织召开成员（股东）代表会议，对合作制经济组织的年终财务决算和收益分配方案进行审核和讨论。

（三）选准选好业态发展方向

从贵州省农村合作制经济发展实际来看，经济规模小的问题比较突出，亟须推动经济规模上台阶。结合贵州省合作制经济发展的实践来看，要壮大经济规模，必须切实改变现代农业经营主体不多的问题，推动形成各类新型经营主体竞相发展格局，要面向市场，着力选准适宜特色产业，实现产销对接。

1. 加快培育壮大农村新型经营主体

经营主体是推动经济发展的关键。要推动农村合作制经济规模再上新台阶，需着力培育壮大农村新型经营主体。围绕壮大农村产业规模，进一步加快培育壮大发展农民合作社、龙头企业、家庭农场、农创客等农村新型经营主体。加快乡村产业大项目的谋划建设，着力推进农业龙头企业的引进和培育，引进省内外龙头企业引领带动乡村产业发展。支持贵州省内国有企业和平台公司等投身现代农业，引导工商资本"转向改行"发展农业产业，培育一批产业关联度大、带动能力强的农业龙头企业，鼓励合作社与龙头企业相互参股，组建以产权为纽带的合作经营主体。支持农村能人、种养殖大户、返乡创业人员围绕产前、产中、产后各个环节，积极整合配置土地、农机、专业技术等要素，发展农产品生产、加工、销售等专业合作社、股份合作社。鼓励有条件的种养大户、农村经纪人、农业科技人员和投身现代农业的高校毕业生登记注册成立家庭农场。积极创造条件，大力引进懂农业、爱农村、爱农民，专业知识扎实、市场意识强烈、有一定工作阅历的农创客群体进行乡村创业，用新理念、新视野、新技术推进农文旅一体化融合发展。

2. 着力选准适宜特色产业

产业选择是产业发展的关键，产业发展的好坏与产业选择密切相关。要遵循产业发展规律，综合考虑市场需求、要素禀赋、区位条件等，精准选择适宜特定农村区域发展的产业。在具有传统种养殖业发展优势的农村，以提升品质、突出特色、强化品牌、提高效益为重点，发展壮大种养殖业，尤其是在具有有机认证、地理产品标识的区域，要进一步做强做响品牌，发挥绿色农业优势。在具有大宗农产品优势的区域，要着力延伸产业链，整合区域原产品优势，积极发展农产品加工业，重点发展特色食品、旅游食品、农副产品等。在旅游资源丰富的农村，要顺应消费升级趋势，充分发挥资源优势，大力发展乡村旅游业，变乡村农民为旅游从业人员，变闲置民居为山乡客栈，变绿水青山为金钱银山。在具有传统特色技艺优势、具有相当规模工艺人员的农村，要大力发展特色手工艺业，着力对接市场、畅通产销渠道，重点发展竹编、藤编、木制家具、石雕、木雕等产业，把技艺技能变成增收主要途径。在具有劳动力优势，交通便捷、区位较好的农村，大力发展劳务经济，统筹脱贫攻坚、人社、团委等相关资源，积极组织劳动力进行相关技能培训，发展家政服务、建筑施工、日间照理等产业。在具有商业文化基础、人口较多、居住集中的农村，鼓励发展农村电商产业，推动生鲜农产品、特色乡村食品线下体验、网上直销相结合的农产品新零售模式，大力发展农村商贸业、物流业，推动农商对接，在大宗农产品批发市场开展生鲜农产品直销区。同时，鼓励以创新思维积极培育发展现代化共享农场、乡村总部等新型业态。

（四）完善农村合作制经济服务保障体系

围绕采购、生产加工和销售等环节，进一步完善农村合作制经济服务体系。

1. 完善采购服务体系

要从起始环节开始，完善农业采购服务体系，在降低投入成本的同时还要确保采购质量。由乡镇农技站所、行业协会对主要的农业投入品价格、种类等进行信息公示，可利用短信、微信等方式将相关信息传递给农户。对有大宗采购需求的投入品，在价格透明公开、保证质量的前提下，可由乡镇农技站所、行业协会统筹组织集中采购，获取大宗采购带来的规模效益，降低采购成本，减少农业投入。对小宗需求的投入品，由农户根据实际需要和市场行情自行采购。

2. 完善技术服务体系

结合贵州省农村产业革命部署，围绕农村重点产业发展，健全多元的农业社会化服务体系。健全基层农业技术推广体系，创新公益性农技推广服务方式，支持各类社会力量参与农技推广，全面实施农技推广服务特聘计划，加强农业重大技术协同推广。大力培育市场化、专业化技术新型服务主体，加快发展"一站式"农业生产性服务业，重点服务合作社、家庭农场等规模新型经营主体，积极服务个体农户。整合县、乡农技部门资源，按照标准化、绿色化、品质化、集约化的要求，推进先进适用科学生产技术在种养殖业中的应用。

3. 完善产品销售体系

继续做好传统的市场销售，在大宗优势产品地建立直销点。市场体系不完善，缺乏稳定的营销体系，一直是制约农村产业发展的一个关键环节。要进一步完善多元的产品销售体系。整合资源，组建省、市、县三级产销协会，与企业销售形成合力，着力推动大宗农产品走出去，提升产销对接水平。培育农村经纪人、家庭农场、农民合作社及龙头企业等流通主体，增强农产品流通的规模组织、信息获取、田头贮藏和产品直销等能力。加快推进现代信息技术与农业产业、市场流通的深度融合，使农产品供求信息更精准、产销渠道更稳定、产品上行更顺畅。加强农产品产销对接数据支持和服务，建立产地市场信息收集、分析和发布制度，为进入市场交易的农户和采购商提供及时、全面、准确的产销信息。充分发挥电商平台促进产销衔接、缩短流通链条、健全市场机制的作用，实现线上购买与线下流通的无缝衔接。

（五）完善农户参与和利益联结机制

要进一步完善农户参与合作制经济发展的机制，提升农户在合作制经济发展中的参与度，让农户边干边学，提升农户的发展能力，最大限度地补齐农业发展短板，最大限度地激发农村经济发展的巨大潜力。同时，把农民更多分享增值收益作为基本出发点，完善紧密型利益联结机制，让农民更多分享产业融合发展的增值收益。通过"发展参与和利益连接"的"双保障"，提升农户的发展能力，促进增收致富，确保生活幸福。

1. 完善农户参与合作经济的机制

支持农户以土地、资金、闲置房屋、农机具等为纽带，开展多种形式的合作与联合，依法组建农民专业合作社，依法享有合作社的股份和收益，强化农民作为市场主体的平等地位。支持农户以技能参股，或以劳动务工等参与合作社发展。引导农村集体经济组织挖掘集体土地、房屋、设施等资源和资产潜力，依法通过股份制、合作制、股份合作制、租赁等形式，积极参与产业融合发展，实现集体资产保值增值，确保集体组织成员的利益。

2. 完善农户分享发展收益的利益链接机制

加快推广"订单收购+分红""土地流转+优先雇用+社会保障""农民入股+保底收益+按股分红"等多种利益联结方式，让农户分享加工、销售环节收益。支持农户与新型经营主体开展股份制、股份合作制，建立"产值分成""寄托生产""资金入股"等企业、合作社多方参与的利益连接新模式。引导龙头企业在平等互利的基础上，与农户签订农产品购销合同，建立稳定的购销关系和契约关系，确保农户具有稳定的收益。鼓励行业协会或龙头企业与合作社、家庭农场、普通农户等组织共同营销，开展农产品销售推介和品牌运作，让农户更多分享产业链增值收益。

五、体制机制与政策保障

（一）完善组织引领体系

1. 建立五级党组织责任体系

按照产业革命"八要素"要求，围绕建好农民合作社，在要素配置上优先满足、在资金支持上优先保障、在政策支撑上优先考虑，构建省总指挥，市、县、乡抓落实的工作机制，形成五级书记抓合作社的责任体系。市委履行好主体责任，结合实际牵头制定工作措施，每年定期听取工作情况汇报，及时调度调整；县委履行"一线指挥部"职责，准确把控辖区各村产业发展状况、合作社运行情况、村党组织领导合作社履职情况等，根据市场需求，及时调整产业发展方向、合作社组织形式；乡镇党委履行"前线攻坚队"职责，统筹所辖各村人力资源、自然资源、土地资源等，建立合作社联社，明确由一名有经济发展经验、善于市场营销的班子成员或干部担任联社理事，负责对接市场、联络各村合作社；村党组织组建"村社一体"合作社，具体领导和参与合作社经营管理，主动联系销路、联络龙头企业，推动各项措施落地。市委书记、市长亲自到贫困发生率在30%以上的村，县委书记、县长亲自到贫困发生率在20%以上的村，逐村研判合作社运行、产业发展、组织群众等情况，分析问题症结，提出调整方案，确保合作社良好运行。市、县四套班子成员一人包保一个乡镇的合作社发展，市每名四套班子成员原则上包保贫困发生率较高的乡镇，侧重在深度贫困县或贫困程度较深的县选择；县四套班子成员，按照贫困发生率从高到低分别由县委、县政府、县人大、县政协班子成员进行包保。

2. 健全省市县直部门责任体系

贵州省委农村工作领导小组、贵州省委组织部、贵州省农业农村厅牵头统筹协调指导全省组建党组织领导下的合作社，定期会商研判分析合作社运行情况，加强监测调度，及时解决工作推进中存在的困难和问题，全面清理"僵尸社""空壳社"。市级农业农村部门、组织部门发挥牵头组织作用，加强统筹指导，适时对落实情况进行评估，发挥好督促指导作用。县委组织部、县农业农村局班子成员实行分片交叉联系包保乡镇，将班子成员、业务骨干纳入包保范围，每人联系一个以上合作社，参与合作社管理运营，积极帮助解决困难，提出工作建议。市、县两级制定市县直单位履职要点，定期调度推进情况，组织各级商务、市场监管、自然资源、财政、扶贫、人社、民政、教育、金融、税务等部门，在积极配合牵头部门履职尽责的基础上，主动作为、发挥部门优势，从资金、税务、金融、用地、人才等方面支持帮助合作社发展特色优势产业、打通产销渠道、促进农民增收。省、市、县三级涉农部门、高等院校、科研院所抽调业务骨干，组建合作社指导工作组，驻扎乡村指导工作、督察督办，推动责任落实。鼓励各级在职党员干部领衔农业产业，结合单位帮扶点资源优势，充分运用"八要素"，推出一批党员干部产业示范点，示范带领群众发展产业。

3. 完善基层党组织领导合作社责任体系

县级组织部门承担选优配强村党组织书记直接责任，抽调精干力量组建工作专班，聚力抓党组织领导下的合作社建设。乡镇党委全程参与党组织领导下的合作社建设，定期召开党委会议研究解决相关问题，党委书记是直接责任人，亲自抓、抓具体。推进村党组织书记通过法定程序担任村级集体经济组织、合作经济组织负责人，推动村"两委"班子成员和村级集体经济组织、合作经济组织负责人双向进入、交叉任职。把"村社一体"合作社运营成效作为村级党组织书记履职考核测评的重要内容，要定期对村党组织书记带领群众发展产业的能力进行研判，对不能适应农村产业发展需要、不能胜任引领合作社发展的人员予以撤换调整。探索村党组织书记县级组织部门备案管理路径，采取县委主导、县乡联动方式，对村党组织书记选、育、管、用重点环节全方位、全过程备案管理，确保村党组织带头人个个过硬。建立合作社致富能人和村干部"双培养"机制，大力储备一批村级后备力量。有条件的合作社要单独成立党支部，在合作社承担具体事务的党员，要将其组织关系转接到合作社党支部，乡村党组织完善利益联结机制，维护农民合法权益，确保农民稳定获得收益，有效防止"垒大户"和"富了老板、穷了老乡"的现象。

（二）完善政策支持体系

1. 财政支持政策

继续加大财政扶持力度，增加省级财政预算，扶持农村合作社规范发展。落实资金整合相关政策，坚持"渠道不乱、用途不变、协同推进、合力发展"的原则，统筹各类涉农资金支持合作社实行农业产业化经营，对村企合作开发、投资兴建的农业产业化基地、农产品加工企业等重点项目予以倾斜。创新财政资金使用方式，提高财政资金使用效益。落实好以人才培训、以奖代投、项目资助等方式扶持村级集体经济发展政策。完善村级公益事业建设"一事一议"财政奖补政策，健全奖补挂钩激励机制。探索开展财政投放资金市场化运作方式，减少财政资金划拨的直接性，避免政策套利和动力不足的现象。盘活现有支持农村合作制经济发展的财政存量资金，发挥财政资金的引导和撬动作用，有效结合财政资金、金融资金和社会资金，形成政、银、企三者共同推进农村合作制经济发展的合力。

2. 金融支持政策

进一步推进贵州省农村合作制经济发展需要完善好落实好金融支持政策。一是增加支持农村合作制经济发展的金融主体，扩大金融机构覆盖面。持续优化大中型商业银行在农村地区机构网点布局，增加县域网点，拓展乡镇服务网络。支持农村商业银行、农村合作银行、村镇银行等农村中小金融机构立足县域，实施县域全覆盖工程。加大对农村合作制经济发展的服务力度，推进银行业金融机构在行政村设立便民服务点，逐步实现行政村金融服务全覆盖。探索发展贷款公司、资金互助社等新型农村金融机构，鼓励社会资本发起设立相关金融租赁公司。二是鼓励金融机构进行产品创新，优化服务方式。结合农村合作制经济类别，推动金融机构融资产品创新本地化、特色化，着力开发适合各类农村合作社的小额信贷产品。落实好中央、贵州省等关于支持壮大村级集体经济的信贷政策要求，加大对其小额贷款的贴息力度。扩大授信评级范围，把村级集体经济组织纳入评级授信范围，设立发展村级集体经济专项信贷资金，对符合条件的村级集体经济项目在信贷支持上实行计划优先、利率优惠。进一步简化审批程序，对村级集体经济发展单列信贷计划，下放贷款审批权限，适当降低贷款利率，降低合作社融资成本。三是做好农村担保体系建设，为合作制经济发展提供融资担保服务。创新农村抵（质）押担保方式，进一步推广以农业机械设备、运输工具、水域滩涂养殖权、承包土地收益权等为标的的新型抵押担保方式。积极扩大农村有效担保物范围，开展生产设施、集体山林权、村级股权等抵质押贷款业务，抓好农村集体建设用地使用权、土地承包经营权、村集体资产、农房等抵押贷款试点。四是加大农业保险支持力度。用足用好中央、省级等政策性农业保险支持政策，进一步扩大农业保险保费补贴品种和覆盖范围，鼓励各地将特色优势农产品纳入地方政策性保险试点。健全农业保险服务体系，开展农村合作社内部信用合作试点，鼓励开展多种形式的互助合作保险。规范农业保险大灾风险准备金管理，通过多种形式防范和分散农业大灾风险。

3. 科技支持政策

一是严把合作社质量关，打破以往唯合作社数量为考核目标的评价体系。努力培育一批产业有特色、带动能力强、经济效益好的合作社，鼓励其积极开展科技创新。二是加大农业专业技术人才的培养力度，优化合作社人力资源配置，整合科技新资源。提升农民专业合作社社员职业技能，整合各渠道培训资金资源，建立政府主导、部门协作、统筹安排、产业带动的培训机制，开发和优化配置农村人力资源。三是加强农民合作社农业科技研发与推广应用。明确研发重点，紧紧围绕农产品有效供给、质量安全、加工、产后贮藏保鲜技术和农业机械化等加强前沿技术、关键共性技术、核心技术和系统集成技术攻关。

健全省、市、县、乡（镇）四级技术推广体系，支持合作社与地方农科教产学研建立一体化农业技术推广联盟，进一步加强农技推广人员与农民专业合作社开展技术合作，将符合当地实际生产水平的农业科技推广到合作社，授人以渔，带动农业科技进步。例如，组建合作联社农业技术创新联盟，推进合作社之间资源开放共享，强化合作联社科技支撑力度，为社员提供先进的农业技术和丰富的市场信息。转变农业科技推广方式，创新公益性农技推广服务，建立技术传播机制、搭建信息交流平台，提高社员自发脱贫能力，支持其他社会力量广泛参与农民专业合作社科技服务工程，形成由政府主导、合作社实施、其他主体参与的多元化科技支撑体系。四是积极搭建科技创新平台，探索建立科技成果转化交易平台。进一步加大政府对支撑农民专业合作社发展的科技创新平台的补贴和支持力度，努力寻求农业新科技、新品种、新技术在农民专业合作社内落地，建立长效合作机制，明确科技是第一生产力的核心思想不动摇。推广使用贵州"农业云"，促进农业科技成果转化应用，稳步提升农业科技创新能力。

4. 税收支持政策

农村合作制经济组织由于自身力量弱小，在发展初期以及发展过程中都面临着资金、经营方面的困境，需要在税收方面予以支持，给予特殊政策照顾。一方面，要落实对于农民专业合作社的发展各项政策要求及法律规定。严格执行《中华人民共和国农民专业合作社法》中规定的"农民专业合作社享受国家规定的对农业生产、加工、流通、服务和其他涉农经济活动相应的税收优惠"这一要求。根据国家有关农民专业合作社的税收优惠政策，制定贵州省具体的税收优惠政策条例，对农民专业合作社给予适当的扶持，如采取低税率政策或免征所得税等给予最大限度的税收优惠，支持其发展。村集体兴办的各类经营性项目，依法依规减征免征相关税费。另一方面，要进一步扩大税收优惠享受范围。财政部、国家税务总局《关于农民专业合作社有关税收政策的通知》（财税〔2008〕81号）中除了规定减免增值税、印花税的优惠政策，并未涉及其他税种，建议根据农民专业合作社发展情况，将其他税种也纳入税收优惠制度中。减少税收优惠政策中各种限制条件，对应享受的税收待遇应酌情给予考虑。以营业税为例，农民专业合作社为农业生产提供农业机耕、病虫害防治以及其他技术培训等项目应该纳入税收优惠的范围。另外，要建立健全税收优惠配套体系。对于支持农村合作制经济组织发展的其他经营主体，扶持过程中要给予税收上的一定优惠。例如，金融机构在为农民专业合作社提供金融支持时，要出台相应的配套营业税优惠，从而真正实现减轻农村合作制经济组织负担的目的。

（三）完善人才支持政策

1. 用好乡土实用人才

加强本乡本土实用人才队伍建设，对农村"土专家""田秀才""农博士"进行一次摸底，建立农村实用人才信息库。在党组织领导下，鼓励支持党员致富带头人、退役军人、外出务工经商人员、大中专毕业生等进入合作社管理层或担任技术顾问，将其中的优秀人才发展为党员或吸纳进村"两委"班子。推进乡土人才创新创造成果与市场对接，发展电子商务，拓宽产品线上线下销售渠道。积极落实财政、税收优惠政策，通过以奖代补等方式，对乡土人才创办的特色企业、合作社等给予重点扶持。支持乡土人才牵头成立各种形式的专业合作社，开辟群众增收致富的快速通道。强化尊重关心激励引导，提高乡土人才政治社会地位，拓宽乡土人才参政议政渠道，积极推荐优秀乡土人才参选各级党代表、人大代表、政协委员。选树优秀乡土人才典型，加大宣传力度，发挥示范带动效应，形成尊重乡土人才的浓厚氛围。

2. 用好专业技术人才

鼓励有条件的地方通过奖补等方式，引进各类职业经理人、财会人员，提高农业经营管理水平。深入推行科技特派员制度，鼓励科研人员到农民合作社、龙头企业任职兼职，完善知识产权入股、参与分红等激励机制。实施农民合作社辅导员制度，从涉农部门、农经机构、龙头企业和省级示范社选聘一批专业人员，担任合作社经营管理业务辅导员，明确责任、包联到社，全方位指导合作社组建和运营。探索企事业单位懂经营、善管理的优秀党员干部、专业技术人员按有关规定在合作社兼职并取得合法报酬机制，鼓励各县、市制定完善保留编制、职位、工资，允许和鼓励事业单位人才到专业合作社工作的具体方案，充分发挥他们的资源优势，推动合作社发展。研究实施村干部担任合作社负责人附加津贴制度，县、乡党委政府建立严密的激励考核制度，对在合作社兼职的村干部，运用市场机制合理设定他们的利益和报酬机制，激发基层党员干部的主动性和创造性，让他们有干头、有奔头。

3. 培育一批经营管理人才

加大合作社经营管理人员培训力度，借力"万名农技人才服务三农行动"等活动的开展，依托农业龙头企业，整合各类教育培训资源，采取短期培训、送教下乡、"实地指导+边干边学"等多种形式，加大对合作社理事长、经营管理人员、财会人员的针对性培训培养，造就一批政策理论精、经营水平高、管理能力强的经营管理人才。加大干部教育培训力度，用好新时代学习大讲堂、党校等载体平台，采取组织到先进村学习好经验、好做法等方式，定期对乡镇干部、"两委一队三个人"进行集中轮训和专题培训。加大农民全员培训力度，充分利用新型职业农民培育、远程教育等平台，建立完善公益性农民培养培训制度，鼓励他们通过"半农半读"、线上线下等多种形式就地就近接受职业教育，积极参加职业技能培训和技能鉴定，着力培养更多爱农业、懂技术、善经营的新型职业农民和农村实用人才。

（四）完善法律法规保障

1. 明确农民专业合作社成员法人属性

《中华人民共和国农民专业合作社法》没有对农民专业合作社成员法人属性做出明确规定，有的合作社将自然人作为成员，有的以农户为单位作为成员。但在实际操作中，不同的成员法人属性定位有着不同的影响。若是按照自然人分配对待，则治理机制就会出现偏差，影响了内部利益关系，因为随着城乡户籍制度改革的推进，在未来，农民只是一种职业的体现。因此，应该出台相关规定，对农民专业合作社成员法人属性加以规定，建议以农户为单位作为成员，有利于保护农民的相应权益。

2. 完善农民专业合作社社员管理体系

社员管理实际上有一套完整的体系，涉及入社社员资格、入社方式、入社程序等。制定较好的社员管理法规对农村合作制经济发展起到积极助推作用。在入社社员资格上，建议根据农民专业合作社发展的情况确定农民所占比重，不应对农业生产者以外的团体或者个人的加入过多限制，着眼点要立足追求农民专业合作社利益最大化，关键点在于保证农业生产者对合作社事务的表决权，要保证合作社掌握在农业生产者手中。《中华人民共和国农民专业合作社法》对于农民专业合作社社员的年龄、品行、国别没有相应的规定，这关系到社员的民事行为能力，建议对入社者的能力、信用状况等做出一些基本规定。在入社方式上，目前社员入社的方式可分为三大种类：普通入社、继承入社、转让入社。但我国的农民专业合作社法对于入社的方式没有任何规定，而不同的入社方式就会带来不同权利及利益影响，因此建议制定相应规则对此加以规范，确保不同入社方式不会损害到合作社的相关利益。在入社程序上，应完善相应的步骤。无论通过何种方式入社，均须相关人员向合作社提交书面申请，提交相关证明文件，合作社理事机构对相关申请进行实质审核并表决。新社员入社后即取得社员地位，享受相关权利并履行相关义务。在合作社管理上，社员大会是社员对合作社事务实行民主管理的机构，但是社员的表决权往往受到交通不便、外出务工等原因，社员的权利得不到有效保障，可增设农民专业合作社表决权代理制度。

3. 建立健全农民专业合作社财产法规

在注册资本上，《中华人民共和国农民专业合作社法》只规定设立合作社应有符合章程规定的成员出资，而并未对合作社的注册资本最低额做出要求。由于最低注册资本涉及农民专业合作社正常运营、资信能力，同时也起到保护交易相对人、债权人的合法权益作用，因此应该对农民专业合作社的最低注册资本作出规定。在股权转让上，要建立和完善农民专业合作社股权流转制度。农民专业合作社股权若没有流转的渠道，则影响社员对合作社的入股投资，不利于合作社向社员融资，丧失与合作社互助合作的必要。

4. 完善农民专业合作社社员权利

《中华人民共和国农民专业合作社法》虽规定了社员的基本权利，但是对社员权利的规定仍有缺失，如未规定合作社社员的诉讼权利、对合作社社员知情权的规定也不全面等。因此，贵州省应出台相应的规章制度，在农民专业合作社章程中规定农民专业合作社社员其他权利，提高社员参与社员大会、行使社员权利的积极性，保障社员的合法权益不被侵害。社员权利维护得越好，则社员民主管理权力发挥得越好，合作社经营的方向就越符合社员的要求，合作社的发展就越具有可持续性。

（五）完善指导帮扶体系

1. 发挥"第一书记"帮扶作用

进一步明晰"第一书记"和驻村干部在产业革命中的职责任务和

履职要点，帮助和指导村"两委"对合作社组建运行情况进行分析研判，对作用发挥不好的及时进行整顿，主动带领群众学技术、抓生产，主动带领群众跑市场、找销路，深入推进农村产业革命。找准产业发展路子，牢牢把握农村产业革命"八要素"，立足资源禀赋和市场需求，结合实际找准比较优势，因地制宜发展特色优势产业，让贫困户尽可能多地得到扶贫产业覆盖。指导帮助贫困群众利用房前屋后空地发展庭院经济。建好农民合作社，大力推广"龙头企业+合作社+农户"的组织方式，引进和培育龙头企业，着力建好农村专业合作社。组织所有的农民参加合作社，通过土地流转、务工收入、股份分红等增加收入，确保贫困群众能够长期受益。健全产销对接机制，找准目标市场，做好市场调查研究，优化产品结构，加强产销调度，不断提升农产品质量水平和市场竞争力。完善利益联结机制，大力推广农村"三变"改革、"塘约经验"，让贫困户全部参与到合作社、参与到产业发展中来，让群众获得实实在在的收益。

2. 发挥帮扶单位帮扶作用

各级帮扶单位整合项目、资金、人才、技术资源，帮助和支持帮扶地建设农民合作社、打通产销渠道、完善利益联结，推动帮扶地产业发展，单位党委（党组）定期听取帮扶地合作社运行情况汇报。单位领导班子成员轮流到帮扶联系地调研指导，为帮扶地发展产业出谋划策，帮助解决困难和问题。把帮扶情况、驻村帮扶干部作用发挥情况纳入省、市、县直属单位目标考核重要内容，定期进行通报。农业部门要建立合作社从创业到管理、运营的全程辅导机制，进行长期跟踪服务、定向扶持和有效辅导。指导帮扶村合作社根据《中华人民共和国农民专业合作社法》等规定制定好章程，建立"三会"等各项制度，帮助合作社建立符合自身产业特点、行业要求的基础台账和财务管理制度，规范合作社运行。充分利用各种培训资源，加大对合作社理事长、经营管理人员及合作社成员的培训培养，提高合作社和农户的综合技能，造就一批经营水平高、管理能力强的经营管理人才。帮助支持合作社创办加工型企业，延长产业链，推进合作社优质农产品进入批发市场、集贸市场、大型超市，拓宽流通渠道。

3. 发挥国有企业帮扶作用

组织省、市、县三级直属管理国有企业和中央在黔企业为帮扶主体，省级负责组织动员中央在黔企业、省管国有企业、省外在黔企业参加帮扶，市、县两级结合实际情况，组织动员一定数量具有帮扶实力的国有企业参加帮扶。帮扶企业要根据帮扶村需求，抽调优秀管理人才、技术人才组成专家顾问团队，深入帮扶村开展调研指导，帮助帮扶村做好市场分析、选准主导产业，完善发展措施、谋划发展思路。因地制宜帮助帮扶村做好项目的风险评估、可行性评估，制定好项目规划。帮助帮扶村推广好"龙头企业+合作社+农户"的组织方式，建立农民专业合作社，充分发动和组织群众参加合作社，指导帮扶村健全农民专业合作社工作机制和运行机制，提高农民合作社管理资产、开发资源、发展产业等方面的能力，使其高效运转起来，能够健康可持续发展。着眼帮扶村主导产业发展需要和资源禀赋，发挥企业人才优势，组织管理、销售、生产、技术服务等方面优秀人才，为帮扶村提供全过程、全链条的技术咨询服务。充分发挥对接市场的优势，组织专业的营销团队，指导帮扶村打通产品销售渠道，建立健全对接市场机制，确保帮扶村产业产品有稳定的销售市场。有条件的企业，要充分运用自身销售网络，帮助所结对帮扶村大力开拓省内外市场，建立健全销售渠道，甚至可通过直接代销、打捆促销等灵活、便捷的方式，快速搭建好销售网络。

4. 发挥供销社帮扶作用

充分发挥供销合作社作为合作经济组织的优势，有效整合各方面资源，通过股权合作、生产经营合作、订单帮扶、就业帮扶等形式，帮助建强村农民合作社，构建起与贫困户有机结合、联动发展的利益联结机制，使贫困群众多方位、多途径、多环节获得收益。各级供销合作社不断提升为贫困地区综合服务的功能，为农民专业合作社、专业大户、家庭农场和小农户提供信息、营销、技术、农产品加工储运等各项服务。引导贫困地区树立市场观念，发掘资源优势，加大对贫困地区优质特色农产品品牌培育力度，推动电商企业、批发市场、大型超市等市场主体与贫困地区建立长期稳定的产销关系。利用"线上线下"，进行城乡互动，动员各类媒体宣传推介贫困地区名优特产品，充分利用农博会、农贸会、展销会等平台展示展销，扩大产品市场销售规模。支持城市供销合作社连锁超市和零售企业设立专柜宣传和推广贫困地区产品。加快供销合作社系统企业和电商平台在贫困地区经营网络布局，整合物流资源，建设改造县域物流服务中心和乡村网点，向合作社提供多层次物流服务，解决好产地"最先一公里"和销地"最后一公里"问题。加强农产品生产基地冷链设施建设，发展"产地仓+冷链专线"，进一步打通贫困地区农产品运输通道，切实提高物流效率、降低物流成本。

贵州省乡村发展调研及
乡村振兴建议

王　彬*

摘　要：乡村振兴是国家推进农村发展、解决"三农"问题的一项重大战略部署。本文通过对贵州省乡村发展展开调研，分析贵州省乡村发展的基本情况、成功经验和主要做法、主要问题，提出推动贵州乡村发展的意见和建议。

关键词：乡村发展；乡村振兴

一、贵州省乡村发展调研基本情况

（一）构建振兴乡村格局方面

（1）落实主体功能区战略方面。按照主体功能区战略的要求，加强对空间资源的有效管控，合理划定生产、生活、生态空间。

（2）城乡建设统一规划方面。加紧编制乡镇规划，部分乡镇已完成镇域规划，积极完善各城镇发展规划，明确其发展规模和开发时序，实现国土空间有序开发。

（3）村庄规划方面。对基础设施建设、公共服务设施建设等乡村

---

* 王彬，贵州省社会科学院区域经济研究所副研究员，研究方向为区域经济、产业经济。

短板提出建设计划，对乡村产业发展和产业布局提出规划指导。其中，修文县启动城镇规划区外 98 个行政村村庄规划编制，麻江县编制大部分村庄规划，清镇市村庄规划全覆盖 60% 推进情况。

（二）脱贫攻坚战方面

（1）健全精准扶贫精准脱贫机制。抓贫困户和低收入户识别，抓贫困户和低收入户退出再核实，构建层层负责的脱贫验收责任机制，抓遍访帮扶落实到位，深入开展领导干部遍访帮扶活动。

（2）打好脱贫攻坚"四场硬仗"。一是产业扶贫，各村以刺梨、核桃、茶叶、石榴等为主，带动贫困户增收。二是易地扶贫搬迁，主体工程正在抓紧实施。三是基础设施建设，农村"组组通"公路、通村通组公路、20 户以上自然村寨通硬化路完成较好。四是做好教育医疗住房饮用水"3+1"保障。教育精准扶贫、医疗卫生保障、农村危房改造、安全饮用水等工作和建设推进有力。

（三）产业提质兴旺方面

（1）农业生产能力基础不断夯实。农业农村生产便道、修建机耕道、排洪沟、灌溉沟渠建设不断完善。落实耕地保护责任，抓好永久性基本农田划定，坚持节约集约使用土地资源，促进耕地保护；农业机械化水平提升。

（2）农业转型升级加快。大部分各村积极推进种植业发展，修文县、水城县发展猕猴桃种植；麻江县、丹寨县发展蓝莓种植；龙里县发展刺梨种植；都匀市、清镇市、兴义市发展蔬菜种植；兴仁市发展薏仁米种植等；湄潭县、都匀市、石阡市、清镇市茶叶种植规模较大。部分各村积极推进以生猪、蛋鸡、奶牛为主的生态畜牧业发展，多地采取"公司+农户"的形式建成生猪养殖"家庭农场"，都匀市、修文县、丹寨县、兴义市主要发展生猪养殖。农产品品牌建设力度加大，主要是蔬菜、水果、畜禽等产品的认证。强化农业投入品监管，在规范生产经营企业的行为的同时，加强产品抽样检测力度，强化农产品质量安全监管。各村继续推广使用化肥、农药减量化使用技术和植物病虫害绿色防控技术。

（3）建立现代农业经营体系。新型农业经营主体加快培育，家庭农场和种养殖基地、农业企业与合作社、农业产业化龙头数量增加。各村以消除"空壳"、强村富民为目标，积极发展集体经济。

（四）产业深度融合方面

（1）着力发展农产品深加工。农副食品加工的新品研发力度，加大科技投入，提升现有农特产品。扶持壮大农副食品小微企业，开发新的农特产品，加大农特产品加工基地扶持力度。

（2）大力发展乡村休闲旅游产业。加大"富美乡村示范点""休闲小镇""旅游小镇""特色小镇""提高型村寨"建设力度。清镇市、修文县着力打造"田园综合体"示范点。加快"农旅一体化"发展。

（3）农村电商规模扩大。村级电子商务综合服务站点，网络零售市场交易规模突破。其中，龙里县有村级电子商务综合服务站点 62 个，网络零售市场交易规模突破 5000 万元。

（五）打造生态宜居新农村方面

（1）农村人居环境整治加快推进。开展农村饮用水水源地截污、水源地周边生态修复、水源地保护范围内生活垃圾清理以及饮用水水源地水域漂浮生活垃圾清除行动。

（2）生态建设加快。各村通过实施巩固退耕还林成果、石漠化综合治理、植被恢复建设、天保工程、新一轮退耕还林工程、中央财政造林补贴等林业工程项目，加快生态建设。在确保生态建设的基础上，大力发展以核桃、刺梨为主的地方特色经济林种植。

（六）农村基础设施

贵州省农村基础设施不断完善。

（1）通村组。截至2017年底，贵州省实现了建制村道路通畅率100%、建制村通客运比例100%的目标的"双通目标"。贵州省是西部地区第一个、全国第14个实现全省建制村道路通畅的省份。贵州省农村公路通车里程达16.2万千米，其中乡道4.6万千米、村道8.2万千米，农村出行条件逐步由"走得通"向"走得快""走得安"转变。从实地调研市（州）县的36个行政村情况来看，村寨的通村公路全部实现硬化。

（2）通组路。截至2017年底，贵州省投入资金100亿元，完成2.5万千米农村"组组通"公路路面建设任务。贵州省已开工建设4.1万千米，建成路面2.8万千米，沟通1.3万个30户以上村民组，76%以上村民组通硬化路。

（3）水利设施建设。2017年度贵州省集中实施完成了群众饮水安全提升工程，在贵州省域的滇桂黔石漠化片区、武陵山片区、乌蒙山片区分别解决了片区内25.82万、8.42万、6.69万农村建档立卡贫困人口的饮水安全巩固提升问题。贵州省实施了农村饮水安全工程、病险水库除险加固、河道治理等一大批水利项目，人民群众获得感不断增强。

（4）电力设施建设。贵州省率先推进电力供给侧改革，加快推进新一轮农村电网改造升级工程，2017年"一户一表"全部安装到户，实现100%覆盖。

（5）电信设施建设。贵州省全面实现自然村通电话和行政村通宽带。据调研，2017年贵州省新增9000个行政村通光纤宽带，基本实现全省行政村通光纤；新增2300个行政村4G网络覆盖，基本实现全省行政村 4G 网络全覆盖。

（6）"危改"＋"三改"。大力实施"危改"，保障住房安全，在依据农村危房评定标准科学评定危房等级基础上，分类组织实施，确保质量安全。2017 年贵州省完成 20 万户农村危房改造。同步实施改厨、改厕、改圈"三改"，保障卫生健康。落实规划管控，保障风貌特色，强化农村危房"危改""三改"与加强村庄规划、严格农房建设规划许可及宅基地管理的结合，统筹推进，提升综合效果。

（七）推进乡风文明发展

近年来，贵州省以"四在农家·美丽乡村"工作为抓手，深入推进农村精神文明建设，在农村选树了一批乡村道德楷模，组建了一批乡村志愿者队伍，培育了一批乡风文明示范点，推动了一批乡村文化载体，评选了一批乡村创建先进典型，有力地推进了全省农村乡风文明建设。截至 2017 年底，贵州全省共建成乡风文明示范点 18170 个，取得的主要成绩如下：

（1）以乡（镇）村"新时代农民讲习所""道德讲堂"为依托，组建了上万人的德师队伍和乡贤宣讲队伍，深入学校、乡村、社区广泛开展核心价值观、优秀传统文化和党的路线方针政策宣传 3 万多场。

（2）以"传统节日""民族节日"为依托，广泛开展了"文化走基层·欢乐乡村行""弘扬价值观·家家户户贴春联"等文体活动，将群众喜闻乐见的传统经典文化送到基层群众身边。

（3）以培育"感恩文化"为载体，让广大群众诉说农村新变化。

（4）积极推动移风易俗，完善村规民约。规范了乡村红白喜事传统礼仪习俗，整治了乡村乱办、滥办酒席的陋习。加快了农村殡葬制度改革。

（八）健全现代乡村治理体系

（1）始终把实行村务公开民主管理作为推进基层民主进程，密切党群、干群关系的有效途径，常抓不懈，使村务公开沿着制度化、规范化轨道发展。全省乡村广大群众自我教育、自我管理、自我监督的意识不断增强。

（2）贵州省目前已组建了理事会、基金会、合作社和乡建联盟四种形式的社会组织，正在形成一套行之有效的乡村治理体系。重点探索建立了农村新型民主管理体系——村民代表大会、村理事会、村监事会"三会"制度。主要做法是建立"三会"组织机构，明确工作职责，规范运行程序，健全保障制度。"三会"制度的推行，发挥了村级党组织的领导核心作用，保障了人民群众当家做主，密切了党群干群关系，推动了农村经济社会发展，强化了农村党风廉政建设，开启了贵州省村级民主管理的新篇章。

（3）发挥乡村党员及其他贤能之士的作用。据调查，贵州省乡村基层治理有其自身特点，在村级治理中，乡村的乡贤在村民自治中往往发挥着特殊作用。所谓乡贤，既包括农村优秀党员、当地德才智多的好人、当地学校的教员，也包括祖籍当地、家在外地但仍心系家乡的游子，也包括在外地工作和退休的干部、教员、技术人员、企业家等。由于乡贤也是农民出身，与乡村社会有着天然的联系，在国家和农民之间，是一种重要的非正式的乡村社会中坚力量。

（九）保障和改善农村民生

贵州省始终将为农业转移人口提供城镇基本公共服务作为头等大事来抓，教育、医疗、最低生活保障等基本公共服务水平不断提升。

（1）精准帮扶乡村劳动就业创业。贵州省紧紧围绕脱贫攻坚战略行动计划，精准开展贫困劳动力全员培训等系列培训，通过组建公益性劳务输出公司、加强对口帮扶力度引进全国家政培训龙头企业、多形式开发就业岗位等措施，2017 年帮助 50.55 万贫困劳动力实现就业创业。据调研，近五年，贵州省累计实现农村劳动力转移就业 360.52

万人，开展农村青壮年劳动力规范化培训 89.56 万人，开展护工、家政等服务业人员培训 25.97 万人，开展贫困劳动力培训 25.97 万人。

（2）率先实现医疗卫生"五个全覆盖"。贵州省乡镇卫生院标准化建设全覆盖、基层医疗卫生机构执业医师全覆盖、农村中小学校校医配备全覆盖、县级以上公立医院远程医疗全覆盖、城乡居民大病保险全覆盖，医疗服务体系和医疗救助体系进一步健全。据调研，截至 2017 年底，贵州省完成了 329 所乡镇卫生院标准化建设，乡镇卫生院（社区卫生服务中心）远程医疗服务实现全覆盖，每个乡镇卫生院和社区卫生服务中心配备两名以上执业医师，12296 所乡村中小学配备校医。

（3）率先实现农村义务教育学生营养改善计划全覆盖，率先全面免除中职学生学费，切实有效解决农业转移人口子女入学问题。据调研，2017 年贵州省基本普及 15 年教育，新增 22 个县（市、区）实现义务教育发展基本均衡。

（4）基层公共法律服务全面覆盖。贵州省已在 113 个村全面铺开"一村一法律顾问"，在九个乡镇推行乡镇公共法律服务工作站法律服务人员坐班制，接受群众的法律咨询和开展法治宣传教育，推动优质法律服务资源服务基层。

（5）住房保障和社会保障水平不断提高。将农业转移人口全部纳入城镇住房保障体系，多方式保障农业转移人口住房需求。据调研，贵州省 2017 年建成城镇保障性安居工程 27.6 万套（户），完成 20 万户农村危房"危改""三改"。同时，贵州省将农业转移人口完全纳入城镇社会保险体系，在农村参加的养老保险和医疗保险规范接入城镇社会保障体系。据调研，贵州省城乡居民基本医保政府补助标准提高到 450 元，城镇、农村低保标准分别提高 10%、15%。资助贫困家庭学生 83 万人。

（十）乡村发展体制机制

（1）建立城乡统一的户口登记制度，新增城镇人口 378 万人，城镇化率提高到 46%。"四在农家·美丽乡村"小康行动计划完成投资 1845 亿元。

（2）积极探索推进城乡"三变"改革，深入开展农村土地确权，全面深化农村集体产权制度改革，明确进城农户权益。据调研，六盘水市 96 个乡镇（街道、社区）、881 个行政村、29 个省级农业园区实现了"三变"改革全覆盖，共有 40.66 万亩集体土地、14.31 万亩集体林地、42.44 万平方米水域、161.17 万亩土地承包经营权入股，整合财政资金 7.49 亿元，撬动村集体、农户、社会资本 60 亿元参与入股，48.74 万户农户成为股东。通过入股共消除"空壳村"548 个，全市"空壳村"归零。

二、贵州省乡村发展成功经验和主要做法

（一）成功经验

（1）激活农村经济的"三变"模式。通过调研走访，发现以资源变资产、资金变股金、农民变股东的"三变"模式，把乡村农民分散的各类要素资源集中起来由专业发展主体运营，发挥了要素的集聚效应和规模效益，盘活了农村资源，激活了农村经济发展活力。贵州省各县市区都在不同程度地推进"三变"改革，"三变"模式已成为振兴乡村的重要模式。

（2）"村社一体、合股联营"的"塘约"模式。安顺平坝区乐平镇塘约村以农村产权确权、赋权、易权为抓手，深化"三权"促"三变"改革，探索实施"村社一体、合股联营"发展路径，进一步激活

了农村自然资源、存量资产、人力资本，极大地释放了改革红利，使农村居民收入大幅增长，村集体经济快速壮大，破解了"农二代"融不进城市、回不了农村，农村土地难以集中、生产难以增效，贫困户筹集资金难、就业创业难，村集体收入来源单一、发展动力不足"四难"问题。

（3）富美乡村建设的"余庆模式"。遵义市余庆县作为全国农村综合改革"四在农家·美丽乡村"建设标准化试点县，制定了基础设施建设、社会管理、生态环境和产业发展等六大类 108 项标准，推进"四在农家·美丽乡村"建设的标准化和科学化，逐步实现"村庄景区化、居住庭院化、收入多元化、管理民主化、生活时尚化"的"旅居农家"富美乡村。

（4）龙头企业带动的"秀水五股"模式。秀水村通过普定县委、县政府搭建平台，贵州兴伟集团投资开发、秀水村全体村民参与的方式，依托该村的秀丽山水，兴建集生态农业、特色旅游、休闲度假为一体的乡村生态产业园，并创造性提出"秀水五股"，走出一条社会力量包干扶贫、旅游产业精准扶贫的发展新路，实现了从无产业、无集体经济、无增收来源的"三无"贫困村到生态秀水、美丽乡村的跨越式变化。

（二）主要做法

（1）"三变"模式。"三变"模式发源于六盘水基层农村，现在贵州省广泛推广，其具体做法是：以农民增收为核心、以深化改革为动力、以股份合作为纽带，遵循"资源变资产、资金变股金、农民变股东"的改革发展新理念，以"政府+村委会+公司+合作经济组织+农户"的模式，推动农户与经营主体"联产联业""联股联心"，推进农村经济规模化、组织化、市场化发展。为了充分推动"三变"，六盘水市在贵州省率先单独成立由市委书记、市长担任组长，分管副书记、副市长等担任副组长的"三变"领导小组，下辖各县区也相应成立机构，定岗定编，专门负责统筹协调"三变"工作，并制定出台了《"三变"改革入股合同管理办法》《贫困人口参与"三变"改革进退管理办法》等20多项配套政策，在全市推广"三变"。

（2）"塘约"模式。突出"三权"抓手，推动农村资源入市。围绕权属明晰抓确权、市场价值抓赋权、资产流动抓易权，对全村土地承包经营权、林权、集体土地所有权、集体建设用地使用权、房屋所有权、小型水利工程产权和农村集体财产权"七权"精准确权，实现产权所有权、经营权、承包权分离，为农业生产集约化、标准化、规模化发展创造了条件。实施"合股联营"帮助村民致富。按照"村社一体、合股联营"的发展思路，建立村党总支引领、村集体所有的"金土地"合作社，采取"党总支+合作社+公司+农户"的发展模式，鼓励村民以土地、资金与合作社联营，按照合作社30%、村集体30%、村民40%的收益分配模式进行利润分成，形成村集体、合作社、农户三方共赢的局面，促进村集体与村民的"联产联业""联股联心"。实施"银村联姻"促进农村产业强。每年从村集体的利润分红中抽取20%作为村级金融担保基金，引进金融服务入驻塘约村，探索"3+X"信贷模式，完善农信社、合作社、农户各方利益联结机制与风险共担机制，创新"金土地贷""房惠通""特惠贷"等信贷产品，引导农村经济组织、公司、合作社、专业大户、农户等产权主体通过土地承包经营权、林权、小型水利工程产权和房屋所有权等抵押担保贷款，让新型经营主体、合作社、村集体及贫困户抱团发展。

（3）"余庆"模式。将贵州省委关于农村发展"资源变资产、资金变股金、农民变股东"的"三变"要求植入创意方案，创建模式从"建设新农村"向"经营新农村"转变。引入农旅融合、旅游经营、文化创意等新理念，着力打造主题鲜明、功能完善、形式新颖、主客共享的乡村旅游目的地，为农村发展、脱贫攻坚开辟了一条新路子。

采取"公司+支部+专业合作社+农户"经营方式，最大限度地挖掘村集体和村民的"三闲"资源，将农户闲置的住宅实施宾馆化改造，将闲置农田集中建设农耕体验园区，将闲置劳力培训转型为旅游服务者。再通过"三闲"综合利用，成功地将农村闲置资产转化为市场资本，使农民从置身事外成为企业的利益共同者。在实践中，以公司投入为主，村党支部和农户合作共建，重点打造精品示范户。公司按每年每平方米15~20元的租金向农户租赁闲置房屋，并对房屋按"旅居农家"精品户标准进行改造，同时按公司占80%、支部与农户共占20%的比例进行利润分成。五年内，支部与农户按各占50%比例分成；五年后，支部每年递减10%，直至降到20%为止。

（4）"秀水五股"模式。龙头企业兴伟集团在帮助支持秀水村的过程中，采用股份化的形式，将秀水村的所有土地资源变成股权，将全部村民变成股东，帮助村民脱贫致富。"秀水五股"的主要做法是：人头股按照10%分配，秀水村全体村民人人有股；土地股按照30%分配，每分土地作为一股；效益股按照30%分配，参与劳动才有股份；孝亲股按照5%分配，65岁及以上老人都有股份；发展股按照25%分配，用于村集体后续发展。通过"秀水五股"模式，秀水村建成了富美乡村。

三、贵州省乡村发展存在的问题

（一）部分村规划不够到位

（1）村级规划引领作用不大，大部分村发展仍然缺乏重要规划支撑，统一性整体规划缺乏。

（2）农村环境卫生整治经费严重不足，农村环境卫生整治工作面广，垃圾产生多，动态变化快，清理整治任务重，基础设施历史欠账多，保洁人员多，需要大量的经费投入。

（二）农业发展总体水平不高

（1）农业投融资难限制产业发展。财政投入能力十分有限，资金投入仍然严重不足。在金融支持方面，农村融资体系不健全，融资渠道有限，金融对产业的支撑远未发挥作用，农业产业很难做大做强。

（2）经营主体实力不强。各类经营主体在总体上数量仍较少，单体规模小，实力不强。部分专业合作社运行不够规范，农民组织化程度不高。

（3）人才、资金、土地等资源要素短缺。专业技术人才普遍不足，科技力量薄弱，尤其缺少懂技术、会管理、善经营的复合型人才。

（4）农村基础设施欠账太大。大多数耕地没有排灌设施，保灌耕地面积较小，土地产出率不高。路、水、信等基础设施建设还不完善，乡镇路网"毛细血管"还未打通，很多通村通组路和水利设施年久失修。

（5）村集体经济薄弱。缺乏村集体经济建设项目支撑，集体收入来源较少，村发展公益建设项目较少。

（6）深度贫困地区和少数贫困群众内生动力不足，仍然是脱贫攻坚的"硬骨头"。

（三）产业深度融合难度大

（1）生产企业、合作社等经营主体"融资难、贷款难"的问题依然突出。

（2）龙头企业规模小，带动能力弱，经营主体承接农村"三变"改革的实力不足。

（3）发展基础薄弱。资金投入不足，农业基础设施普遍落后、老化陈旧，对农业生产提供保障和促进作用难以为继，农业抵御自然灾害的能力不高。

（4）示范引领能力不强。龙头企业少、规模小、实力不强、带动能力弱。农业园区带动辐射能力弱，链接农户不够紧密，互利共赢机制不健全。

（5）农业主导产业还不够明晰，农产品高附加值未得到有效挖掘。

（6）部分群众电商意识不强，基础设施不够完善，农业产业支撑不足，农超对接渠道不够畅通，食品加工企业小、弱、散。

（四）基础设施建设存在的问题

（1）通村通组。"组组通"项目，省级补助40万元/千米，地方所需匹配较大，鉴于县财政情况，缺口资金融资难度大。"组组通"公路，乡镇土地占用协调工作十分重要，一定程度上严重影响了项目建设进度。

（2）农村垃圾、污水难以处理的问题。由于农村住房较为分散，难以集中修建污水处理池。而且许多农户缺乏环境保护意识，直接将污水排入河流或小溪中，对水资源造成了污染。目前，农村垃圾主要采用就地填埋的方式，这种垃圾处理方式对环境污染较大，特别是对地下水和生态环境污染较大。由于垃圾处理站一般设在县城，村、镇一级没有垃圾处理站，如果把农村垃圾从各村落集中收集然后运往县城处理，成本太高。

（五）体制机制存在的问题

户改相关配套建设还需进一步加强。虽然贵州省相继出台了一系列鼓励农村居民进城的优惠政策，但农民进城涉及的医保等方面的配套政策在一定程度上还不够，特别是年龄较大（60岁以上）农业人口对进城落户后的生活保障问题还存在顾虑。

（六） 乡村治理存在的问题

（1） 乡村基层干部存在人心不稳、素质偏低、能力不强的状况。在贵州省农村基层，村干部的经济收入低，发展前途不大，从某种程度上说村干部是个不折不扣的"苦差"——活多钱少，操心不讨好，干好干差一个样。不少村干部想"撂挑子"，给乡村发展和基层治理带来困扰。

（2） 乡村经济组织发育缓慢。受换届等因素影响，出现了新任村干部不熟悉村务公开业务、监督约束机制尚未充分发挥作用、监督成效不显著等新的问题。

（3） 农民参政意识不强。农民在基层组织建设以及村务管理等方面参与不足。

（4） 社会治安问题。农村"黄、赌、毒"现象未完全杜绝。

（七） 农村乡风文明存在的问题

（1） 对乡风文明建设认识不到位，合力建设乡风文明的机制尚未建设。

（2） 对农村社会风气缺乏强有力的正确引导。当前正处于社会转型期和矛盾突发期，新旧观念冲突、各种思潮泛滥，致使乡村人际关系日趋淡薄，邻里之间、亲朋之间纠纷不断，与人为善、互爱互助、尊老爱幼的风气逐渐淡化，甚至出现了不赡养老人和以赌博为娱乐的现象。

（3） 农村宣传文化阵地与需求存在差距。农村缺乏相对固定的文化活动场所，且设施设备不足，无法满足农民日益增长的文化需求。截至2017年底，在贵州省18388个行政村中，80%以上的村只有简单的活动场所，缺乏活动器材。

（4） 农民群众法制意识薄弱，社会治安影响乡风。据调查，当一些村发生矛盾或冲突时，大多表示首先找人私下协商解决，法制观念淡薄。

四、贵州省乡村发展的意见和建议

（一）形成乡村振兴格局

在统筹城乡发展的前提下，从规划上突破，注重多规合一，明确乡村发展空间，因地制宜规划美丽乡村建设，科学编制村庄发展规划。

（二）坚定不移地打赢脱贫攻坚战

在体制机制方面：一是建立稳定的脱贫机制；二是改革创新脱贫攻坚体制机制；三是中央、省、市（州）层面细化对少数民族聚居贫困村脱贫攻坚政策；四是建议出台非贫困县贫困村在脱贫攻坚上与贫困县享受同等优惠政策，特别是在扶贫资金统筹上；五是建立脱贫攻坚一线干部的激励机制，最大限度调动和激发他们参与脱贫攻坚的主动性和积极性。

在要素保障方面：一是加大对贫困地区农村尤其是深度贫困地区基础设施建设投入倾斜力度，补齐基础设施短板；二是加大对贫困县产业扶贫支持力度，支持一批龙头企业带动产业发展；三是利用省市融资平台，为脱贫攻坚提供更多的资金保障；四是省、市（州）统筹预算增大扶贫专项资金。

（三）发展壮大现代山地农业

在体制机制方面：一是尽快出台支持现代农业用地支持政策，特别是在生产设施、附属设施和配套设施用地方面，对直接用于或者服务于农业生产的土地，其性质属于农用地，按农用地管理，不需办理农用地转用审批手续；二是完善现代农业补贴制度；三是省、市（州）层面要细化对产业示范园、基地的资金与政策支持。

在发展壮大现代山地农业方面：一是强化规划引领，合理布局产业，因地制宜发展，实施连片开发，强化规模推进，突出板块打造，全面调整优化农业产业结构；二是要强化城乡统筹，着力加强产业基础设施配套建设；三是强化龙头带动抓规模扩展；四是强化标准、提升科技服务，重点狠抓主推品种和主推技术的推广普及，确保技术指导到户、良种良法到田、技术要领到人，着力提高规范化种养和标准化生产水平，提高农业生产的质量和效益；五是强化质量安全抓品牌创建，着力在品质提升、品牌培育、市场拓展等方面积极探索；六是要实施产业重大工程与重点项目。

（四）加快产业融合发展

在体制机制方面，省、市（州）要尽快出台并细化对产业融合发展的支持政策。

在加强产业融合发展方面：一是加强农村信息化组织协调领导，强化设施管理；二是加快农村电子商务建设；三是加快农村物流体系建设；四是加快信息化建设，构建物流网络平台。

（五）打造生态宜居新农村

在体制机制方面：一是加大督察力度，健全考核问责机制，重点加强对改善农村人居环境建设项目实施情况的督察工作，完善考核办法、考核机制，对各乡（镇）、各部门建设推进情况定期督察考核，确保改善农村人居环境建设项目顺利推进；二是建立长效管理机制，对原有机制进行修改和完善，积极探索，逐步建立一套行之有效的保洁机制和卫生管理长效机制。

在建设方面，一是统筹有序推进，坚持科学谋划，分类指导，按照改善农村人居环境的总体要求，循序渐进，按照农村人居环境治理的阶段性规律，有序推进农村人居环境治理；二是树立"建管并重"新理念，重点积极探索村庄管护新机制，制定完善村规民约，引导村民提高文明意识和环保意识，严格落实门前管护责任制和公共环境分片管护责任制，逐步把公共环境区域按片划给农户进行管护，有效巩固治理成果；三是加大宣传引导力度，重点加强对农民的法治教育、思想道德教育和文明素养教育，培育诚信、守法、明礼、文明的高素质农民。

（六）补齐乡村基础设施建设短板

在体制机制方面，建立支持乡村基础设施建设的常态化机制。

在建设方面，一是保障乡村基础设施建养资金投入；二是加强基层基础设施人才队伍建设；三是简化乡村基础设施工程项目审批环节；四是中央和省级层面增加乡村基础设施项目占地补偿费用。

（七）推进农村乡风文明建议

一是大力培育践行社会主义核心价值观，让核心价值观融入群众生活，使人民群众自力更生、艰苦创业、摒弃"等、靠、要"，激发群众内生动力；二是加大"家风·家训"创建活动，不断挖掘和培育良好家风，形成积极向上的村风乃至民风，让好"家风·家训"成为人民群众比学赶超的精神追求，使社会风清气正；三是加大乡村农民讲习所的建设和使用，积极组织宣讲员深入基层适时开展宣讲，让宣讲的过程和内容成为人民群众学习和自省的过程。

（八）健全现代乡村治理体系

一是健全现代乡村治理体制机制；二是大力开展普法教育工作；三是加大社会治安综合治理力度，重点在乡村实施网格化管理和平安创建活动，促进平安乡村建设；四是探索党建创新，进一步增强发展新动能。

（九）保障和改善农村民生

一是尽快出台教师、医生、科技人员服务乡村在工资水平、职称评定、干部培养的激励政策；二是加大乡村文化、卫生、教育及综合服务等公共设施建设力度；三是加大乡村社会保障投入，其重点在养老、医疗、保险方面。

巩固脱贫攻坚成果的桐梓路径

蔡　伟[*]

摘　要：近年来，桐梓县贯彻落实精准扶贫、精准脱贫基本方略，扎实推进脱贫攻坚，9个贫困乡镇减贫"摘帽"，累计贫困村120个，减少贫困人口14152户52362人，贫困发生率从2014年的10.6%下降到了2018年的1.46%。2018年9月25日，贵州省人民政府发布《关于桐梓等14个县（区）退出贫困县的通告》，标志着桐梓县终于打赢了这场脱贫"摘帽"攻坚战。成绩来之不易，但也应清醒地认识到，桐梓县脱贫质量不高，很多建档立卡户的收入只是略高于贫困线，抗风险能力弱，极容易掉回到贫困线以下，因此要持续推进脱贫攻坚不放松，继续补短板、强弱项，持续用力，巩固脱贫"摘帽"成果，防止一边脱贫一边致贫返贫的问题，确保到2020年实现"小康路上一个都不能掉队"的目标。

关键词：脱贫攻坚；乡村振兴；桐梓县

桐梓县位于贵州省北部，与重庆市接壤，有"川黔锁钥""贵州北大门"之称，是有名的革命圣地，红军长征期间，毛泽东在这里写下著名的《忆秦娥·娄山关》。桐梓县国土面积3207平方千米，下辖20个镇、3个乡、2个街道（含1个苗族乡），共有224个行政村（社区），其中213个村、11个社区，总人口74.22万人，农村户籍人口

---

* 蔡伟，贵州省社会科学院区域经济研究所副研究员，研究方向为产业经济。

64.4 万人。2014 年以来，桐梓县把脱贫攻坚作为重大政治任务、第一民生工程，深入学习贯彻习近平扶贫思想，全面落实党中央、贵州省委、遵义市委关于脱贫攻坚系列决策部署，以脱贫攻坚统揽经济社会发展全局，按照"五个一批""六个精准"要求，奋力突破基础设施瓶颈，着力抓好农民增收关键，全力兜牢民生政策网底，截至 2018 年底，桐梓县脱贫攻坚取得了"摘帽"的决定性胜利，9 个贫困乡镇减贫"摘帽"，累计 120 个贫困村出列，未出列贫困村仅剩 1 个，贫困人口（建档立卡数）从 2014 年的 17557 户 61745 人下降到 3405 户 9383人，累计减少贫困人口 14152 户 52362 人，贫困发生率从 2014 年的10.6%降到了 1.46%。

一、农业农村发展现状

近年来，桐梓县立足区位、文化和生态优势，以优化供给、提质增效、农民增收为目标，以推进农业供给侧结构性改革为主线，以全面推进基础设施向农村延伸为抓手，以脱贫攻坚为主要任务，推动农业农村全面发展。

（一）农业产业结构持续调优调精

2018 年，桐梓县第一产业实现增加值 34.35 亿元，同比增长6.8%，对经济增长贡献了 20.5%，拉动经济增长 1.4 个百分点，形成一批以方竹、畜牧、果蔬、红高粱、花椒等产业为主，融合发展旅游业、农业加工、贸易以及服务业的特色产业生产基地。全县笋用竹种植面积 80.2 万亩，蔬菜（不含辣椒）种植面积 44.1 万亩，水果种植面积 13.8 万亩，烤烟种植面积 4.18 万亩，辣椒种植面积 13 万亩；桐梓蜂蜜、花秋土鸡获评国家地理标志保护产品；桐梓方竹笋、娄山黄焖鸡、容光回锅羊肉、金橘蒸兔肉、桐梓香肠等特色美食先后在央视

《味·道》栏目展播；容光回锅羊肉在遵义文化美食节上荣获优质土特产金奖；娄山黄焖鸡在"游客最喜爱的贵州旅游商品"评选活动中荣登榜首。同时，桐梓县充分利用交通区位和生态气候资源优势，大力发展夏季避暑休闲养生乡村旅游，全县乡村旅游点达到30个，乡村旅馆（含农家乐）1545家，宾馆酒店83家，床位数7.21万张。枕泉翠谷景区荣获"全国森林康养示范基地"试点单位，马鬃红苗客栈、娄山关万亩花海的孔雀家园被评为"贵州省精品客栈（五星级）"，杉坪村被评为"贵州省甲级乡村旅游村寨"。农村电子商务加快发展，农村电商运营中心建成投运，老高山、杨腊香等11家企业入驻电商产业园，完成电子商务网点103个，电商零售额达2800万元，荣获国家级电子商务进农村综合示范县和省级农商联动示范县称号。

（二）农村生产生活条件明显改善

截至2018年底，桐梓县实现"乡乡二级路、村村硬化路、户户连户路"目标。建成3座骨干水源，实施饮水安全工程3395个，解决和巩固提升农村人口56.95万人饮水安全问题，基本实现安全饮水全覆盖。农村电网、通信信号实现了村村全覆盖，145个村建设了文化广场，广场舞在农村得到全面普及，图书室（农家书屋）实现了村村全覆盖。城镇污水处理率达到95%，城乡生活垃圾无害化处理率达到82.74%，森林覆盖率达到58.73%。

（三）乡村治理水平显著提升

近年来，桐梓县以基层党建为引领，加强村务管理和民主治理机制建设，实施农村基层党组织"领头雁工程"，大力支持由村党组织领头创办的合作社、企业等经营实体。全面推行"四议两公开"，村级管理更加民主，彻底改善老制度下的村长、支书"一言堂"情况。深入开展远程教育、文化下乡以及"三送一连心""重法治·感党恩·

淳民风"等活动，村民的思想意识逐渐改变，自我提升动力不断增强，对村集体事业更加热心，主人翁意识更加强烈。加强软弱涣散基层党组织的整顿，建立监督约束机制，极大地提升了村级组织的凝聚力和战斗力。涌现了官仓镇红旗村、大河镇七二弯村等一批全国、全省先进典型。

（四）农村发展活力不断增强

桐梓县以聚焦"农民股东"为核心，围绕"人、地、钱、农业经营主体、村级集体经济"五要素，激活农村自然资源、存量资产和人力资本，促进农业生产增效、农民生活增收、农村生态增值，深入推进农村"三变"改革，农村改革稳步推进。加强土地流转，积极探索实施种植业、乡村旅游业等"三变"新机制，逐步形成了"农户+合作社+企业""农户+公司+合作社""农户+合作社"等模式，实现农户、合作社、企业和村集体多方共赢。2017年，桐梓县全面完成农村土地确权，承包经营权证颁发9.305万户。"三变"改革试点村达到68个。全县农村土地经营权流转面积累计达16.89万亩，占全县二调耕地面积151万亩的11.2%，签订土地流转合同2.5万余份。

桐梓县面临着产业基础薄弱、基础设施薄弱、农村发展内生动力不足等问题。主要表现在：一是农业产业整体发展水平较低，产业链条不完整，产业"小而全、多而不精"，规模化、标准化、集约化程度低，规模化经营程度不高，大中型龙头企业不多、农产品加工带动能力不强。二是农业基础设施建设滞后，水、电、路、农机等配套设施不全，农业生产成本高。三是农村"空心化"严重，对青壮年劳动力和有一定知识或经验的返乡农民工的吸引力不够。四是村庄建设凌乱，缺乏统一规划管理。五是垃圾乱扔、赡养纠纷、信仰缺失、滥办酒席等不文明现象仍时有发生，乡风文明仍存在一些问题和短板。

二、总体思路及构想

以习近平新时代中国特色社会主义思想为指导，深入学习贯彻习近平扶贫思想，全面贯彻党的十九大精神和习近平总书记在贵州省代表团重要讲话精神，落实好中央、贵州省委、遵义市委有关脱贫攻坚工作安排部署，大力培育和弘扬新时代贵州精神，充分发挥气候生态资源、文化资源与区位等优势条件，坚持脱贫攻坚不放松、不停顿、不懈怠，继续以脱贫攻坚统揽经济社会发展全局，深入实施大扶贫战略行动，持续打好脱贫攻坚"四场硬仗"，着力推进振兴农村经济的深刻产业革命，强化产业支撑；着力夯实贫困人口稳定脱贫基础，实现巩固提升；着力强化扶志扶智，充分激发贫困人口内生动力；全面巩固脱贫成果、提升脱贫质量、确保稳定脱贫，到 2020 年确保现行标准下桐梓县农村贫困人口全部脱贫、贫困村全部出列，夺取决战脱贫攻坚、决胜同步小康的全面胜利，为实施乡村振兴战略打好基础。

三、巩固脱贫"摘帽"成果路径

按照中央、贵州省委关于打赢脱贫攻坚战三年行动的部署要求，全面巩固脱贫成果，提升脱贫质量，确保 2020 年实现全面小康，助推乡村振兴。

（一）大力发展农村产业，夯实脱贫致富根基

以农业供给侧结构性改革为主线，紧扣"八要素"，践行"五步工作法"，以延长产业链条、优化产业布局、加强科技创新、加快品牌培育、完善利益联结机制为发展方向，深入推进农村产业革命，着力构建农林牧渔优化，种养加一体，第一、第二、第三产业融合适应

现代经济发展的乡村新经济发展体系。

一是发展壮大特色优势农业。用好"中国方竹笋之乡"品牌，以方竹为"一县一业"，加快推进"退耕还竹"和方竹基地建设，以方竹产品开发为重点，推动全县方竹产业高质量发展。大力发展有机红高粱、花椒、生态畜牧渔业，配套发展中药材、经果、蔬菜、茶叶、食用菌、辣椒等特色产业，打造"一镇一特、一村一品"。利用现有林业资源，加快"林业+产业"融合发展，着力发展林禽、林药、林菌、林蜂等林下产业。

二是大力发展农产品加工业。强化农产品加工业供给侧结构性改革，大力实施农林产品加工业提升行动，积极采用生物工程技术、分子蒸馏等精深加工技术，生产多种类型的深加工产品，着力推进农业与工业全产业链融合，延长产业链，提高附加值。重点打造以方竹笋为代表的竹材、竹炭、竹纤维、竹叶黄酮、竹醋液、竹饮料加工为主的各类精深加工产业链，以及以黄焖鸡为代表的肉类加工产业链，加快推进"菌竹公司"综合性加工厂、有机红高粱仓储和初加工厂、花椒烘干线和精深加工厂、畜禽屠宰场建设，实现方竹笋、有机红高粱、花椒、辣椒、大米、中药材、畜禽等集约化生产。以经济开发区、高新区、工业园区、农业园区为平台，支持各类加工主体进入园区集聚发展，大力发展农产品加工集聚区。

三是大力发展乡村旅游产业。发挥生态资源优势，挖掘史前文化、夜郎文化、红色文化、军政文化、佛教文化、民族文化等文化内涵，围绕建设"国家乡村公园"和"国家乡村度假目的地"的目标，大力实施 A 级旅游景区创建、精品旅游线路打造、旅游项目集聚群建设、乡村旅游提档升级和乡村旅游星级评定"五大工程"，加快推进以大娄山国际旅游度假区、官仓田园综合体旅游度假区、小西湖抗战文化旅游度假区、狮溪柏芷山山地户外运动度假区、九坝大健康旅游度假区、黄莲生态休闲旅游度假区为重点的"六大组团"旅游聚集群建设，将其打造成为国际度假公园。依托羊磴河谷古盐道、峡谷绿道和古生物化石等优势，将狮溪镇、芭蕉镇、水坝塘镇、羊磴镇和坡渡镇北部五镇打造成为山地户外运动与文化体验区。依托农业发展基础和优势，将官仓镇、高桥镇、花秋镇、风水镇、容光镇南部打造成为休闲农业体验区。加快推进山地旅游精品线打造和乡村旅游产品开发，积极推进农旅一体化项目建设，实施乡村旅游服务质量标准和服务能力提升行动，推动农村住宿餐饮、文化演艺、交通运输、商贸物流、农产品加工、民族手工艺等相关产业的发展。

四是大力发展农村电子商务。充分发挥桐梓县特色产品资源和高新区大数据产业优势，加快建设乡镇电子商务服务中心和村电商服务站（点）等农村电子商务发展平台，创新农村电商发展模式，着力培育和壮大农村电子商务市场主体。鼓励支持农业产业化龙头企业、农民专业合作社、家庭农场、专业大户等新型农业经营主体搭建农产品电子商务平台，充分利用现有的淘宝、天猫、美团、携程、贵农网等电子商务平台发展农产品网络销售。积极开展电子商务进农村综合示范项目创建活动，通过电子商务载体建设、服务体系搭建、配套政策出台和运营主体的培育，拓宽农特旅产品网销渠道，提高农村商品流通配送能力，不断完善电子商务发展软、硬件环境，全力打造桐梓县域电商生态圈，推动电子商务全产业链均衡全面发展。加强农村邮站与农村电商网店结合，以"黔邮乡情"微信平台为载体，帮助农户将农产品直销进城。

五是大力发展林下经济复合产业。依托丰富的森林资源，结合中药材种植基础，大力发展林下特色中药材种植。加快推进 GAP 规范化种植基地建设，积极申报地理标识产品，打造中药材品牌，大力推广 GAP 种植、GMP 生产、GSP 营销、CS 认证，提高中药材质量。积极开展林下特色食用菌、竹笋、蕨菜等蔬菜的采集利用，积极推进林下仿野生种植。进一步完善规划、合理布局、规范技术标准，扩大林下鸡畜禽的养殖规模。开发根雕、木雕、竹雕等，丰富旅游产品，延长产业链，提高产品附加值。

六是促进发展乡村科教服务业。发展农产品全产业链研发设计、农民创业创新孵化服务、农业科技培训咨询服务等业态，促进城乡科教服务业融合发展。引入民营机构、龙头企业、大专院校等多元主体，增强花、椒、果、药、畜等优势产业发展的技术保障。

七是健全农村生活消费服务业。深入推进"万村千乡市场工程"，根据当地农民需求，发展废旧物资回收、维修、信息咨询等服务业态，优化政策环境，吸引各类社会资本进入农村生活服务业，健全农村生活服务网络，引导农民服务消费绿色化，促进城乡生活服务均等发展。加快建设一批集购物、餐饮、娱乐、休闲等功能于一体的购物中心、综合商业广场和品牌特色商店等商贸综合体，建立村级养老服务中心、文化室、娱乐室等综合服务设施。

（二）加强农村基础设施建设，夯实脱贫攻坚基础

以"四在农家·美丽乡村"小康行动计划升级版为抓手，全面改善提升农村基础设施和人居环境，夯实脱贫基础。

一是以"小康路"为抓手完善农村交通网络。开展"四好农村路"示范县和示范项目创建工作，以优化加密农村公路网络为重点，大力实施农村公路硬化攻坚、农村公路优化提级、农村公路安全、农村公路长效管养、农村公路信息化、农村公路绿化美化、农村运输通达七大工程，建设结构合理、功能完善、畅通优美、安全便捷的"小康路"。通过"一事一议"等渠道，实施一批30户以下零散寨子的"组组通"项目建设，方便群众出行。深入推进国省干线公路提级改造工程，增强干线路网服务功能，形成以高速公路网为主骨架、国省干线公路网为纽带、农村公路网为延伸的"三网"相连、网网相通、覆盖全县、辐射重庆的公路交通网络。与农民文化广场等公共场所建

设相结合，规划建设农村"多功能"停车场，破解农村节假日停车难、乱停车问题。加强"通村村"农村出行服务平台推广应用，利用大数据为群众出行提供班车实时查询与呼叫、包车服务、物流配送、班车时刻表、一键呼叫客服、投诉与咨询等服务，全面解决农村群众出行难、车辆运营难问题。

二是以"小康水"为抓手完善农村水利设施网络。以解决农村饮水安全问题、提高农业灌溉能力、改善农村水环境为重点，统筹做好饮用水、灌溉水、生活污水、消防水、水环境"五水"文章，全面改善农村生产、生活、生态用水条件。实施农村饮水安全巩固提升工程，巩固提升供水水源，通过新建或改扩建集中供水厂、改造村级供水站、更新改造供水管网、实施城乡联网供水等，建立"从源头到龙头"的农村饮水安全工程建设和运行管护体系，全面解决农村饮水安全问题。

三是以"小康电"为抓手保障农村能源供给。全面实施乡村电气化提升工程，加快推进新一轮农村电网改造升级，加强县域电网与主网的联络，提高农村电网装备自动化、信息化水平，积极引入风电、光电等可再生能源作为电力供应，增强农村用电保障能力。着力实施农村电网供电能力提升、农村电网智能互联能力提升、农村供电服务能力提升和电网管理体制理顺四大工程，全面消除农村电网供电卡口和"低电压"现象，实现农村稳定可靠的供电服务全覆盖。

四是以"小康讯"为抓手夯实乡村信息化设施。以农村信息基础设施项目建设和构建信息普遍服务体系为重点，加快解决制约农村发展的信息高速公路"最后一公里"问题。大力实施通信水平全面提升工程，实施行政村通光纤建设，推进光纤进村入户，加快光纤局域网扩容升级，推动4G网络向农村地区深度覆盖。加强农村地区邮政快递基础设施建设，到2020年实现行政村"村村直通邮"和乡镇快递网点100%覆盖，使"黔货出山、网货下乡"通道更加顺畅。大力实施多彩贵州"广电云"户户用工程建设，巩固提升有线广播电视入户率。

五是以"小康绿"为抓手加强乡村生态保护与环境治理。以特色小镇、秀美村庄、富美乡村建设为重点，结合村庄形态、风俗习惯、人居环境推进村庄绿化，注重保护古树名木，注重乔灌花草搭配，做到层次有序、色彩丰富、四季有绿，充分体现村庄独特韵味，逐步形成"点上绿化成园、线上绿化成荫、面上绿化成林、村周绿化成环"的乡村绿化格局。围绕"山水林田湖草是一个生命共同体"的理念，实施生态保护和修复工程，对山、水、林、田、湖、草进行整体保护、系统修复、综合治理。加大地质灾害治理和矿山生态环境修复，重点实施煤矿采矿区治理和生态恢复工程，落实重要通道沿线周边采石场的关闭和植被恢复，消除地质灾害隐患，逐步恢复地表生态。

六是扎实推进农村人居环境整治三年行动，大力实施农村人居环境整治"三治三化"工程，加快推进"四在农家·美丽乡村"改善农村人居环境项目建设，切实改善农村人居环境。按照"集中处理为主，集中和分散相结合"的原则，加强污水处理厂及配套管网建设，推广分散型污水处理技术的应用，推进在有条件的地区扩大污水管网对农村的覆盖，推进污水处理厂从建设到第三方运营的转变。大力实施农村"厕所革命"，推进农村厕改工程建设，加快农村公厕进行"提档升级"。将电路灯与太阳能路灯相结合，深入实施村寨路灯亮化工程，在村寨主要道路、广场、路口等群众活动频繁、人口密集的场所实现路灯全覆盖。

（三）打好教育医疗住房"三保障"硬仗

一是深入实施教育脱贫攻坚行动，逐年提高财政资金支持教育脱贫攻坚的比重，加强乡村幼儿园建设，全面改善贫困地区乡村小规模学校和乡镇寄宿制学校办学条件。在贫困地区优先实施教育部《教育信息化2.0行动计划》，加强学校网络教学环境建设，共享优质教育资源。强化义务教育控辍保学联保联控责任制，确保贫困家庭适龄学生不因贫失学辍学。落实教育精准扶贫资助政策，提高农村义务教育学生和农村学前教育儿童营养改善计划膳食水平，对特殊困难家庭学生采取资助政策叠加的方式予以特别救助。大力推进职业教育精准脱贫计划，办好免费订单职业教育精准脱贫班。紧扣"能力培训、孵化创业、带动增收"三大环节，开展贫困村致富带头人培训，形成"教育培训+创业服务+政策扶持+带动致富"的"四位一体"扶贫创业致富带头人培育体系，到2022年累计贫困村致富带头人培训建档立卡贫困村平均每村至少培养5名创业带头人，每人带动3户以上贫困户脱贫。

二是深入实施健康扶贫工程，落实建档立卡贫困人口等医疗救助对象数据与新型农村合作医疗保险数据比对机制，全额资助建档立卡贫困人口个人参合缴费，确保新农合医疗保险覆盖所有贫困人口。大力实施贫困人口"五重医疗保障"，实行"先诊疗后付费"、"一站式"即时结算、分级诊疗等惠民措施，确保建档立卡贫困群众在定点医疗机构住院费用实际补偿比例达90%以上。推进全县贫困户家庭医生签约服务实现全覆盖，向贫困户提供常见病、多发病诊疗等基本医疗服务和公共卫生服务、个性化健康管理服务。

三是按照"应改尽改、应搬尽搬、应保尽保"原则，对新建、拆除重建和维修加固中的建档立卡贫困户、农村分散供养特困人员、重病户、贫困残疾人家庭及半年以上低保户按拆建3.5万元/户、修缮1.3万元/户标准进行补助，实现"住房安全有保障"脱贫底线目标。鼓励通过统建农村集体公租房及幸福大院、修缮加固现有闲置公房、置换或长期租赁村内闲置农房等方式，兜底解决自筹资金和投工投料能力困难的贫困户住房安全问题。

（四）加强脱贫攻坚支撑保障

一是强化财政投入保障。积极向上争取资金支持。紧跟中央、省、市政策导向，争取中央对贫困地区转移支付和中央财政专项扶贫资金，特别是上级一般性转移支付。统筹整合财政涉农资金，有力保障对贫困区域基础设施、产业、教育、医疗等方面的投入。做大财政收入"蛋糕"，在财力增量中，调整支出结构，优先安排用于扶贫投入。统筹各级财政专项扶贫资金向深度贫困村倾斜，给予更多支持。

二是加大金融扶贫支持力度。支持银行业金融机构精准对接脱贫攻坚金融服务需求，实现当地存款75%以上用于当地贷款投放，确保各项贷款增速高于贵州省、遵义市平均水平。加快政策性金融扶贫实验示范区建设，持续推进普惠金融及绿色金融建设，创新产业扶贫信贷产品和模式，规范用好"特惠贷"，建立健全金融支持产业发展与带动贫困户脱贫的挂钩机制和扶贫政策。用好脱贫攻坚投资基金，创新资金募集、投放、管理方式，吸引更多社会资金参与脱贫攻坚。建立完善农业保险、大病保险、农房保险等保障体系，重点围绕蔬菜、方竹、食用菌、生态家禽、肉牛等农业优势产业，积极开发推广"黔惠保"系列产品，减少农户因灾或因市场价格波动遭受的损失。

三是完善扶贫开发用地政策。建立村庄建设有规可依的长效管理机制，实现村庄规划全覆盖。挖掘土地优化利用潜力，用好土地整治等政策，引导农田集中连片、建设用地集约紧凑。用活用好增减挂钩政策，稳妥推进易地扶贫搬迁等旧房拆除复垦，争取流转交易更多的节余指标收益用于脱贫攻坚。鼓励农业生产和村庄建设等用地复合利用，拓展土地使用功能，提高集约利用水平。严格执行农村建房规划建设管理法规，规范乡村建设规划许可，严格宅基地审批管理，大力整治违法占地和违法建房，引导农民集中建房。完善农民闲置宅基地和闲置农房利用政策，探索宅基地"三权分置"改革方式，适度放活宅基地使用权。

四是实施人才和科技扶贫计划。建立健全人才服务脱贫攻坚的有效机制，扩大急需人才选派培养规模。在乡镇公务员招录中安排一定比例的岗位，面向在脱贫攻坚中表现优秀的村干部、大学生村官、第一书记和驻村干部定向招录；在事业单位招聘中安排一定比例的岗位，从建档立卡贫困对象中招聘。充分发挥农业科技人才在桐梓县产业扶贫中的重要作用，统一选派具有匹配主导产业专业特长的农业科技技术服务组，负责对乡（镇、街道）村级的主导产业进行规划、设计。每个贫困乡（镇）派驻一个专家组，每两个行政村配备一名技术人员。出台鼓励专业技术人员到贫困乡镇、贫困村进行在职或兼职定点帮扶的政策措施、管理办法，定期考核评比。依托现有培训资源，大力实施贫困劳动力全员培训、企业职工岗前培训、农村青壮年规范化培训、家庭服务业专项培训。

五是全力推进就业扶贫。坚持以深度贫困村和易地扶贫搬迁家庭劳动力为重点，以"三个一批"为抓手，对有就业需求和就业意愿的贫困劳动力组织转移就业一批，通过职业技能培训后推荐就业一批，开发公益岗位等政策兜底安置一批。转移就业依托对口帮扶城市和省内中心城市，根据市场需要，搭建就业与用工企业之间的供需平台，组织劳务输出。实施"双千工程"引进和培育工业企业、旅游企业、劳动密集型企业带动贫困人口就业，鼓励和引导企业优先吸纳当地贫困人口就业。

六是强化特殊贫困群体帮扶举措。将农村无业可扶和无力脱贫的人口全部纳入兜底保障范围。坚持分类施救，按当地城市低保标准1.3倍和照料护理标准提高特困人员供养待遇。继续完善"留守儿童""空巢老人"关爱制度。开展贫困残疾人脱贫行动，补好脱贫攻坚短板。

（五）深入开展扶贫扶志行动

改进过去简单给钱给物的帮扶方式，通过消除精神贫困，增强自主发展能力，引导群众开动脑筋，依靠自主实践、自我发展来摆脱贫困。

一是大力推进农村思想政治教育。扎实开展"牢记嘱托·感恩奋进"教育，深化"党的声音进万家·总书记话儿记心上"活动，深化"不返贫、能致富、共发展""重法治·感党恩·淳民风"农村思想政治教育活动，大力弘扬新时代贵州精神，坚决防止政策养懒汉、助长不劳而获和"等靠要"等不良风气。加强爱国主义、集体主义、社会主义教育，加强农村思想文化阵地建设，深入实施公民道德建设工程，挖掘农村传统道德教育资源，推进社会公德、职业道德、家庭美德、个人品德建设。推进诚信建设，强化农民的社会责任、规则意识、集体意识。深入宣传时代楷模、道德模范、身边好人的典型事迹，引导群众向上向善、孝老爱亲、重义守信、勤俭持家。

二是大力推进法治扶贫。加快推进公共法律服务实体、热线、网络"三大平台"建设，构建符合实际、覆盖城乡、惠及全民的公共法律服务体系。积极开展法治宣传教育扶贫，突出抓好贫困人口法律知识宣传普及。持续深入开展扫黑除恶专项斗争，加大对贫困村各类易发多发违法犯罪，特别是村霸、宗族恶势力的打击力度，防控严重暴力犯罪。重点强化对不尽赡养、扶养、抚养义务，隐瞒收入争当贫困户骗取国家扶贫政策等行为的依法打击力度。

三是大力推进"文军扶贫"。广泛开展"深入生活、扎根人民"主题实践活动，深入实施文化产业千村扶贫计划，公共文化资源重点向乡村倾斜，提供更多更好的农村公共文化产品和服务。鼓励文艺工作者不断推出反映农民生产生活尤其是反映乡村振兴实践的优秀文艺作品，着力推出一批反映扶贫脱贫先进典型的文艺作品。充分利用好农家书屋，做好公益电影放映、"三下乡"、"书香桐梓"全民阅读等文化惠民工程，提升贫困群众的公共文化服务获得感。大力开展文明村镇、星级文明户、文明家庭等群众性精神文明创建活动，修订完善村规民约，引导群众自我管理、自我教育、自我服务、自我提高，遏制大操大办、厚葬薄养、人情攀比等陈规陋习,形成良好家风、文明乡风、淳朴民风。

四是发挥榜样的力量。加强宣传积极脱贫、奋力脱贫、成功脱贫的典型代表,组织群众到搬迁户、产业项目点参观学习,激发群众自愿搬迁、参与产业发展的热情。加强社会主义市场经济观念和认知教育,继续加强实用技能培训,引导群众参与搬迁项目、产业项目等建设,教育引导群众"换穷业",提升群众发展生产、务工经商的能力。

(六) 深入推进全社会力量参与脱贫攻坚

一是扎实推进东西部扶贫协作和定点扶贫。以产业帮扶、人才支持、市场对接、劳务协作、资金支持等作为协作重点,深化东西部扶贫协作。

二是激励各类企业、社会组织和社会力量扶贫。持续推进"百企帮百村"行动,组织桐梓县非公企业以产业扶贫、就业扶贫、捐助扶贫等结对帮扶形式助力脱贫攻坚。积极组织社会力量,开展科技扶贫、智力扶贫。发挥群团组织作用,推进"建工会·促就业"行动,大力开展巾帼扶贫行动,充分发挥团县委"春晖行动"、红十字会"博爱家园"等载体作用,推动社会各方面资源向脱贫攻坚汇聚。

三是大力开展扶贫志愿服务活动。动员组织各类志愿服务团队、社会各界爱心人士开展扶贫志愿服务。引导退休干部、退休教师、退休医生、成功企业家等各方人士支持家乡脱贫攻坚。推进扶贫志愿服务制度化,建立扶贫志愿服务人员库,鼓励国家机关、企事业单位、人民团体、社会组织等组建常态化、专业化服务团队。

(七) 加强和改善党对脱贫攻坚工作的领导

一是完善脱贫攻坚责任机制。进一步压紧压实"五主五包"责任链,健全脱贫攻坚一线指挥部、村级作战队和组级战斗班运转机制,做到机构不撤、人员不减。强化党政一把手第一责任人的领导责任制，健全脱贫攻坚各级指挥机构工作机制，定期不定期组织调度和推进脱贫攻坚工作，切实提高工作效率。完善县、乡、村三级书记遍访贫困村贫困户机制，确保各项政策精准落地。县直各部门、各单位要紧紧围绕脱贫攻坚发挥职能作用，凝聚打赢脱贫攻坚战的强大合力。

二是完善脱贫攻坚考核监督评估机制。进一步完善扶贫考核评估工作，把脱贫攻坚工作列为领导干部年度述职重要考核内容，将其作为考核奖惩、选拔任用干部的重要依据，注重发挥考核的正向激励和反向惩戒作用。

三是发挥基层党组织的战斗堡垒作用。深入推进抓党建促脱贫攻坚，全面强化农村基层党组织战斗堡垒作用。选优配强"两委一队三个人"，对贫困村党组织书记履职情况进行分析研判。大力推动村党组织书记通过选举担任村主任。扎实开展驻村"轮战"工作，派强用好"第一书记"和驻村工作队。加强村级后备干部队伍建设，把政治过硬、能力突出、熟悉基层、热爱农村的优秀党员选配到村党组织书记岗位上来。全面实行村党组织书记调整任用县级备案管理制度。全面落实村"两委"联席会议、"四议两公开"和村务监督等工作制度。

（八）健全脱贫巩固提升机制

开展脱贫攻坚普查，重点调查已脱贫建档立卡人口"两不愁三保障"实现情况。建立健全防治返贫的预警监测机制，整合健康、教育、民政等部门数据，对已脱贫建档立卡人口和边缘人口进行动态监测，及时发现返贫风险，有针对性地采取帮扶措施。健全农村基层党组织，继续选优派强驻村第一书记、驻村工作队和帮扶责任人，建立农村返贫治理工作队伍，确保各项工作有人抓、有抓手、抓得牢、抓得好。加强返贫问题研究，提前思考、超前谋划，制定相应的防范返贫对策。按照"脱贫不脱钩、脱贫不脱政策、脱贫不脱帮扶"的原则，建立健全贫困户退出"后扶持"机制，在一定时期内保持扶贫开发政策不变、支持力度不减。加大就业帮扶力度和完善金融服务机制，通过产业发展和转移就业"双轮驱动"确保有劳动能力脱贫人口不返贫。加强扶贫项目后续管理及运营，发挥扶贫资金的最大效益，确保项目可持续发展，避免项目资产资源流失、故意损坏等问题，为巩固脱贫攻坚成果提供重要支撑。建立和完善村集体企业治理结构，推动村办企业、村集体经济从"能人经济"向现代企业治理转型，增强集体经济发展活力和动力。充分发挥民政社会救助兜底保障作用，加大临时性救助力度，完善扶贫救助制度，设立扶贫救助基金，增强突发性灾害救助能力，防止因病、因灾致贫。

镇远县巩固脱贫成果　助推乡村振兴

蔡　伟*

摘　要：近年来，镇远县落实"五个一批"，突出"六个精准"，集中一切力量、调动一切资源、穷尽一切办法，全力攻克贫困。2019年4月24日，贵州省政府正式批准18个县（区、市）退出贫困县序列，镇远县榜上有名，标志着镇远县终于打赢了这场脱贫"摘帽"攻坚战。镇远县以"脱贫出列"作为新起点，持续发力，尽锐出战，努力提升脱贫质量，以脱贫攻坚助推全县乡村振兴。

关键词：脱贫攻坚；乡村振兴；镇远县

近年来，镇远县坚持把脱贫攻坚作为头等大事和第一民生工程，坚持以脱贫攻坚统揽全县经济社会发展全局，坚持大扶贫工作格局，认真贯彻落实国家、贵州省、黔东南苗族侗族自治州扶贫开发的有关方针政策，紧紧围绕"两不愁三保障"目标，认真落实"五个一批""六个精准"脱贫措施，持续打好脱贫攻坚"四场硬仗"，用好"五步工作法"，统筹农业产业革命"八要素"，变"输血"为"造血"、变"大水漫灌"为"定向滴灌"，深入推进产业、金融扶贫、教育扶贫、党建扶贫等重点领域扶贫，探索建立了贫困户资金入股保底收益、代养收入、就业保收和扶贫资金投入等产业脱贫长效利益链接机制，创新开展了筑牢"红色堡垒"、激活"红色细胞"、扩大"红色覆盖"、

---

* 蔡伟，贵州省社会科学院区域经济研究所副研究员，研究方向为产业经济。

建强"红色阵地"、培育"红色头雁"、壮大"红色股份"、组建"红色联盟"、建设"红色基地"、打造"红色长廊"、选树"红色先锋"红色党建十项行动，农村贫困人口"四重医疗保障"、"先诊疗后付费"救治、医疗保障"一站式"即时结报全面落实，对口帮扶扎实推进，贫困地区办学条件全面改善，家庭经济困难学生资助实现全覆盖。截至 2017 年底，镇远县农村常住居民人均可支配收入达到 8485 元，较 2014 年增长 31.4%；全县九个贫困乡镇全部实现"减贫摘帽"，贫困人口从 2014 年的 5.78 万人减少到 2017 年的 0.44 万人，贫困发生率从 28.4%下降到 1.85%；全县扶贫龙头企业 13 个，建立联结贫困户的农民合作社 246 个，农民专业合作社实现贫困村全覆盖，带动贫困户 2 万余户；全县 110 个村全部实现"脱壳"，集体经济年收入均 5 万元以上，涌现出青溪镇铺田村、江古镇大岭村、都坪镇天印村、大地乡双坝村等一批集体经济示范村。为提升脱贫质量，确保 2020 年实现全面小康，镇远县以"脱贫出列"作为新起点，围绕党的十九大提出的乡村振兴战略这一重大战略部署，按照"产业兴旺、生态宜居、乡风文明、治理有效、生活富裕"总要求，立足镇远县乡村发展基础和优势，遵循乡村发展规律，有序实施乡村振兴战略。

一、发展基础

镇远县颇具特色的山地农业资源、文化旅游资源和日趋凸显的区位优势等条件，为全县乡村振兴战略的实施提供了良好的支撑条件。

（一）区位交通条件好

镇远县位于贵州省东部，地处湘黔两省三地（湖南省怀化市，贵州省黔东南苗族侗族自治州、铜仁市）交界地区，与湖南省新晃侗族自治县，贵州省铜仁市石阡县、玉屏县，黔东南苗族侗族自治州岑巩县、三穗县、剑河县、施秉七县接壤，素有"滇楚锁钥、黔东门户"之称。镇远县交通便利，距凯里黄平机场 70 千米，距铜仁机场 90 千米，距湖南芷江机场 170 千米，距贵阳龙洞堡机场 270 千米。镇远县境内有湘黔铁路、株六复线铁路、沪昆高速公路（G60）、沿榕高速公路（S25）、天黄高速公路（S84）、沪昆高铁、320 国道穿过。基础设施的完善，为优化农村农业投资环境、拓展农产品市场、拉动农业经济增长和增强农业对外交流提供了有效支撑，有利于乡村振兴战略的实施。

（二）特色农业初具规模

2017 年，镇远县第一产业产值达 13.2 亿元，同比增长 6.4%，总量和增速居黔东南苗族侗族自治州第二位，比 2015 年增长 27.4%，年均增长 12.9%。农林牧渔业总产值达 13.64 亿元，同比增长 6.5%（按可比价计算），居黔东南苗族侗族自治州第二位，比 2015 年增长 29.4%，年均增长 12.2%。特色蔬菜、精品水果产业取得了长足发展，蔬菜、水果种植面积分别达到 13.16 万亩、6.71 万亩，分别较 2015 年增长 52.8%、11.8%；蔬菜、水果产量分别实现 23 万吨、5.24 万吨，分别较 2015 年增长 35.3%、80.7%。以镇远红桃、葡萄、青脆李为代表的特色精品水果发展成效突出，规范化精品水果种植面积达 4.65 万亩，产量达 5.24 万吨，实现产值 3.2 亿元。以玫瑰花和牡丹花为主的花卉产业发展迅速，截至 2017 年底镇远县已完成 7904 亩花卉种植。畜牧业比重逐年提高，2017 年畜牧业实现增加值 3.37 亿元，占农林牧渔业增加值的 24.7%，比 2015 年提高了 1.2 个百分点。农产品质量品牌建设初显成效，成功创建省级有机产品认证示范县。农村电商、乡村旅游等新业态发展迅猛，在淘宝、天猫、携程网、去哪儿网、美团等国内知名电商平台开设网店超过 800 家。

（三）乡村文化旅游资源丰富

镇远县属亚热带季风湿润气候，气候温和，雨水充沛，四季分明，水热同季，冬无严寒，夏无酷暑。镇远县森林面积 11 万公顷，森林覆盖率为 58%，生态气候条件良好，处于有利于长寿养生的优质空间，有利于发展农村休闲康养、养生养老服务产业条件。镇远县民族文化丰富多彩，拥有侗族、苗族等 20 余个世居民族，是汉族与少数民族和睦相处，中原文化、荆楚文化、巴蜀文化、吴越文化、闽粤文化、土著文化与城外文化融合的古城，多民族、多宗教、多社会的博物馆，被誉为"世界文化保护圈"。镇远县拥有国家级风景名胜区潕阳河风景区，国家级重点文物保护单位青龙洞古建筑群、镇远城，省级风景名胜区高过河自然风景区等风景名胜，是集文化名城、名山丽水、自然文化、民族风情于一体的完美山水古城和休闲度假胜地。镇远县古朴浓郁的民族风情与神秘雄奇的山水风光、清新淳朴的田园风光交相辉映，为发展全域旅游和更好地实现乡村振兴提供了绝好的资源支撑。

（四）山地农特资源品质突出

镇远县四季分明、雨量充沛，特殊的地理位置与地形地貌，为发展无公害、绿色和有机农产品提供了天然理想场所，非常有利于生态畜牧、茶叶、蔬菜、精品水果、特色食粮和特色渔业等特色优势产业的发展，造就了独具特色的山地农业资源。为镇远县适应新时代农产品的多元化生产和消费升级，发展现代化山地特色高效农业，实施乡村振兴战略提供了有利条件。

（五）农村生产生活条件明显改善

以交通、水利、通信为重点的基础设施建设稳步推进，农村清洁风暴行动启动实施，农村人居环境整治三年行动扎实推进，农村面貌焕然一新。截至 2017 年，镇远县"乡乡通"二级公路基本实现，所有建制村通沥青路或水泥路，农村客运通车率达 100%；县、乡、村三级河长制全面落实，水生态环境进一步优化，耕地有效灌溉面积达到 23.94 万亩；通信基础设施实现升级换代加快推进，建成通信光缆 3015 千米，移动基站 234 个，实现村域通信全覆盖；电视"村村通""户户通"综合覆盖率达 100%；农村污水处理和人畜分离有序推进，户集、村收、镇运、县处理的农村垃圾处理模式基本形成；县、乡、村三级服务体系建设，物流配送网络建设和农村 50 户以上木质连片村寨消防安全"六改"工作取得成效。

（六）乡村治理水平显著提升

"铸魂行动、红色党建"深化实施，村级活动场所标准化和规范化建设深入推进，村务公开"五个统一"模式全面推行，"四议两公开"制度全面落实，乡村治理水平显著提升。村干部坐班工作制度全面实行，"村驻镇""镇驻村"工作模式和"九个一"群众工作法持续推行，推动村级办公议事、党员活动、教育培训、便民服务等服务能力和水平切实提升。整合涉农资金项目和村级集体资金资产资源作为红色股本，创建了一批由村党组织领头创办的合作社、企业等集体经济实体，或参股经营合作社、企业等经营主体，发展壮大村级集体经济。探索总结形成"党支部+企业+合作社+基地+贫困户""党建引领、村社一体、合股联营""十户一体""三带三同""QQ 扶贫农民""跨村联建"等可复制推广的成功模式和经验。

（七）发展活力不断增强

农村土地承包经营权确权登记颁证工作顺利通过省级验收，土地流转规模不断壮大，规模化、组织化经营不断提高。农村金融组织创新、产品创新和服务创新深入推进，稳定增加了支农信贷和小额信贷

规模，为推动农业农村现代化建设、农民增收提供强力支撑。农村
"三权"促"三变"改革不断深化，农业农村经济发展活力进一步
激发。

二、总体要求

以"脱贫出列"作为新起点，围绕如期实现全面建成小康社会和
实现第二个百年奋斗目标的战略部署，以习近平新时代中国特色社会
主义思想为指导，全面贯彻党的十九大精神和习近平总书记关于"五
个振兴"实现乡村全面振兴的重要指示精神，全面落实中央、贵州
省、黔东南苗族侗族自治州实施乡村振兴战略的安排部署，牢固树立
新发展理念，落实高质量发展要求，统筹推进"五位一体"总体布局
和协调推进"四个全面"战略布局，坚持以供给侧结构性改革为主
线，按照产业兴旺、生态宜居、乡风文明、治理有效、生活富裕的总
要求，围绕"四园四美五振兴"重点任务，以新时代"四在农家·美
丽乡村"升级版创建为抓手，以建立健全城乡融合发展体制机制和政
策体系为动力，守好发展和生态两条底线，全面推进农村产业革命
"八要素"，践行"五步工作法"，推进乡村产业振兴、人才振兴、文
化振兴、生态振兴、组织振兴"五个振兴"，加快推进农业农村现代
化，让农业成为有奔头的产业，让农民成为有吸引力的职业，让农村
成为安居乐业的美丽家园，努力建设富裕、活力、文明、宜居、和谐
乡村，奋力谱写新时代镇远县乡村发展新篇章。

三、振兴路径

着力推进脱贫攻坚，着力发展现代山地特色高效农业，着力推动
旅游提质升级、"旅游+"融合发展，着力补齐农业农村基础设施和公

共服务短板，着力加强农村文化建设，着力提升乡村人居环境，着力健全乡村治理体系，把镇远县打造成为"产业强、百姓富、生态美、乡村全面振兴"的乡村振兴"样板"。

（一） 持续巩固提升脱贫攻坚成果

坚持脱贫攻坚不放松、不停顿、不懈怠，巩固脱贫攻坚成果，提升脱贫攻坚质量夯实乡村振兴基础。围绕"一达标两不愁三保障"目标，聚焦深度贫困地区和特殊贫困群体，深入实施打赢脱贫攻坚战三年行动，全力打好基础设施建设、产业扶贫、易地扶贫搬迁、教育医疗住房"三保障"四场硬仗，着力补齐贫困地区发展"短板"，引领贫困地区农业农村发展迈上新台阶。深入推进全社会力量参与脱贫攻坚。做好脱贫攻坚风险防范工作，防范产业扶贫市场风险，防止产业项目盲目跟风、"一刀切"造成的损失；防止金融机构借支持脱贫攻坚名义违法违规提供融资；做好群众疏导工作，及时研究解决扶贫领域矛盾纠纷信访问题，坚决防止贫困户和其他农户因享受政策利益失衡而引发矛盾；加强脱贫攻坚舆情监测，及时引导社会舆论。推广"保底收益+按股分红"等模式，对财政资金投入农业农村形成的经营性资产，鼓励各地探索将其折股量化到集体经济组织成员。推广财政专项扶贫资金"三权分置"（所有权归村集体、使用权归经营主体、收益权归农户）管理，量化到村到户，确保贫困户分配比例必须占盈利的70%以上。认真贯彻落实好60%的财政专项扶贫资金可用于"三变"改革发展扶贫产业政策，以直接发展产业、量化入股、投入合作社、发展村级集体经济等方式，覆盖所有贫困户，明确贫困户在产业链、利益链、价值链中的环节和份额。

（二） 发展壮大现代山地特色高效农业

紧扣"稳烤烟、增两花（花椒、花卉）、扩果蔬（精品水果、蔬菜）、强畜禽"的产业发展方向，调优农业产业结构和布局，着力强化政策、科技、设施装备、人才和体制支撑，着力推进农业生产经营专业化、标准化、规模化、集约化发展，加快建成高产、优质、生态、安全的现代山地特色高效农业产业体系。一是做强花卉"育种—种植—观赏—加工—贸易"龙头产业。把花卉产业作为"一县一业"重点发展，加快推进花卉种子（种苗、种球）繁育基地建设，建成高档花卉生产基地。培育壮大鲜花化妆品、食品、保健品、调味品、药品等后端精深加工产业。鼓励引导花卉种植增施有机肥，在花卉主产乡镇全面集成推广测土平衡施肥，在高效花卉园推广肥水一体精准施肥。围绕花卉资源，建设以镇远县为中心，辐射周边县市的集鲜切花、花卉制品、绿化苗木、名贵花木、鲜花绿植、艺术盆景、观赏奇石、生产资料等批发和零售为一体的标准化、规范化、规模化花卉苗木综合交易市场。二是加大烟水工程、烟区道路、烟田综合整治等项目建设力度，完善育苗、烘烤等配套设施建设，加快田间生产环节机械作业，做稳烤烟产业。三是结合镇远县的资源条件和产业基础，以坝区优质土地资源为依托，重点发展时令蔬菜和辣椒种植。大力推广烟—菜种植模式，在烤烟种植冬闲茬口，种植豆类（蚕豆、豌豆）和其他冬季蔬菜。四是按照全产业链、全供应链、全价值链转型升级的基本思路，做强花椒种植及花椒精深加工产业。五是按照"1+6+5"（1个核心区、6个重点区、5个发展区）发展思路，优化镇远县精品水果产业布局。以㵲阳镇为重点，加快推进白杨坪、黄桑田、魏家屯、沿河村、苦李坪、西门村等村连片开发，以红桃为主、李和梨为辅，打造镇远最大"桃李梨"生产基地和产业聚集区，建成全县的精品水果核心区。六是做优"种—养—加"一体的畜禽产业。依托种植畜草和粮食秸秆回收利用，发展畜草饲料加工。以生猪、肉牛、家禽为重点，优化畜禽产业结构和布局。引进一批畜牧深加工企业，加工具有地方特色的畜牧产品，增加畜产品的附加值，提高畜产品的市场竞争力和经济效益。引进培育有机肥加工企业，加大养畜副产品和废弃物资源化综合利用。

（三）大力发展农村产业

一是加快乡村旅游和休闲农业发展。加快构建"一核两带多点"的乡村全域旅游发展格局。"一核"以金堡乡、报京乡、瀼阳镇、尚寨乡、江古乡、蕉溪乡、涌溪乡等乡镇为发展核心区，打造民族民俗旅游目的地。"两带"指羊场—报京乡村旅游观光带和瀼阳河沿岸乡村休闲度假旅游带。羊场—报京乡村旅游观光带依托羊场休闲养老文化、报京北侗文化等资源，打造民族风情体验、养老养生、旅游探险、休闲度假乡村旅游观光带。瀼阳河沿岸乡村休闲度假旅游带依托瀼阳河沿岸的山水自然风光、生态田园等资源，打造集休闲度假、户外康体养生为一体的乡村休闲度假旅游带。"多点"指建设一批集度假、休闲、体验、观光、娱乐等功能为一体的特色旅游村寨；加快推进农产品生产基地和农业园区景区化建设，打造一批特色生态农业观光体验园。加快构建以生态观光、文化风情、运动休闲、避暑度假、农耕体验、康体养生等产业互动发展的农文旅融合旅游产品体系。加强乡村交通、停车场、厕所、住宿、餐饮、信息等基础设施建设，深入开展农家乐、休闲农业企业提质增效和星级示范创建行动，强化乡村旅游从业人员培训服务，着力构建乡村旅游营销体系，提升乡村旅游服务质量标准和服务能力。二是大力发展农村电子商务。加强与国内各大电商平台的深入合作，拓宽线上交易业务。支持引导企业入驻贵州电子商务云、贵农网、农经网等电子商务平台，加快推进国家电子商务进农村综合示范县建设，促进农村电商运营中心和农村电商服务站点快速发展，实现电商服务辐射所有贫困村。三是加快发展农产品加工业。实施农林产品加工业提升行动，着力推进农业与工业全产业链融合。加快发展鲜花（干花）、果品、蔬菜、肉制品等农产品初加工，支持农户和农民合作社改善储藏、保鲜、烘干、清选分级、包装等设施装备条件，积极推广采用方便适用技术。以黔东开发区和农业园区为载体，着力引进一批精深加工企业、培育支持一批农民专业合作社，推动传统产业链向差异化、功能化、高端化延伸，积极发展萃取植物精华产品和开发食药同源食品。四是大力发展林下经济复合产业。依托丰富的森林资源，结合中药材种植基础，大力发展林下特色中药材种植，扩大林下鸡、猪、牛、羊等畜禽的养殖规模。继续推进扩大竹鼠、野鸡、野猪、蛇等野生动物的驯养繁殖。开发根雕、木雕、竹雕等，丰富旅游产品，延长产业链，提高产品附加值。五是深度开发㵲阳河、高过河、铁溪景区潜在的森林旅游资源，增加观光电梯、观光缆车、观光轨道、森林步道等旅游设施，打造森林疗养、森林康复、森林度假等一批精品项目，提升景点景区质量和接待能力。加快推进杨坪温泉配套的森林温泉度假疗养基地建设，打造特色森林康养基地。六是促进发展乡村科教服务业。发展农产品全产业链研发设计、农民创业创新孵化服务、农业科技培训咨询服务等业态，促进城乡科教服务业融合发展。引入民营机构、龙头企业、大专院校等多元主体，增强花、椒、果、药、畜等优势产业发展的技术保障。七是健全农村生活消费服务业体系。深入推进"万村千乡市场工程"，根据当地农民需求，发展理发、废旧物资回收、维修、信息咨询等服务业态，优化政策环境，吸引各类社会资本进入农村生活服务业，健全农村生活服务网络，引导农民服务消费绿色化，促进城乡生活服务均等发展。

（四）加强美丽乡村建设，建设美丽宜居新家园

践行"绿水青山就是金山银山"理念，深入实施大生态战略行动，加快推进"四在农家·美丽乡村"小康行动计划升级版建设，着力建设设施便捷完善、村容村貌整洁、山绿水清景美、宜居宜业宜游、人与自然和谐共生的生态宜居乡村。坚持绿色兴农，深入实施农村清

洁工程，扎实推进"一控两减三基本"，加强农业面源污染防治，推动农业可持续发展。加快补齐农村交通、水利、能源、信息等基础设施短板，促进城乡基础设施互联互通，全面改善提升农村基础设施条件。大力实施农村人居环境整治三年行动计划和村庄清洁行动"三清一改"，持续开展农村"清洁风暴"行动，以农村生活垃圾、污水处理、厕所革命为重点，推进村容村貌整治，着力改变影响农村人居环境的不良习惯，提升村容寨貌和农村居民生活面貌。遵循乡村生态系统内在机理和规律，坚持自然恢复力为主，大力实施乡村生态保护与修复重大工程，完善重要生态系统保护制度，促进乡村生产生活环境稳步改善，自然生态系统功能和稳定性全面提升，确保到 2022 年，全县森林覆盖率达 60% 以上，森林蓄积量达 655 万立方米以上。牢固树立"山水林田湖草是一个生命共同体"的理念，坚持保护优先、自然恢复为主的方针，构建统一规范高效的生态系统保护制度体系，守护好"天蓝、地绿、水清、气净"良好环境。着力发展生态旅游、现代高效林业等产业，打造乡村生态产业链，将乡村生态优势转化为发展优势。以森林公园、湿地公园、风景名胜旅游景区和花卉苗木园区、基地为重点，开发观光、度假、休闲、健康养生、探险、"森林人家"等特色旅游产品，打造生态旅游品牌，创建一批特色生态旅游示范村镇。

（五）繁荣兴盛农村优秀文化，建设乡风文明新学园

坚持以社会主义核心价值观为引领，大力弘扬民族精神和时代精神，培育文明乡风、良好家风、淳朴民风，不断提高乡村社会的文明程度，打造乡村文明新风貌。一是加强农村思想道德建设。持续推进农村精神文明建设，提高农民思想觉悟、道德水准和文明素养，提高农村社会文明程度，为乡村振兴奠定坚实的思想道德基础。深入开展面向乡村的理论讲习，让"三个倡导"为代表的中国特色社会主义核

心价值观家喻户晓、落地生根。强力推动新时代农民讲习所建设，切实发挥文化阵地作用，有针对性地加强农村群众性思想政治工作。深入开展面向乡村的理论学习宣传普及，让习近平新时代中国特色社会主义思想在镇远县家喻户晓、落地生根。大力开展农村精神文明创建活动，以开展"星级文明户""最美家庭""好儿女""好婆媳""好邻居"等评选活动，以身边人、身边事为教材教育引导广大群众。大力倡导诚信道德规范，大力弘扬时代新风，遏制农村不良风气，保护优秀村落传统文化，实现"美在农家"。实施忠心、爱心、恭心、关心、孝心、信心"六心"教育行动，激励农民崇德向善，提升乡村道德水平。二是加强乡村文化建设，传承发展乡村优秀文化，充分发挥镇远县历史文化、民族文化、河商文化、山水文化、红色文化、宗教文化等地方特色文化优势，创造性转化、创新性发展乡村传统民族文化，讲好"镇远故事"，以现代理念、优秀文化引领乡村振兴。强化乡村公共文化服务，完善乡村公共文化设施，加快县、乡、村公共文化设施建设，逐步完善县、乡（镇）、村（社区）公共文化服务网络，重点实施一批乡村文化服务设施建设，推进乡村文化服务中心、农村节日舞台、农家数字书屋等文化基础设施建设。建立健全乡村公共文化服务体系。按照公益性、基本性、均等性和便利性的原则，推动村镇文化、社区文化、校园文化、老年文化、民间文化、家庭文化建设协调发展。增加公共文化产品和服务供给。广泛开展文化科技卫生"三下乡"和"名城大舞台走进乡村"等文化进万家等文化惠民活动，着力开发适宜新时代农民特点的活动内容，创新活动形式，提升文化服务，通过喜闻乐见的节目，丰富农民精神文化生活，满足群众日益增长的精神文化需求，滋养乡风文明。加强乡村公共文化队伍建设。配齐配强基层文化中心工作人员，切实选用具有一定专业基础的文化工作者，严把基层综合文化中心用人关，规范任用程序。三是发展壮大乡村文化产业。实施乡村文化产业振兴战略，挖掘乡村文化经济价值，推进镇远乡村民族特色文化资源优势转化为经济优势。推进非物质文化遗产合理利用与文化旅游协调发展，大力发展民族服饰、民族美食、手工制品等非物质文化遗产衍生产品，重点在潕阳河十八湾、青溪镇、报京乡等地增设非物质文化遗产原生态文化活态展示区，开展非物质文化遗产特色的民俗活动、展演活动。大力发展以民族技艺、民族演艺、民族音乐、民族节庆、民族体育文化为特征的民族文化产业和民族体育产业。实施乡村传统工艺振兴计划，大力发展民族刺绣、银饰、织布、蜡染、食品等传统工艺产品。扶持乡村文化市场主体，鼓励扶持乡村非遗传承人、乡村能人注册成为个体工商户经营乡村文化产业，鼓励特色村寨成立乡村文化产业专业合作社发展文化经济，鼓励扶持一批小微企业到乡村从事文化经营，引进优质企业推进乡村文化产业提级改造、打造高端乡村文化产品。

（六）推动乡村组织振兴，建设平安和谐新乐园

坚持和加强党对农村工作的全面领导，走自治、法治、德治相结合的善治之路，建立健全党委领导、政府负责、社会协同、公众参与、法制保障的现代乡村社会治理体制，打造平安和谐乡村。一是加强农村基层党组织建设，以提升组织力为重点，突出政治功能，把农村基层党组织建设成为宣传党的主张、贯彻党的决定、领导基层治理、团结动员群众、推动改革发展的坚强战斗堡垒。坚持党对农村工作的全面领导，确保党在农村工作中总揽全局、协调各方。健全以村党组织为核心，村民委员会、村务监督委员会、集体经济组织、社会组织广泛参与的村级组织体系，村级阵地统一挂村党支部（总支）、村委会、村监委、村集体经济合作社"四块牌子"，在村级党组织的领导下合署办公，实施"党建+"扶贫、产业、网格，充分发挥党支部的战斗堡垒作用和党员的先锋模范作用。强化农村党组织带头人队伍建设，实施村级党组织带头人队伍整体优化提升行动，选优配强村"两委"

班子特别是党组织书记，把政治过硬、能力突出、熟悉基层、热爱农村的优秀党员选配到村党组织书记岗位上来。积极探索优秀书记跨村兼职、机关干部脱产任职、选派优秀干部到县乡挂职任职和到村担任第一书记等方式，推动村党组织书记队伍整体优化提升。加强农村党员队伍建设。二是推进农村自治、法治、德治有机结合，坚持自治为基、法治为本、德治为先，健全和创新农村党组织领导的充满活力的村民自治机制，强化法律权威地位，以德治滋养法制、涵养自治，构建党组织领导下自治、法治、德治相结合的乡村善治格局。三是加快平安乡村建设，健全落实社会治安综合治理各级党委一把手负责制，建立健全乡村社会安全管控的群防群治机制，深入推进社会治安综合治理，持续开展农村安全隐患排查治理和矛盾纠纷排查化解。深入开展扫黑除恶专项斗争，依法严厉打击农村黑恶势力、极端宗族恶势力、家族恶势力、"村霸"，严厉打击黄赌毒、盗拐骗、破坏生态、网络诈骗、非法传销等违法犯罪行为。依法打击农村非法宗教活动和各类邪教违法犯罪活动，继续整治农村私建乱建庙宇、滥塑宗教造像，打击挤压邪教生存空间，遏制邪教在农村发展蔓延，防范邪教侵害群众利益。四是加强基层政权建设，科学设置乡镇机构，构建简约高效的基层管理体制，健全农村社区服务体系，夯实乡村治理基础。

（七）保障和改善民生，创造生活富裕新乡村

围绕农民群众最关心、最直接、最现实的利益问题，推进农村民生建设，提高农村生活保障，把乡村建设成为幸福美丽新家园。一是促进农村劳动力就业创业，深入实施乡村就业创业促进行动，持续提升统筹城乡公共就业服务能力，不断提升农民就业与创业质量。二是优先发展农村教育事业，全面深化教育领域综合改革，加快义务教育均衡发展，积极发展农村学前教育，加强乡村教师队伍建设，构建更加完备的教育体系，推进农村教育信息化建设，保障农村所有适龄儿

童、少年享有平等受教育的权利，促进教育均衡和教育公平。三是加快推进健康乡村建设。坚持基本医疗服务事业的公益性，加快制订"乡村医疗卫生服务能力提升计划"，完善城乡医疗卫生和公共卫生服务体系，加强乡村医疗卫生服务能力建设，倡导健康生活方式，促进农村人口健康素质进一步提高。四是持续改善农村养老服务，深入实施农村养老服务体系"四个一"工程，全面建立以居家为基础、幸福院养老服务为依托、区域性养老服务中心（敬老院）为支撑、其他养老服务机构为补充医养相结合的多层次农村养老服务体系。五是加快完善农村社会保障体系，按照兜底线、织密网、建机制的要求，全面建成覆盖全民、城乡统筹、权责清晰、保障适度、可持续的多层次社会保障体系。六是加强农村防灾减灾救灾能力建设，健全统筹城乡防灾减灾救灾机制，加强农村防灾减灾救灾预测预警体系、公共设施建设、专业救援队伍建设，提升农村防灾减灾救灾能力。到2022年，基本形成乡村灾害应急指挥体系，搭建以县为中心，连接乡镇、深入村组的预警信息服务体系和应急物资储备体系，农村避灾场所和农村基层警务室实现全覆盖。

（八）强化资源要素，保障全面推动乡村振兴

以破除城乡要素流动体制机制障碍为重点，加快推动城乡生产要素的自由流动，建立城乡统一、主体平等、产权明晰、合理有序的要素市场。一是加强农村人才队伍建设，建立有效的激励机制，增强乡村对人才的吸引力、向心力、凝聚力，促进各类人才到农村。强化农业科技领军人才"领头雁"作用，支持各类人才返乡，培育壮大新乡贤队伍，吸引社会各界投身乡村发展。通过特设岗位，鼓励和引导高层次急需紧缺人才到基层一线工作。推广完善贫困地区招录扶贫专干，进一步充实村级基层力量。二是强化用地保障，预留部分规划建设用地指标，用于单独选址的农业设施和休闲旅游设施等建设，发展农村

新产业新业态。规范设施农用地管理,对于农业生产过程中所需各类生产设施和附属设施用地以及由于农业规模经营必须兴建的配套设施,在不占用永久基本农田的前提下,纳入设施农用地管理,加大用地保障力度。三是加大投融资力度,创新财政资金投入方式,通过财政金融联动、创新投融资机制,用足、用好、用活脱贫攻坚投资基金和政策性融资担保政策,加大对新型农业经营主体支持力度。加强与国家开发银行、中国农业发展银行的对接,加大信贷支持。支持农村信用社改制成农商银行,鼓励大中型商业银行延伸服务到重点乡镇,开发保证保险贷款产品,多渠道募集资金。四是加快组建镇远县农业投资公司,建立完善农业投资公司平台,以农业投资公司平台,争取上级政府农业投资平台公司的资金和项目,承接财政支农投资项目。五是按照"扩面、增品、提标"的要求,以绿色产业扶贫投资基金投放为切入点,深入推进政策性家禽养殖保险和蔬菜种植保险全覆盖,大力发展地方特色农业产业保险,建立政府、经营主体(农户)、保险公司共同参与的风险分担机制。

(九) 加强组织保障

加快成立镇远县乡村振兴工作领导小组,落实党政一把手"第一责任人"的职责,强化县委书记"一线总指挥"作用,各乡镇党政一把手为第一责任人。县各有关部门要按照职责,加强工作指导,做好协同配合,形成乡村振兴工作发展合力。加强县、乡两级农业服务中心的机构设置和人员配置,充分发挥好决策参谋、统筹协调、政策指导、推动落实、督察指导等职能。十大产业专班、各乡镇党委政府、各有关责任部门、各驻村工作队要乡村振兴与产业革命统筹部署、同抓落实,要承担责任,各司其职,主动作为,进一步细化措施。完善进度报告制度,各乡镇党委、政府每年要向县委、县政府报告推进乡村振兴战略的实施情况。建立完善目标管理机制,对各乡镇各部门乡村振兴战略实施情况加强跟踪督办，进一步压紧压实领导班子和领导干部责任。将乡村振兴战略规划实施成效纳入县相关部门和各乡镇的年度绩效考评内容，考核结果作为党政干部年度考核、选拔任用的重要依据，确保各项目标任务的完成落实。要明确约束性指标以及重大工程、重大项目、重大政策和重要改革任务，明确责任主体和进度要求，确保质量和效果。加强乡村统计工作和数据开发应用，确保相关数据真实准确。建立规划实施督促检查和第三方评价机制，聘请第三方科研评估机构开展规划评估工作。

（十）注重典型示范

开展乡村振兴试点示范，从乡村发展的难点、焦点中寻找突破口和切入点，推动顶层设计和基层实践探索良性互动、有机结合，坚持改革创新发展。乡村振兴先行示范村要推动产业更优、村庄更美、乡风更好、实力更强、农民更富，要突出效益提升、品质提档，促进农业增效、农民增收、农村发展，实现"外在美"和"内在美"的有机统一。要凝聚各方力量，打好集体经济壮大攻坚战、农民增收致富攻坚战、人居环境整治攻坚战，全力支持乡村振兴建设。组织开展乡村振兴试点示范村建设，做好乡村振兴典型经验的挖掘和总结工作，加强经验交流推广，带动全县乡村全面振兴。要充分利用微信、电视、广播等宣传渠道，加大乡村振兴的宣传力度，要准确宣传解读中央和贵州省委、省政府乡村振兴战略决策部署和政策举措，让干部群众知晓政策、理解政策、配合执行好政策。积极总结提炼工作开展中的好经验、好做法，加强先进典型的宣传，营造良好氛围。

（十一）动员社会参与

各地方、各部门要深入持久开展宣传，引导社会各界深刻认识实施乡村振兴战略重大意义，树立振兴美丽乡村人人有责的良好氛围。

发挥工会、共青团、妇联、科协等群众组织的优势和力量，发挥各民主党派、工商联、无党派人士的积极作用，最大限度地凝聚全社会力量和共识。建立乡村振兴专家咨询制度，组织智库加强理论研究。充分尊重群众意愿，激发乡村内生动力，通过汇聚广大农民群众的力量和智慧，形成全体人民群策群力、共建共享的乡村振兴新局面。

镇宁布依族苗族自治县推进脱贫攻坚与乡村振兴有效衔接研究

陈绍宥*

摘　要： 脱贫攻坚与乡村振兴都是党和国家为解决农村发展问题作出的重大战略部署，但两者具有阶段性目标的差异性。本文以镇宁布依族苗族自治县为研究样本，通过对该县的基本情况、推进脱贫攻坚与乡村振兴衔接的条件等进行分析，提出了该县推进脱贫攻坚与乡村振兴有效衔接的重点和相关政策建议。

关键词： 乡村振兴；脱贫攻坚；镇宁布依族苗族自治县

当前，脱贫攻坚已进入攻坚关键阶段，举全国之力决胜脱贫攻坚是当前最重要最紧迫的任务。2020 年，我国将取得脱贫攻坚的全面胜利，农村贫困将得到彻底解决，但是脱贫仅是对农村发展的基本要求，人民对美好生活期待的愿望越来越强烈，人民过上幸福生活是国家奋斗的目标。为此，国家适时提出了实施乡村振兴战略，力求在脱贫攻坚成果的基础上推进乡村振兴，实现农村全面发展。脱贫攻坚与乡村振兴都是党和国家为解决农村发展问题做出的重大战略部署，但两者具有阶段性目标的差异性，在脱贫攻坚目标即将完成之际，如何巩固

* 陈绍宥，贵州省社会科学院区域经济研究所副研究员，研究方向为区域经济、产业经济。

脱贫攻坚成果，总结脱贫攻坚经验，利用脱贫攻坚智慧，推进脱贫攻坚与乡村振兴衔接是今后相当长时间的一项重要工作。国家乡村振兴战略提出要着力做好脱贫攻坚与乡村振兴的衔接。习近平总书记在毕节试验区成立30周年之际对毕节试验区工作作出重要指示，指出要着眼长远、提前谋划，做好同2020年后乡村振兴战略的衔接。为此，立足于脱贫攻坚和乡村振兴的具体实施者主要是县级层面的实际，选择镇宁布依族苗族自治县（以下简称"镇宁县"）为研究样本，研究脱贫攻坚与乡村振兴衔接的重要意义。

一、镇宁县基本情况

（一）要素禀赋状况

镇宁县自古以来就有"黔滇锁匙"之称，下辖5个街道，7个镇，3个乡，总面积1717.3平方千米。沪昆、六镇、惠兴3条高速公路横贯南北，镇宁县境内拥有8个高速公路出入口，能快速通达各交通要线。全年平均气温15.7℃，全年有364天空气质量保持优良以上，雨量充沛，气候宜人，全年舒适期长达8个月。镇宁县文化底蕴深厚，夜郎文化闻名中外，拥有"勒尤""铜鼓十二调"等非物质文化遗产，有孟获屯、孔明塘等多处三国时期遗迹。镇宁县是多民族聚居地，长期居住着汉族、布依族、苗族、仡佬族等30个民族，少数民族占户籍人口的53%，民族特色突出，民族风情十分浓郁。镇宁县资源丰富、潜力无限，全县水力理论蕴藏量达29.98万千瓦，生物资源种类繁多，境内矿产资源种类多，储量丰富。

（二）经济发展情况

2018年，镇宁县地区生产总值达108.7亿元，同比增长13.8%；

人均地区生产总值 37861 元；农林牧渔业增加值 24.09 亿元，同比增长 7.1%；规模以上工业增加值同比增长 13.7%；500 万元以上固定资产投资同比增长 11.3%；社会消费品零售总额同比增长 8.3%。财政总收入达 8.31 亿元，同比增长 8.01%，其中，一般公共财政预算收入 5.60 亿元，同比增长 2.23%；财政支出 35.99 亿元，同比增长 16.60%，其中，一般公共预算支出 31.33 亿元，同比增长 5.30%；税收收入 7.3 亿元，同比增长 1.08%，金融机构年末人民币各项存款余额 112.84 亿元、金融机构年末人民币各项贷款余额达 120.86 亿元。全年城镇常住居民人均可支配收入 28104 元，同比增长 9.4%；全年农村常住居民人均可支配收入 8822 元，同比增长 10.1%。

（三）农业产业结构情况

"十三五"以来，镇宁县加快"五大产业"及"一县一业"发展，加大农业产业结构调整力度，现已形成南片区以火龙果、蜂糖李为主导产业的规模化精品水果种植基地，中片区大力发展茶叶产业及精品果蔬，北片区以蛋鸡、肉牛、生猪和中药材等为主导产业的标准化示范基地，基本形成差异互补、分布协调、特色鲜明的农业产业布局。目前，镇宁县特色农业产业稳步发展，以蜂糖李、火龙果、樱桃为主的水果种植积达 28.95 万亩，较 2015 年增长 33.6%；蔬菜种植达 27.18 万亩，茶叶种植面积达 7.55 万亩，生姜种植面积达 12.8 万亩，食用菌完成 2800 万棒，中药材种植面积达 15.96 万亩。全县蔬菜、水果、茶叶、油菜无公害农产品产地认证面积达到 54.1 万亩，无公害农产品认证 40 个。生态畜禽业发展后劲持续增强，2017 年实现畜牧业产值 8.15 亿元，同比增长 4.1%，完成肉蛋总产量 1.99 万吨。

（四）脱贫攻坚推进情况

镇宁县紧紧围绕推动贫困人口实现"两不愁、三保障"目标，大力实施基础设施、产业、易地扶贫搬迁、教育等扶贫行动。全面启动农村"组组通"公路三年大决战,2017 年,顺利推进县工业园区、简嘎乡两个安置点主体工程建设,建成通组公路 70 千米,完成农村危房改造及"三改"1677 户。深入实施产业扶贫,全县 110 个贫困村均建立农民专业合作社,100%贫困户参加农民专业合作社,采取"公司+基地+农户""三跟三联三扶一保障""飞地经济"等模式加固扶贫利益链接机制,大力发展精品水果、蔬菜、茶叶、中药材、生猪、肉牛等产业。有效推进教育、医疗、住房"三保障",教育扶贫实现学前教育到高等教育全程覆盖,积极落实普通高中"两助三免(补)"政策,落实普通高中建档立卡家庭经济困难免学杂费政策,实现精准资助、应助尽助;建立贫困人口"四重医疗保障"制度,实现贫困人口住院费报销比例达 90%以上。全面开展干部结对帮扶行动,全县在编在岗人员不少于 30%人员到帮扶村开展工作,不断充实基层脱贫攻坚力量,涌现出一批"摩托干部""背包干部"等先进典型和受省、市、县表彰的先进集体、先进个人。"十三五"以来,镇宁县累计减贫 3.7万人,贫困发生率下降至 10.04%,下降 4.02%;31 个贫困村出列,贫困村发生率下降至 35.40%,下降 11.03%。农村居民人均可支配收入从 2015 年的 6953 元增加到 2017 年的 8013 元,增加 1060 元,增长 15.25%。

二、推进脱贫攻坚与乡村振兴衔接的条件分析

(一) 有利条件

一是干部的综合素质大提升成为推进脱贫攻坚与乡村振兴有机衔接的强大力量。干部的工作作风和能力是推动农村发展的重要因素。近年来,通过脱贫攻坚战的洗礼,干部的精神面貌、工作作风、工作

能力大幅提升，群众服务的意愿、推动农村发展的积极主动性大大增加，加之现在的干部更加熟悉农村工作，在推进脱贫攻坚与乡村振兴的衔接过程中，具有情况掌握准确、能力满足需要、态度积极主动等优势。二是群众发展意愿的强烈成为推进脱贫攻坚与乡村振兴有机衔接的内生动力。农村发展滞后，尽管有交通区位条件等制约的影响，但村民发展愿望不强烈，存在等、靠、要的思想是一个重要因素。随着脱贫攻坚战的推进，村民的精神面貌焕然一新，村民要发展、谋发展的意愿比以往任何时候更加强烈，村民这种积极的转变成为推进脱贫攻坚与乡村振兴有机衔接的内生动力。

（二）不利条件

一是资金缺乏。在脱贫攻坚时期，镇宁县委、县政府为了打赢"四场硬仗"，尤其是基础设施硬仗和易地扶贫搬迁硬仗，千方百计筹措资金，在脱贫攻坚取得巨大成效的同时，各级政府也欠下了较多债务。随着乡村振兴战略的实施，围绕在更高水平推进乡村全面发展目标，仍然需要巨大的资金投入，对于刚刚在脱贫攻坚战中投入巨大、仍存在债务的政府来说，进一步投资较为困难，这是乡村振兴时期面临的一大问题。二是特惠性与普惠性的矛盾将导致政策实施存在一定的路径依赖。脱贫攻坚政策强调帮扶对象的特惠性，而乡村振兴的政策取向则更加重视普惠性。在当前推进乡村振兴战略的实践过程中，精准扶贫对于贫困户高度集中的政策帮扶和物资投入同步进行，易于引发一些非贫困户尤其是临界贫困户的不满情绪。为了平衡不同群体利益，一些农村地区采取了许诺预期利益的方式。在此背景下，部分非贫困户可能出现争取各类优惠政策的补偿性心理。地方政府如何既坚持原则又合理兼顾不同群体利益诉求，坚持乡村振兴普惠性政策不走样，推进贫困地区实现整体性乡村振兴的发展目标，已经成为必须考虑的重要问题。

三、推进脱贫攻坚与乡村振兴有效衔接的重点

乡村振兴是脱贫攻坚的升级版，因此，要立足脱贫攻坚成果，推进脱贫攻坚与乡村振兴有序衔接，实现农村的全面发展。

（一）深入推进农村产业革命，实现乡村产业兴旺

以市场为导向，围绕贵州省乡村振兴十二大产业布局，结合镇宁县实际，深入推进农业供给侧结构性改革，积极引导农民从低效益、自给自足等种植方式向高效益、商品化生产转变，着力提升农业生产效率和经济效益。

1. 做大做强特色优势产业

立足资源禀赋，推动优势产业优先发展、优势品种率先突破，把蔬菜、辣椒、食用菌、中药材、茶叶、精品水果、生态畜牧、生态渔业等特色优势产业做大做强。

（1）蔬菜产业。立足镇宁县低海拔河谷地区多、耕地质量好的特点，聚焦优势单品、优势季节、优势区域，着力建设低热河谷地区冬春蔬菜产业带和公路沿线特色蔬菜产业带，积极融入黔中高标准蔬菜生产示范区。加快推进以高荡村为重点，覆盖高荡村、果寨村、锦屏村等村的现代特色农业基地建设，发展有机蔬菜1万亩以上。加快推进双龙街道的水生蔬菜基地、白马湖街道无公害蔬菜生产基地提质发展，建成安顺市特色蔬菜产业带的重要支撑。

（2）辣椒产业。遵循规模化、集群化和全产业链发展思路，以500亩以上坝区为载体，以哑呀河山地现代高效综合农业园、扁担山蔬菜产业园区等为重点，建设一批标准化、规模化生产基地，形成中北片区加工型辣椒产业带、中南片区鲜食辣椒产业带低河谷产区。加快高辣度辣椒推广，完善辣椒市场体系，打造全省领先的高辣度辣椒

生产、研发基地，实现从辣椒县向辣椒大县的跨越发展。

（3）食用菌产业。充分利用好贵州省委、省政府把食用菌产业作为全省12个特色产业之一重点推进的机遇，大力发展优势大宗、特色珍稀食用菌，积极发展野生食用菌，加快经营主体培育，开展菌种、菌材、人才保障、绿色发展工程，重点发展红托竹荪、香菇、平菇、姬松等。突出品质高端、绿色生态、质量安全，将镇宁县加快发展成为贵州省食用菌产业重点县。

（4）中药材产业。以市场为导向，以本寨乡、扁担山镇、革利乡、沙子乡、简嘎乡、环翠街道、双龙山街道等乡镇（街道）为重点，精准选择中药材种植品种，重点发展食药兼用小黄姜、葛根、黄精、何首乌、太子参、黄柏等品种，积极推动创建安顺市中药材主要品种产业化发展重点示范区。进一步加强贵州百灵中药材良种繁育基地建设，提升中药材育苗的生产能力。进一步推动沙子乡沙包村等千亩葛根种植基地建设，不断改善防洪、照明等设施，稳步扩大种植规模。大力加强本寨镇葛根、黄精中药材种植基地建设，提升标准化、规模化水平。依托现有中药材种植公司、合作社，进一步推进扁担山镇、革利乡中药材种植结构优化和规模扩大。

（5）茶产业。按照区域化、集约化、规模化的要求，推进茶园向优势区域集聚，连点成线、连线成片。依托镇宁县茶叶产业省级示范性园区，以江龙镇、革利镇、募役镇等乡镇为重点，推动海拔1400米以上的高山云雾茶、海拔1200米左右的名优茶和海拔800米左右的低热早春茶发展。对标全国、全省茶产业发展先进水平，着力实施标准化基地建设工程、质量安全保障工程、加工升级工程、渠道建设工程、出口提速工程、品牌建设工程六大重点工程，努力建设一批优质茶原料基地、茶产品加工基地，着力发展好生态茶、干净茶、出口茶，建成全省最大黑茶精制加工县。加强茶园肥水、病虫害防治等关键环节管理，促进大规模幼龄茶园尽早投产。推广茶园平衡施肥，病虫害绿色防控，机械化管护与采摘。着力做强"江龙团叶茶"品牌，提升镇宁茶叶影响力。

（6）水果产业。结合气候特点和果树的生态适应性，优化品种结构，聚焦发展蜂糖李、百香果、樱桃、芒果、火龙果等优势水果，突出地方优势品种、特色果品，推动果业提质增效。樱桃产业重点布局在募役镇、江龙镇、环翠街道、白马湖街道、马厂镇等中北部区域，继续推进白马湖樱桃经果林基地建设，加快打造募役镇发恰村至画眉孔村、募役村至牛角村、募役村至沃田村的樱桃产业带，积极推进江龙镇、白马湖街道、马厂镇樱桃种植扩面提升。李子种植重点布局在六马、募役镇、本寨乡、扁担山镇、简嘎乡、良田乡、沙子乡等中南部区域，着力保护六马蜂糖李的种质资源，推进蜂糖李、四月李稳步发展。打造募役镇从吴胜村至桐上村、斗糯村至平桥村优质李枇杷产业带。火龙果重点布局在良田乡、简嘎乡等乡镇，优化种植结构，继续加强产地地理标识认证工作。核桃重点布局在本寨乡、革利乡、募役镇、简嘎乡等乡镇，加快推进本寨乡、革利乡、募役镇等地核桃种植基地建设，加强对现有种植核桃苗木的管护，优化拟种植品种结构。刺梨产业主要布局在革利乡、丁旗镇等乡镇，要确保品种改良与规模增大同时并进。同时，根据各地实际，适宜地推进葡萄、桃子、杧果、百香果等种植。加强果树新品种选育、良种繁育、低产园改造，加快标准化良种水果苗木繁育基地建设，扎实推进精品水果基地建设。

（7）生态畜禽产业。立足山地特征，依托生态优势，大力调整生态畜牧业产业布局，稳定发展生猪，突出发展家禽，加快发展牛羊，带动全县山地生态畜牧业的健康发展。以简嘎乡、马厂镇、江龙镇、革利乡、扁担山镇、良田乡、六马镇、沙子乡等区域为重点，大力发展生猪养殖，其中，在募役镇吴胜村，简嘎乡播西村、岜怀村大力发展生猪产业，建设生猪标准化规模养殖基地3个，实现年出栏生猪10

万头。以环翠街道、募役镇、马厂镇、革利乡、简嘎乡、沙子乡、江龙镇等区域为重点，大力发展肉牛养殖，其中，在环翠街道的十一村建设优质肉牛生产基地1个，年出栏优质肉牛0.2万头。以丁旗镇、环翠街道、马厂镇、革利乡、简嘎乡等乡镇（街道）为重点，大力发展鸡、鹅、鸭等肉（蛋）禽养殖，其中，在环翠街道刘关村、丁旗镇金鸡村大力发展蛋鸡产业，打造蛋禽养殖基地2个，实现蛋鸡存栏200万羽，年产鲜蛋3.6万吨。以丁旗镇、简嘎乡、募役镇、沙子乡、扁担山镇等乡镇（街道）为主要区域，重点发展山地黑山羊养殖。加快在环翠街道发展娃娃鱼，在本寨镇、江龙镇、简嘎乡、沙子乡等乡镇发展冷水鱼，其中，在沙子乡仁其村、简嘎乡磨上村建设冷水鱼生产基地2个，实现年产冷水鱼600万斤。进一步完善畜禽良种、动物防疫、饲草饲料、畜产品质量安全、屠宰加工、市场信息"六大体系"，积极推行规模化、标准化、无害化生态养殖模式，不断增强畜牧业综合生产能力。

（8）生态渔业。大力发展大鲵、鲟鱼、鲤鱼等鱼类，抓好简嘎乡冷水鱼养殖区与旅游观光融合发展，在中北片区大力推广"稻+N"生态循环农业模式，做强"镇宁大鲵"品牌，巩固提升"镇宁鲟鱼""镇宁冷水鱼"品牌影响力。

2. 全面提升加工业发展水平

强化农产品加工业供给侧结构性改革，实施农林产品加工业提升行动，着力推进农业与工业全产业链融合，加快发展现代农产品加工业。加快发展粮食、油料、薯类、果品、蔬菜、肉制品等农产品初加工，重点支持发展李子、生姜、刺梨、火龙果等加工。支持环翠街道李子加工企业、生姜加工企业，以及扁担山镇蔬菜加工车间等改善储藏、保鲜、烘干、清选分级、包装等设施装备条件，积极推广采用方便适用技术。围绕500亩以上坝区建设粮食烘储中心、果蔬加工中心，推动农产品产地型冷库及预冷设施建设，提升商品化水平。依托各级农业产业园区，引进一批精深加工企业、培育支持一批农民专业合作社，推动传统产业链向差异化、功能化、高端化延伸。着力引进高端生物制造企业，利用特色中药材萃取植物精华产品和开发食药同源食品。

3. 加快发展休闲农业和乡村旅游

充分发挥交通区位优势，依托自然风光、民族民俗文化、古寨古村落、规模化连片经果林等资源，借力黄果树瀑布、龙宫两个国家5A级景区带来的客流量，大力发展农文旅一体化的乡村旅游。加快构建"快旅慢游"体系，全力推进夜郎洞、大寨村、高荡村、马鞍山、梭罗河、十九孔桥休闲度假村、马厂镇茂良村等重点旅游景区提档升级。积极推动建设一批乡村旅游点，重点打造丁旗镇官寨村古文化村落和桃花源村，塘堡湿地公园，红旗湖，募役镇斗糯村，扁担山镇麻元村，本寨镇丙元村，双龙街道龙井村和龙滩村，红色旅游点沙子乡弄染村、良田镇乐运村等。大力发展江龙镇茶园生态游、休闲体验游，加快本寨镇哑呀河农业园区休闲、采摘、体验区建设。大力发展旅游餐饮，推动丁旗镇"一杯酒、一壶油、一桌宴"成为品牌餐饮，着力开发江龙茶文化系列餐饮。深入开展农家乐、休闲农业企业提质增效和星级示范创建行动，强化乡村旅游从业人员培训服务，着力构建乡村旅游营销体系，提升乡村旅游服务质量标准和服务能力。

4. 大力发展农村电子商务

加快推进国家级电子商务进农村综合示范县建设，进一步完善乡镇电子商务服务中心和电商服务站（点）等农村电子商务发展平台，创新农村电商发展模式，着力培育和壮大农村电子商务市场主体。鼓励支持农业产业化龙头企业、农民专业合作社、家庭农场、专业大户等新型农业经营主体搭建农产品电子商务平台，着力发展农产品网络销售，推介休闲农业、乡村旅游等产品，进一步提升全县农特产品、休闲康养产品等的市场化、商品化程度。通过电商发展，提高农村商品双向流通配送能力。

（二）切实推进乡村公共服务和环境建设，打造宜居乡村

强力推进"四在农家·美丽乡村"小康升级行动，加快补齐农村交通、水利、能源、信息等基础设施短板，促进城乡基础设施互联互通，加快改善农村基础设施条件。

1. 完善农村交通物流网络

推动城乡交通基础设施互联互通，建立完善布局合理、标准适宜、出入便捷的农村公路体系。深化农村公路管理养护体制改革，健全管理养护长效机制，完善消防车道、疏散通道和安全防护设施，保障农村地区基本出行条件。改造建设一批旅游路、产业路、资源路，优先改善自然人文、民族村寨、传统村落和美丽乡村等旅游景点景区交通设施。推进城乡客运服务一体化，改造提升乡镇客车站，建设农村招呼站，实现所有乡镇均建有五级以上客运站，农村招呼站全覆盖，有条件的乡村实施农村客运班线公交化改造，鼓励发展镇村公交，推广农村客运片区经营模式，具备条件的建制村实现通客车，提高运营安全水平。加快农村物流体系建设，鼓励商贸、邮政、供销、运输等企业加大在农村地区的设施网络布局。利用行政村内的农家店、综合服务社、村邮站等，建设村级农村物流服务点，健全农村物流基础设施末端网络。

2. 完善农村水利设施网络

因地制宜加强供水工程建设与改造，推进水利基础设施向乡村延伸，努力构建保障民生、服务民生、改善民生的水利发展新格局，实现县有中型水库、乡有稳定水源，显著提高农村集中供水率、自来水普及率、供水保障率、水质达标率和防洪减灾能力。针对工程性缺水和季节性缺水，制定详细的供水应急预案，确保有效供水，方便群众

取水。加强农村中小河流治理，促进水土资源可持续利用。加快实施农村宜居水环境治理项目，加强河道治理、山塘治理、山洪灾害防治、涝区治理、病险水库除险加固等建设，进一步提高山洪灾害防治能力，确保重点地区排涝能力逐步提升。

3. 完善农村能源供给

扎实推进新一轮农村电网改造升级工程，巩固农村电网中心村改造成果，打造"安全、可靠、绿色、高效"的智能电网，全面解决农村电网可靠性低、电压稳定性差等瓶颈问题，保障农村用电消防安全，推进全县农村实现稳定可靠的供电服务全覆盖。深入实施农村气化工程，加快农村"煤改电、煤改气"步伐，加快管道天然气全县全覆盖，推进支线管网和储备设施建设向农村延伸。

4. 进一步夯实乡村信息化设施

加快解决制约农村发展的信息高速公路"最后一公里"问题。实施"宽带乡村"工程，推进接入能力低的行政村进行光纤升级改造，加强农村地区宽带网络和 4G 网络覆盖步伐。进一步实施多彩贵州"广电云"村村通、户户用工程，确保群众能观看电视节目。加快物联网、智能设备等现代信息技术与农村生产生活全面深度融合。加快推进村级通邮方式由代转改直通，建设农村邮政电商服务站点，提升乡村通邮能力。

5. 加强乡村生态保护与环境治理

全面实施天然林保护工程和"两江"防护林体系建设工程，积极开展造林失败地、因灾受损造林地、撂荒地重新造林和采伐迹地、火烧迹地及其他迹地的更新造林，彻底绿化宜林荒山。推进生态脆弱、生态损害严重区域的治理修复，重点实施石漠化综合治理、矿山地质环境的恢复治理。抓好交通沿线、城镇周围、重点旅游村寨周边、河流两岸、园区内外、景区周边以及异地扶贫搬迁集中安置点等重点区域绿化美化。以特色小镇、秀美村庄、富美乡村建设为重点，开展城乡共治、共建、共美，实施乡村绿化美化"千村示范万村推进"工程，创建一批森林人家、森林村庄，打造一批"绿色小镇""特色村寨"。

6. 全面提升村容村貌

着力打造"功能齐全、环境整洁、乡风文明、治理有效"的美丽乡村。加强人行步道和公共照明设施建设。完善文体活动场所及健身器材。加强生活垃圾及污水处理，大力推行垃圾分类处理，建立健全农村生活垃圾户分类基础上的县域周边"村收镇运县处理"、乡镇周边"村收镇运片区处理"和边远乡村"就近就地生态环保处理"的收运处理体系。加快实施镇宁县村级污水处理工程建设，确保全县生活污水得到有效妥善处理。加强农村卫生厕所建设，统筹推进农村户用卫生厕所建设改造，鼓励农村户用厕所退街、进院、入室，基本消除茅厕和简陋旱厕。开展清理农村生活垃圾、清理村内塘沟、清理畜禽养殖粪污等农业生产废弃物，根本影响农村人居环境不良习惯的"三清一改"村庄清洁行动，着力改善农民群众生活环境，倡导科学健康文明的生活方式，为提升农村居民幸福感创造必要条件。

（三）培育乡风文明新气象

1. 着力提升农民思想政治素养和道德素质

不断深化中国特色社会主义和中国梦宣传教育，持续宣讲党的十九大精神。着力加强社会主义核心价值观教育，深化爱国主义、集体主义、社会主义教育，全面提升农民思想政治素养。广泛开展对党和国家有忠心、对父母长辈有孝心、对社会有爱心、对伙伴有诚心、对发展有恒心、对自己有信心的"六心"教育。大力实施道德建设工程，深入开展"明礼知耻·崇德向善"主题实践活动、农村健康文体娱乐活动，推进社会公德、职业道德、家庭美德、个人品德建设。

2. 强化乡村公共文化服务

坚持以人民为中心，大力发展农村公共文化事业，全面提升公益性、普惠性基础设施建设水平，建立健全乡村公共文化服务体系，推进乡村基本公共文化服务标准化均等化。推进重点文化惠民工程，加强公共文化基础设施建设，促进基本公共文化服务均等化。加强群众性体育设施建设，基本建成全民健身体系，提高人民群众的健康素质。大力实施人才队伍提升工程，配齐配强基层文化中心工作人员，切实选用具有一定专业基础的文化工作者，严把基层综合文化中心用人关，规范任用程序。

3. 大力开展农村精神文明行动

广泛开展农村精神文明创建活动，建设文明家风，扎实开展移风易俗行动，丰富群众精神文化生活，提高农民文明素养，提升全县农村精神文明建设水平，培育农村文明新风。深入开展星级文明户、最美家庭、好儿女、好婆媳、好邻居、美丽农家等群众创建评选活动，积极培育道德的力量，弘扬尊老爱幼、男女平等、夫妻和睦、勤俭持家、邻里团结的家庭美德，以身边人、身边事为教材，教育引导广大群众崇德向善。广泛开展好家风好家训评选活动，引导农民群众知家风、懂家风、育家风、重家风、晒家风，从自身做起、从家庭做起，讲道德、守法纪，培育形成爱国爱家、相亲相爱、向上向善、共建共享的社会主义家庭文明新风尚，以农民家庭的好家风，撑起农村社会的好风气。引导农民群众崇尚科学、反对愚昧，讲究卫生、克服陋习，养成健康、文明、科学的卫生习惯和生活方式。

4. 大力开展移风易俗行动

坚持教育与治理并重，结合实际开展整治农村黄赌毒、封建迷信、非法宗教等突出问题的专项活动。制定完善村规民约，成立村民议事会、道德评议会、禁毒禁赌协会、红白理事会等乡村自我管理组织，参与民间事务的调解、监督和服务，倡导文明新风。扎实做好推动移风易俗树立文明乡风系列活动，合理划定红白事消费标准，倡导婚事新办、丧事简办、厚养薄葬，持续抵制滥办酒席、大办酒席、人情攀比、高价彩礼等陈规陋习。

（四）着力推进乡村治理有效

以夯实基层基础作为固本之策，建立健全党委领导、政府负责、社会协同、公众参与、法制保障的现代乡村社会治理体制，坚持自治、法治、德治相结合，深化平安乡村建设，营造共建、共治、共享的社会治理格局，确保乡村社会充满活力、和谐有序。

1. 加强农村基层组织建设

健全完善党管农村工作的领导体制和工作机制，提升农村基层党组织组织力，把党的思想政治优势、组织优势和密切联系群众的优势转变成乡村治理的制度优势，把农村基层党组织建设成为引领乡村振兴的坚强战斗堡垒。

2. 构建乡村善治新格局

坚持自治为基、法治为本、德治为先，健全和创新农村党组织领导的充满活力的村民自治机制，强化法律权威地位，加强乡村德治建设，健全自治、法治、德治相结合的乡村治理体系，实现乡村善治。深化村民自治实践，完善农村民主选举、民主协商、民主决策、民主管理、民主监督制度。规范完善村民委员会选举办法，全面加强村务监督委员会建设。依托村民会议、村民代表会议、村民议事会、村民理事会、村民监事会等，形成民事民议、民事民办、民事民管的多层次基层协商格局。推进乡村法治建设，科学落实"七五"普法，深入开展"法律进乡村"活动，不断增强农村基层干部群众的法治观念和依法维权意识，在乡村形成办事依法、遇事找法、解决问题用法、化解矛盾靠法的良好法治环境。提升乡村德治水平，强化道德教化作用，引导乡村居民向上向善、孝老爱亲、重义守信、勤俭持家，实现家庭和睦、邻里和谐、干群融洽。深入推进乡村移风易俗，引导村民群众崇尚科学文明，传播科学健康的生活方式。加强无神论宣传教育，抵制封建迷信活动。发挥村民议事会、德道评议会、红白理事会、禁毒禁赌协会等群众组织的作用，遏制大操大办酒宴、厚葬薄养、人情攀比、高额彩礼等陈规陋习。

四、对策建议

（一）加强顶层设计

2018～2020 年，我国正处在脱贫攻坚与实施乡村振兴两大战略的历史交汇期。2020 年之前，既要巩固脱贫攻坚成果，又要稳步推进乡村振兴。2020 年以后，随着扶贫工作逐步调整为政府部门的常规性职能，乡村振兴中其他工作的紧迫性和重要性都会凸显。因此，我们要加强顶层设计，调整完善相关措施，做好脱贫攻坚与乡村振兴有机衔接的探索和实践，以适应贫困地区长期发展和实现乡村振兴总目标的要求。

（二）要做好衔接工作

一方面，研究启动规划战略的衔接，要从规划编制、决策部署和政策安排方面做好衔接，明确未来贫困地区持续减贫与乡村振兴工作的职责分工。另一方面，对于扶贫攻坚中的一些具体方面，比如产业扶贫、生态扶贫、文化扶贫、教育智力扶贫、组织扶贫等，要与乡村振兴中的产业振兴、生态振兴、文化振兴、人才振兴、组织振兴做好衔接。尤其是要在项目资金安排、扶持政策制定、监督考核机制、干部队伍管理机制等方面做好衔接。

（三）加强要素保障

脱贫攻坚与乡村振兴衔接，设计到农村发展的方方面面，每一领域的改进，都需要投入各种要素，因此，在顶层设计完成之后，要统筹各种资源，切实支撑脱贫攻坚成果巩固，以及乡村振兴的实现。

将威宁彝族回族苗族自治县纳入
国家"三区三州"政策扶持思考

吴　杰　蒋莉莉　蔡　伟　黄　勇　王国丽*

摘　要：威宁彝族回族苗族自治县位于乌蒙腹地高寒山区，是国家级贫困县，也是贵州省14个深度贫困县之一。本书通过分析威宁彝族回族苗族自治县的贫困现状，以及威宁彝族回族苗族自治县脱贫发展的特殊性与重要意义，提出了威宁彝族回族苗族自治县脱贫发展的主要任务，以及将其纳入国家"三区三州"政策扶持的建议。

关键词：威宁彝族回族苗族自治县；脱贫攻坚；"三区三州"；政策扶持

贵州省威宁彝族回族苗族自治县（以下简称威宁县）位于乌蒙腹地高寒山区，总面积6295平方千米，常住人口128.37万人，平均海拔2200米，是国家级贫困县，也是贵州省14个深度贫困县之一。威宁县集"山光、水尽、人穷"于一体，少数民族聚居，生态恶劣、贫困面大、贫困程度深、经济基础薄弱，是扶贫攻坚和生态治理的主战场。近年来，党中央国务院，贵州省委、省政府对威宁县脱贫攻坚高

　＊吴杰，贵州省社会科学院区域经济研究所副研究员，研究方向为农村经济、产业经济；蒋莉莉，贵州省社会科学院区域经济研究所副研究员、副所长，研究方向为产业经济、财税；蔡伟，贵州省社会科学院区域经济研究所副研究员，研究方向为产业经济；黄勇，贵州省社会科学院乡村振兴战略智库人才基地负责人、研究员，研究方向为区域经济、产业经济；王国丽，贵州省社会科学院区域经济研究所助理研究员，研究方向为农村区域经济。

度关注，2009 年，威宁县成为全国首个"喀斯特地区扶贫开发综合治理试点"，威宁县脱贫攻坚取得了巨大成效，但是由于自然条件恶劣、经济基础薄弱、生态治理任务重、基础设施欠账多、贫困面大程度深，威宁县深度贫困的局面没有得到根本改变。因此，建议将威宁县纳入国家"三区三州"扶持政策，增加投入、补齐短板、解决突出制约问题、加快经济社会发展，确保全县如期脱贫、同步小康。

一、威宁县发展现状

威宁县贫困问题由来已久且十分突出。1986 年，威宁县就被国务院首批认定为全国贫困县推进扶贫开发，特别是 2009 年作为全国首个"喀斯特地区扶贫开发综合治理试点"以来，全县脱贫攻坚取得巨大成效，但经济社会发展仍然滞后，深度贫困面貌未能得到根本改变。

（一）自然条件差

威宁县耕地总面积 25.06 万公顷，但耕地质量不高，全县无优高等地，以 12~13 等耕地为主（占全县耕地总面积的 94.68%)，耕地平均质量等别为 12.42 等，比同期全国耕地平均质量等别低 2.46 个等级，比同期全省耕地平均质量等别低 1.13 个等级，与同期"三区三州"中的甘肃省临夏回族自治州耕地平均质量等别基本相同。同时，威宁县海拔较高，地势起伏较大，全年平均气温 10.7℃，导致农作物生长期长、家畜生长缓慢、农牧产品单产低，并且不利于大型农机作业，主要靠人力开展农业生产，农业机械化及自动化程度较低。此外，威宁县地处垭都—紫云断裂带，是贵州省地震易发区和危险区，加之威宁县喀斯特山区且地震多为浅源地震，往往较轻的地震都容易引发岩崩、山体滑坡、泥石流等地质灾害。气候、地形、土壤等自然禀赋不利于农业发展，不适于人居的高寒山区较多。

（二）经济发展严重滞后

2017 年，威宁县人均地区生产总值 19506 元，居贵州省 88 个县（市、区）倒数第一位，为同期全国平均水平的 32.7%，仅相当于 2007 年的全国平均水平，为同期全省平均水平的 51.4%，相当于 2012 年的全省平均水平；农村居民人均可支配收入 8423 元，分别为同期全国和全省平均水平的 62.7% 和 95.0%，仅相当于 2013 年的全国平均水平、2016 年的全省平均水平。威宁县人均地区生产总值和农村居民人均可支配收入甚至比同期"三区三州"中的四川省凉山彝族自治州还要低，分别仅为其同期的 63.6% 和 73.8%。若要 2020 年达到人均地区生产总值 31400 元的小康目标，2018～2020 年威宁县人均地区生产总值增速须达到 17.2% 以上，须在 2017 年人均地区生产总值增速 15.4% 的基础上再提高 1.8 个百分点。

（三）贫困面大、贫困程度深

截至 2018 年底，威宁县有 3 个极贫乡镇、228 个贫困村（其中深度贫困村 84 个），贫困人口 16.12 万人；贫困村占全县 620 个行政村（居）的 36.8%，贫困发生率达 11.4%，是贵州省 14 个深度贫困县之一，也是贵州省深度贫困堡垒中的堡垒。贫困人口数量多，威宁县贫困人口占到贵州省贫困人口总数的 12.4%，比同期"三区三州"中的四川省凉山州彝族自治州多 3.5 万人。从贫困发生率看，威宁县贫困发生率分别比同期全国、全省高 10 个百分点和 7.1 个百分点，比"三区三州"的贫困发生率（8.2%）高 3.2 个百分点。

（四）交通区位边远

威宁县位于云南、贵州两省接合部的乌蒙山区腹地，处于省际结合部的边远边缘地区，远离省会和区域性中心城市，距省会贵阳市

300 余千米，离毕节市 130 余千米，获得省会和区域性中心城市的辐射带动作用极其有限。同时，威宁县交通不便问题十分突出，截至 2017 年底，全县公路通车里程 5455 千米。其中，高速公路通车里程 20.6 千米，平均每百平方公里拥有公路里程 86.7 千米、高速公路里程 0.33 千米。与全国相比，威宁县公路密度高于同期全国水平，但高速公路密度仅为同期全国水平的 23.2%；与全省相比，威宁县公路密度和高速公路密度分别为同期全省水平的 78.6% 和 10.0%；与"三区三州"中的甘肃省临夏回族自治州相比，公路密度与同期临夏回族自治州基本相当，但高速公路密度仅为同期临夏回族自治州水平的 26.4%。同时，并且由于原来规划建设的县乡道路网等级、标准较低，现已破烂不堪，道路"两头通中间断"现象日益突出。

（五）民生领域欠账大

2017 年，威宁县广播综合覆盖率为 70.0%，电视综合覆盖率为 97.2%，全县广播综合覆盖率与同期全国、全省相比分别低 27.5 个、23.5 个百分点，全县电视综合覆盖率与同期全国、全省水平基本相当。即使与临夏回族自治州相比，全县广播人口覆盖率和电视人口覆盖率分别比同期临夏回族自治州低 28.7 个和 1.7 个百分点。威宁县有各级各类学校 772 所，在校学生数 37.22 万人，专任教师 1.71 万人；每千人拥有床位数 2.95 张，拥有职业（助理）医师数 0.98 人，分别实现小康目标的 79.7% 和 65.3%，按照精准扶贫"七个不能脱"的要求，急需新建教学综合楼 8 万余平方米，补充各类教师 2337 人；急需在县城建设 3 家综合医院，建设 5 个中心乡镇卫生院、65 所中心村卫生室和 334 所标准化村卫生室等，补充执业（助理）医师 631 人，新增 1257 张卫生床位；还有 31.53 万人的人饮安全亟须解决，33575 户的农村危房亟须改造。

(六) 生态环保抑制当地发展

威宁县是"四江之源"(即乌江、横江的发源地,牛栏江的西源、东源,珠江的北源),是长江上游、乌蒙山区重要的生态屏障,拥有被誉为"高原明珠"的威宁草海,在全省生态格局中的位置极端重要,在全省主体功能区规划中处于限制与禁止开发区域,不可避免地制约了当地的资源开发和工农业发展。由于历史原因,威宁县城、村落已侵占草海自然保护区核心区,须退城、退村、退耕还湖,初步匡算投资 100 余亿元,目前已完成投资约 66.2 亿元,形成近 40 亿元债务,仍存在 40 亿元的资金缺口,加上脱贫攻坚和环保整改两个重任,导致县级财政收支矛盾突出,削弱了地方发展能力。

二、威宁县脱贫发展的特殊性与重要意义

由于生态、民族、贫困问题交织,威宁县受党中央国务院,贵州省委、省政府,以及国际组织的高度关注。因此,将威宁县纳入国家"三区三州"扶持政策,可以为世界树立一个减贫与可持续发展、促进人与自然和谐的重要典型,也可以为我国民族地区打造脱贫攻坚样板,更是贵州省打赢脱贫攻坚战役、实现全面小康的重要标志。

(一) 树立综合治理生态、扶贫问题的国际典型案例

从历史上看,威宁县是国际组织对贵州省关注最早、关注度最高的地区之一。早在 20 世纪初,英国传教士柏格理在石门坎传播教义、创办学校,吸引了川滇黔苗族、彝族和汉族大规模信奉基督教,以威宁石门坎为锡安圣地,逐渐扩展成为 20 世纪上半叶中国最大的少数民族教会组织,威宁石门坎也成为西方观察中国社会、了解中国农村的窗口。同时,威宁草海是国际国内所公认并被誉为"黑颈鹤自然种群

密度最高的重要越冬地""世界十大最佳湖泊观鸟区之一"，是实施生物多样性保护行动计划的重要区域，很早就受到国际各类非政府组织的高度关注。1985年建立威宁草海综合自然保护区，1992年经国务院批准为国家级自然保护区。因此，将威宁县纳入国家"三区三州"扶持政策，加大投入，不仅可以综合治理草海乃至威宁全县的生态系统，解决民族地区贫困人口生计问题，还可以提升人民群众的凝聚力，为国际社会树立一个减贫脱贫、生物多样性保护、可持续发展有效统一的中国典范，供国际社会学习、借鉴。

（二）打造全国民族地区、生态脱贫攻坚样板

威宁县作为全国典型的贫困少数民族地区，具有全国贫困地区的一般性，又是乌蒙山区腹地、石漠化生态脆弱地区。从生态环境看，威宁县少数民族世居岩石裸露、土层瘦薄、缺肥少水的艰苦环境，加之历史上多次的围湖造田和长期的坡地过度开垦导致生态严重破坏，政府在环境治理、生态恢复方面工作困难重重。从历史、地理、人口学角度分析，威宁县位属高寒山区，地势起伏大，且交通不便、信息闭塞、居住分散，使得公共产品供给和公共信息传递不便。从社会学角度出发，各少数民族在漫长的历史发展中形成了以"血缘"为纽带的家族、氏族宗长制的社会结构，导致群众容易受"道听途说""坊间传言"蒙蔽，引发群体性事件，给基层党委政府在施政行政、解决社会矛盾方面带来巨大压力。从心理学来看，长期经济落后、公共服务严重不足，以及历史遗留的落后观念和自给自足的生产方式，禁锢了群众思维方式，导致群众崇尚神灵，缺乏现代科学、市场经济等意识。因此，将威宁县纳入国家"三区三州"同等政策，打造全国生态脆弱的民族地区脱贫攻坚样板，具有十分重要、极其紧迫的特殊现实意义。

（三）威宁县是贵州省最难攻克的深度贫困堡垒，是贵州省打赢脱贫攻坚重要标志

威宁县开发晚、底子薄、财政负担重，路、水、电、信等基础设施建设欠账大，农牧产品标准化生产、推广、病虫害防治体系及检测体系、执法体系建立等公共服务能力不足，农村教育、医疗、卫生、社保等"民生"性公共服务保障力弱。作为全国贫困人口最多、贫困面积最大、脱贫攻坚任务最重的省份，贵州省无疑是中国脱贫攻坚的主战场。截至 2018 年底，威宁县尚有 3 个极贫乡镇、84 个深度贫困村，贫困人口 16.12 万人，占全省贫困人口的 12.4%，贫困发生率达 11.4%，比全省高 7.1 个百分点。可以说，只要威宁县的贫困人口脱贫了，才能实现习近平总书记提出的"确保不漏一村不落一人"扶贫要求，贵州省才能彻底摘下贫困的"帽子"、撕下贫困的"标签"。

三、威宁县脱贫发展的主要任务及纳入国家"三区三州"的政策建议

按照脱贫攻坚任务和全面建成小康的要求，威宁县要以解决突出制约问题为重点，以重大扶贫工程和到村到户帮扶措施为抓手，以补短板为突破口，坚持打好打赢"四场硬仗"，坚持专项扶贫、行业扶贫、社会扶贫"三位一体"，积极争取中央和贵州省的政策、资金、项目支持，确保 2020 年威宁县按时打赢脱贫攻坚战，与全国、全省同步实现全面小康。

（一）威宁县脱贫发展的主要任务

1. 加强基础设施建设

加快威宁机场、威宣高速公路建设，加快启动昭黔铁路、六威昭

城际铁路建设，加快推进威宁至彝良、威宁至会泽高速公路前期工作，启动 293 千米县乡道改扩建工程和 433 千米大中修工程，启动 33 千米普通省道改造工程，建设 5299 千米通组公路，建立通组公路管护机制，形成内外通达的立体交通体系。加快雪山水库扩建工程、哈喇河三级电站水利工程等水利设施建设，进一步完善水利工程长效管护机制。实施农网改造升级工程，着力解决农村低电压、网架不合理、未通动力电等问题。推进通信设施建设，全面清理全县农村通信盲区，实现 90% 以上建档立卡贫困村有宽带网络覆盖，80% 建档立卡贫困村以上有信息服务站。

2. 改善农村人居环境

加快实施农村饮水安全巩固提升工程，解决全县 31.53 万人的饮水安全问题，优先解决其中 10.53 万人建档立卡贫困户的饮水安全问题。完成全县 33575 户农村危房（土坯房）改造，实施农村人居环境"三化"（即联户路硬化、院坝硬化、房前屋后排水沟硬化）工程，完成全县 20 余万农户"三化"建设工作，全面改善农村的人居环境。

3. 强化产业扶贫带动作用

一是实施乡村旅游扶贫行动。全面掌握重点乡镇、村寨旅游资源和贫困情况，组织编制旅游扶贫专项规划，制定乡村旅游扶贫行动方案。围绕"吃""住""行""游""购""娱""商""养""学""闲""情""奇"专题旅游需求，加快旅游要素提质升级。完善旅游产品体系，推动全县观光主导型旅游产品向观光游览、避暑休闲、度假体验、文化感悟、山地运动、特色康养等多元复合型山地文化旅游产品转变。合理布局旅游服务中心，加快完善县级游客集散中心功能，在公共交通枢纽、高速公路服务区、主要景区、商业中心等场所设立旅游咨询中心或服务点。加大城市街区、旅游景区、度假区、休闲街区、历史文化名村、乡村旅游点、集散中心、加油站、高速公路服务区、超市商场等旅游节点的厕所建设力度。推进涉旅场所和游客集中区域实现 Wi-Fi、移动通信信号、视频监控覆盖，A 级旅游景区实现 4G 信号全覆盖。二是发挥好农业产业扶贫作用。大力实施"213535"农业产业规划，加大玉米调减力度，加快发展马铃薯、蔬菜、经果林、中药材、荞麦等种植业，巩固发展烤烟种植，大力发展肉牛等生态畜牧业，加快引进和培育一批有实力、有带动力的产加销一体化农业龙头企业，加快构建一支有文化、懂技术、善经营、会管理的新型职业农民队伍，创新产销对接机制，积极拓展农产品市场，重点围绕 500 亩以上坝区，建设一批规模化、标准化农产品基地，配套完善农业基础设施和服务体系。三是强化光电风电等绿色能源产业扶贫。威宁县年均日照时数 1767 小时，最大值为 2002 小时，光能资源较丰富，且风能资源潜力巨大，预计全县风能资源可开发量达 200 万千瓦。因此，应大力推进能源扶贫，以清洁能源开发为重点，大力推进光伏扶贫工程和风电项目建设。

4. 加强教育、医疗等扶贫和低保兜底保障

教育方面，落实教育精准扶贫政策，确保应助尽助，强化保学控辍，促进各类教育均衡发展，县城新建、改扩建各级各类学校 24 所，新增建筑面积 77 万余平方米，农村新建教学综合楼 8 万余平方米，补充各类教师 2337 人。医疗健康方面，优化城乡医疗卫生资源配置，完善医疗卫生服务网络，全面落实医疗扶贫政策，县城建设 3 家综合医院，建设 5 个中心乡镇卫生院，增加 1723 张床位，建设 65 所中心村卫生室和 334 所标准化村卫生室。低保方面，逐步推进农村低保标准和扶贫标准"两线合一"，加快实现农村低保制度与扶贫开发政策有效衔接。其他方面，强化社会救助政策之间、社会救助与其他社会保障制度之间的衔接，统筹好最低生活保障、特困人员供养、受灾人员救助、困难居民医疗救助、教育救助、住房救助、就业救助和临时救助等救助制度，持续做好留守儿童、困境儿童、孤儿及流浪未成年等

的关爱救助保护工作，大力实施包含养老服务、殡葬服务、精神卫生、应急救灾、社区建设、儿童福利及优抚医院等在内的民生项目。

（二）威宁县纳入国家"三区三州"的政策建议

威宁县是"三区三州"外贫困人口多、贫困发生率高、脱贫难度大的深度贫困地区，也是贵州省脱贫攻坚责任最重、困难最多、压力最大、最无能为力的地区，恳请国家和贵州省按照 2019 年中央一号文件精神，统筹资金项目，加大扶持力度。

1. 加大财政投入力度

在财政专项扶贫资金、教育医疗保障资金、重点生态功能区转移支付、农村危房改造补助资金、中央基建投资、车购税收入补助地方资金、县级基本财力保障机制奖补资金等方面，让威宁县享受"三区三州"同等待遇，并将贫困人口、贫困发生率等作为重要分配因素。省级财政进一步盘活脱贫攻坚存量资金，加大省本级财政对威宁县脱贫攻坚的投入力度，确保 2019~2020 年每年投入存量资金规模原则上不低于 2017 年的规模，确保中央财政分配的增量资金按要求落实到位。各级各部门要加大昭黔铁路、六威昭城际铁路、通组公路、农村安全饮水工程、产业供水工程、农村通信网络、易地搬迁、教育、医疗配套等方面资金投入力度，在退耕还林、石漠化治理、省级植被恢复资金指标分配上给予重点倾斜，加快推进产业扶贫子基金投放发放，加大专项资金对草海整治的支持力度，提高对口援助资金的投入水平。威宁县要充分发挥财政资金的使用效率，在贷款贴息、示范点建设、技术培训、科技支撑和基础设施等领域发挥主导作用。

2. 加大金融扶贫支持力度

让威宁县享受针对"三区三州"制定的差异化信贷支持政策，在贷款准入、利率、期限等方面，对建档立卡贫困户和扶贫产业项目、贫困村提升工程、基础设施建设、基本公共服务等重点领域提供优惠政策。制定针对信用等级和抵押优惠的政策，突破贫困人口的信用约束和抵押品不足的两大信贷障碍，提高贫困群体享受金融服务的便利性和融资的可行性。不断创新金融支持，发挥财政资金引导作用，以企业投资和农户自筹为主，吸纳相关金融信贷资金、社会团体、国有及民营企业投资，积极搭建农业产业融资平台，努力撬动金融机构支农放贷资金促进威宁农村产业发展。不断创新金融服务和产品，加大力度支持贫困农户、农业合作社和农业龙头企业的多元化融资需求。积极拓宽农村信贷担保途径，农户住房证、土地证、林权证等有效证件作为信贷担保抵押，积极推广农村小额信用贷款用于农村产业发展。深入推进农村"三变"改革，通过"资源变资产、资金变股金、农民变股东"，激励农民参与农村产业建设，让农户真正得到实惠。

3. 加大项目支持

建立脱贫攻坚补短板项目库，实施水电路网房等9项短板和"两不愁三保障"项目工程，争取将昭黔铁路，六威昭城际铁路，威宁至彝良、威宁至会泽高速公路，光伏项目，风电项目等重大项目列入中央、省项目库，将全县30户以下自然村的组组通道路项目、通信盲区网络覆盖项目纳入有关部门项目库。推动威宁县享受公益性建设项目，取消县级财政配套资金政策。

4. 加强土地政策支持

适当调减威宁县须上缴的易地扶贫搬迁增减挂钩指标任务，留出部分指标允许威宁县自行交易，收益主要用于脱贫攻坚。全县城乡建设用地增减挂钩，不受指标规模限制。支持农村集体经济组织，依法使用农村集体建设用地或以土地使用权入股、联营等方式与其他单位和个人共同兴办企业。旅游项目中的自然景观及景观提供便利的观光台、栈道等非永久性附属设施用地，在不破坏生态、景观环境和不影响地质安全的前提下，可不征收、不转用，按现用途管理。光伏方阵使用永久基本农田以外的农用地或未利用地的，在不影响种植、养殖等生产条件的前提下，可按原地类认定，按现用途管理。建设用地涉及农用地转用和土地征收的，在做好依法补偿安置前提下，可以边建设边报批，涉及占用耕地的，允许边占边补。基础设施、易地扶贫搬迁、民生发展等建设项目，需占用基本农田的，可以纳入重大建设项目范围，由贵州省国土资源管理部门办理用地预审。土地整治新增指标，优先纳入耕地占补平衡国家统筹。

5. 加大生态扶贫和易地搬迁力度

建立以中央政府补偿为主、地方间横向补偿为辅的生态补偿机制，充分考虑草海生态涵养区为承担生态功能而丧失的经济发展收益，给予生态补偿。积极争取将威宁县作为生态保护补偿试点示范，探索将生态涵养区的生态补偿政策与生态脆弱区、贫困地区的援助政策有机衔接，为生态涵养区的脱贫攻坚探索新路径。加大对威宁县居住在自然条件特别恶劣地区贫困群众的搬迁力度，优先纳入年度实施计划，充分保障资金需求，强化搬迁群众后继脱贫措施，加大产业扶持、转移就业、生态扶贫等政策力度。

6. 加大社会帮扶和人才支持

加强东西扶贫协作和对口支援，加强中央单位定点扶贫、民营企业帮扶，鼓励和引导社会力量参与威宁脱贫攻坚。引导国际性、全国性、省内社会组织关注支持威宁县，在公益慈善项目交流展示、公益日、对口帮扶等项目活动中，增加社会组织参与威宁县等深度贫困地区脱贫攻坚工作内容。引导社会工作专业人才资源、社会组织资源、项目服务资源和社会资金资源向威宁县等深度贫困地区倾斜。在工资、待遇、职称、培养、选拔等方面出台特殊倾斜政策，鼓励和引导人才向威宁县基层流动。县级新招录公务员，需到贫困乡镇和贫困村工作锻炼。提高农村基层干部的生活待遇，完善村干部报酬可持续增长机制。

四、构建威宁纳入国家"三区三州"政策扶持的保障体系

加强组织领导，完善扶持工作机制，强化组织实施，构建中央统筹、省负总责、市县抓落实的保障体系。

（一）加强组织领导

国家发展改革委、农业农村部、教育部、财政部、自然资源部等各有关部门要将威宁县纳入本部门制定的支持"三区三州"配套帮扶政策中，同等享受政策支持。贵州省委、省政府要建立统筹协调机制，成立领导小组，加强对威宁县脱贫攻坚工作的指导和综合协调，制定出台支持威宁县脱贫攻坚的配套实施方案，明确任务和工作责任，对接各部委，细化推进方案，制定项目清单，推动项目早开工、早见效。

（二）强化责任落实

省、市、县各级党委政府要统筹整合资源，抓好落实工作，推动各项政策措施落实落地，集中力量解决威宁县深度贫困问题。对重点项目和重点任务明确到部门再到人。贵州省财政厅、教育厅等相关部门要制定专项规划，打好组合拳。毕节市和威宁县要并结合威宁县实际，明确脱贫攻坚工作的重点和难点，加快推进项目建设，确保脱贫工作取得实效。

（三）加强监督管理

贵州省委、省政府要加强威宁县脱贫工作的监督考核和监测评价，建立动态监测管理体系，定期组织开展扶贫工作的相关监督检查和评

估。贵州财政厅及相关省级部门应当根据《财政部关于全面加强脱贫攻坚期内各级各类扶贫资金管理的意见》（财办〔2018〕24 号）要求，依托扶贫资金动态监控平台，按照相关资金管理办法，切实加强扶贫资金动态监控和项目管理，强化资金监督，确保扶贫资金落到实处。

第三方评估对于贵州省脱贫
攻坚工作推动作用评析

韩　缙[*]

摘　要：面对国家扶贫工作成效第三方评估，贵州省的总体思路是"以评促建"，即通过认真对照国家评估的各项基本要求，立足于政策、措施及各项具体工作的推进，并紧紧围绕中央各项精准扶贫工作要求，举全省之力，层层压实责任，通过对国家考核政策的把握，牢牢锁定方向目标。贵州省各地亦逐步把握精髓，并能结合实际深入开展攻坚克难，最终为确保全省按时高质打赢脱贫攻坚战奠定强大基础。本文旨在通过观察贵州省从政策部署到各地的具体实践等层面，对第三方评估工作对全省脱贫攻坚工作的具体推动作用作出综合性评价结论。

关键词：第三方评估；脱贫攻坚；"两率一度"

2014年以来，第三方评估工作机制作为改革创新政府管理方式的重要内容之一，被国务院督察工作所正式启用。开展第三方评估，其优势在于能更好地发挥研究咨询等机构（组织）的独立性和专业性，确保评估结论的公正性和客观性，避免再循以往政府部门在考核中既当运动员又当裁判员的老路，使政府工作绩效评价更趋客观公正。目前，第三方评估工作机制已经广泛在环保、国土、教育、水利等领域

＊ 韩缙，贵州省社会科学院农村发展研究所助理研究员，研究方向为农村贫困。

得到开展，并产生了良好效果。李克强总理也曾多次在《政府工作报告》及国务院有关会议上，对第三评估的功能价值进行了肯定。2015年11月，随着《中共中央国务院关于打赢脱贫攻坚战的决定》的颁布，第三方评估首次进入中央推动全国脱贫攻坚工作的决策部署。2016年2月，《省级党委和政府扶贫开发工作成效考核办法》（以下简称《考核办法》）对第三方参与扶贫工作成效评估进行了明确定位。自此，第三方评估在介入脱贫攻坚工作中获得了标准身份。2016年、2017年，随着国家精准扶贫工作成效第三方评估工作的先后开展，第三方评估"敢于较真碰硬""敢于揭丑亮短"的鲜明工作特征，给各地扶贫领域带来了前所未有的冲击，并逐渐受到高度重视。

一、适应阶段

2016年2月，根据《中共中央国务院关于打赢脱贫攻坚战的决定》，中央出台了《省级党委和政府扶贫开发工作成效考核办法》，紧接着又出台了《关于建立贫困退出机制的意见》。同年，在中央扶贫开发工作会议上，习近平总书记指出，考核脱贫成效，既要看数量，也要看质量，要强化督察和问责，要层层签订责任书，立下军令状，对工作不得力的省份，国务院扶贫开发领导小组要向中央报告并提出责任追究建议，完不成年度扶贫任务的，要对党政主要领导进行约谈。

贵州省委、省政府坚决贯彻落实党中央、国务院的决策部署，按照习近平总书记"看真贫、扶真贫、真扶贫"的要求，提出实施大扶贫战略行动，实行党政一把手负总责的责任制，坚持把脱贫攻坚作为"第一民生工程"，以更加明确的目标、更加有力的举措、更加有效的行动，深入实施精准扶贫、精准脱贫。先后制定"1+6""1+10""1+4"扶贫开发政策体系，出台了《贵州市县两级党委和政府扶贫开发工作成效考核办法》，明确了省市两级考核内容。2019年，省、市、县、乡、村五级要进一步实行"倒计时"、制定"作战图",立下"军令状",层层压实责任,级级传导压力,脱贫攻坚呈现出良好态势。

贵州省扶贫办通过调研发现,全省对于脱贫成效考核评估工作存在的突出问题包括:一是在贫困人口识别方面,部分地方政府为争取扶贫资源和后续脱贫绩效"层层加码",导致错评现象;部分地区贫困人口识别"两公示一公告"制度流于形式,公示张贴时间、地点不符合要求,宣传力度不足,导致部分农户对贫困户名单不知情。二是在因村因户帮扶方面,部分建档立卡贫困户只有帮扶责任人,没有帮扶具体措施,工作不平衡,作风不扎实。三是在脱贫退出方面,部分市县重减贫计划,轻脱贫管理,基层在贫困退出时,用年初的拟脱贫计划代替年底的脱贫结果。四是没有严格按"两公示一公告"的退出程序进行贫困退出,存在虚假摘帽、"数字脱贫"现象。针对当前存在的这些问题,贵州省扶贫办决定通过第三方开展扶贫开发工作成效评估,目的就是通过进一步规范程序,立足整改,查缺补漏,完善档案资料,为迎接国家对贵州省的扶贫开发工作成效考核做好充分的准备,坚决杜绝"数字脱贫""被脱贫"的现象①。

(一) 贵州推动扶贫工作成效第三方评估的主要做法

(1) 定目标。根据《贵州市县两级党委和政府扶贫开发工作成效考核办法》要求,按照"双百分"的考核模式进行,即国家考核指标100分,省级考核指标100分,共计200分。综合考虑主、客观因素,兼顾定量指标和"两不愁三保障"等定性要求,按照国家第三方评估程序开展演练,立足于试评估,统一安排,分头操作,进而查漏补缺、做好整改,全面做好迎检的准备工作,确保贵州省精准扶贫、精准脱贫工作继续走在全国前列。

(2) 定范围。一是2016年按照国家贫困退出计划的六个片区县,

---

① 参见贵州省扶贫办主任叶韬于2016年9月在扶贫开发工作成效评估启动会上的讲话。

即桐梓县、湄潭县、凤冈县、赤水市、西秀区、瓮安县；二是各地推荐上报的清镇市、习水县、关岭县、盘县、大方县、威宁县、德江县、荔波县、麻江县、兴仁县、施秉县、贵安新区（党武镇）12个县（区）。

（3）定内容。在保留国家第三方评估内容的同时，新增自选动作。一是完成国家考核指标。以中央对省级党委和政府考核的"减贫成效、精准识别、精准帮扶、扶贫资金管理"四大类七项指标为主，主要包括贫困人口识别准确率、贫困人口退出准确率和群众对帮扶工作满意度等内容。二是完成省级考核指标。围绕《中共贵州省委贵州省人民政府关于坚决打赢扶贫攻坚战确保同步全面建成小康社会的决定》（黔党发〔2015〕21号）及相关配套文件，以"五个一批""十项行动"和扶贫工作管理为主要内容。指标主要包括贫困户家庭收入增长情况、贫困乡（镇）贫困发生率下降情况、贫困村退出年度计划完成情况或贫困发生率下降情况、人均GDP、贫困村村级集体经济增长率、群众对驻村工作队（组）、第一书记精准扶贫工作满意度、制定"十三五"脱贫攻坚规划和年度减贫计划，逐级分解，落实到乡到村到户到人、"五个一批""十项行动"落实情况等。

（4）定程序。从两个方面同时展开：一是内业方面。启动会后，各评估县要组织相关部门对2016年考核指标中客观因素指标数据开展预测算。其中，任务类指标以当前完成情况为基准，年度指标以与去年同期比较作为基准，县直部门提供数据要加盖公章。二是外业方面。各评估组与贵州省扶贫办分别确定各县抽样村名单；评估组到县后与评估县召开见面会，逐一公布抽样村名单；评估县为评估工作提供必要的工作条件。首先要明确工作协调人，全程负责协调。其次，为评估组提供一定数量的向导，向导不能干预入户调查工作。评估组到村后，在建档立卡系统中分别对脱贫户、计划脱贫户采取等距抽样，入户过程中如出现贫困户不在家或无法正常沟通，可就近选择贫困户代替，评估组可以走访一定数量的非贫困户。县、乡、村须向评估组提供贫困村、贫困户识别、帮扶、走访、退出档案以供佐证。最后，召开反馈会。依据本次评估的工作目的，评估组完成被评估县入户调查后，可以向被评估县反馈初步评估结果，帮助被评估县开展查遗补漏工作。

（5）关于评估时限。第三方评估机构必须确保在规定时间内独立完成评估任务，并保证评估样本的真实、准确，保证评估结果的公正、客观。贵州省的扶贫开发工作成效试评估工作已正式启动，各评估机构及时进村入户开展实地调研评估，所有工作必须于 2016 年 10 月 25 日前全面结束。

（6）关于成果要求。通过第三方评估，每个评估组要形成精准扶贫第三方评估报告和被评估县（区、市）的扶贫开发成效第三方评估单体报告。评估结束后，由评估工作第一组负责此次评估的总体报告。需要强调的是，各评估组要遵守国家有关保密规定，评估结果、原始数据、资料统一归贵州省扶贫办管理，未经贵州省扶贫办授权不得对外发布。

另外，这里需要说明两点：一是本次试评估结果只反馈给各市州，不上报省领导；二是各地要以问题为导向，自查自纠与试评估同步进行，用两个月的时间规范程序，整改完善。

（二）存在的主要问题

2016 年 9 月，为更好地迎接国家精准扶贫工作成效第三方评估，由贵州省扶贫办牵头，贵州省社科院、贵州大学、贵州师范大学、贵州财经大学等多家科研机构和高校专家团队组成的贵州省级扶贫工作成效第三方评估工作正式启动。通过此次省级评估活动，评估专家发现，各受评县区市均存在不少突出问题和矛盾。首先，在"迎评"工作态度上存在"六种不良心理"：侥幸心理、突击心理、对付心理、等待心理、推卸心理、得过且过心理。其次，在"迎评"工作内容上存在"七个不到位"问题：一是程序不到位，即存在"两公示一公告"程序不严谨、不完备、不公开的现象。二是规范性不到位。有些档案材料没有盖章、缺乏原件等，甚至同一档案袋里存在两份相互矛盾的佐证材料。三是标准不到位。如同一县在建档立卡资料管理呈现"五花八门"、参差不齐现象。四是逻辑不到位。存在时间逻辑问题（如相关公示时间前后衔接不妥）、程序逻辑问题（相关资料在装订时存在精准识别、帮扶、退出的程序有"颠倒"现象）、数字逻辑问题（如收入分项之和与总收入不相等）、信息逻辑问题（如农户申请表有两个版本，且一户一档中的申请表与村委会综合材料申请表不一致）等。五是支撑材料或资料不到位或缺失问题。最为典型的是帮扶台账资料缺失，有些乡镇甚至存在将帮扶花名册误认为是帮扶台账的现象。六是帮扶措施不到位。具体表现为有"说"无"做"，即有帮扶记录无具体帮扶举措，以及存在帮扶措施单一、帮扶力度小、帮扶项目覆盖面窄、措施实施严重滞后等现象。七是第一书记或驻村工作队不到位。存在第一书记不在岗的情况，或驻村工作队"虚化"现象，这直接影响了贫困户对其"满意度""认可度"的评价。综上可知，贵州省各地在"迎评"准备中绝非高枕无忧，而是问题矛盾重重，若不对此加以重视并尽快克服，必将对贵州省稳步推进脱贫攻坚工作及"减贫摘帽"的总体部署带来巨大风险。

二、深入推进阶段

2017年9月起，通过赤水市迎评试水，在贵州省委、省政府的领导下，贵州省脱贫攻坚工作全面发力，尤其是在结合国家扶贫工作成效考核各项要求下，贵州省的脱贫攻坚工作思路更加清晰，系列举措更加精准到位。贵州省先后出台了一系列文件，对规范各地狠抓脱贫攻坚做出明确指引。另外，更加立足于脱贫攻坚本身，将注意力完全放在各项基础工作的全面推动上。

以长顺县为例，该县构建"扁平化"指挥体系，充实和调整了脱贫攻坚指挥部，下设南北两大战区、1个办公室、13个县级工作专班、7个乡镇前线指挥部、82支攻坚队，按照县、乡、村干部"下管两级"的原则，选派1175名干部进入攻坚队下沉到一线开展工作，并由县四套班子领导分别担任39个贫困村（含6个2016~2017年已出列贫困村）脱贫攻坚队队长，实现全县82个村攻坚队全覆盖。同时，长顺县推行"网格化"管理机制，把现有的行政区划化整为零，构建"乡、村、组"三级网格精准管理体系，将全县5镇1乡1街道82个村（社区）精准划分为1460个网格，明确网格员，全部实行"六包"责任制精细化管理，把脱贫攻坚任务"包保到人"，形成系统化、全方位、深层次的联系服务群众体系。严格执行"一学二访三会四评五公示"的驻村工作法（学政策学标准、逐户走访农户、召开组内群众会、召开村民代表评议会、评议结果进行公示公告），整体提升识别、退出准确率和群众认可度。长顺县还创建了"组管委"自治模式。紧扣党领导下的村民"自治"这个关键，在村支两委的领导下，把党的基层组织延伸至村民小组。以30户以上自然村组为单位，按照"组官民选、组规民定、组事民管、组绩民评"的原则组建了1228个"村民小组事务管理委员会"，并同步建立党小组。同时，坚持自治、法治、德治"三管齐下"的原则建立《组规民约》，强化自我管理。强化责任传导，长顺县委、县政府坚持党政"一把手负总责"的责任制，常态化开展县、乡、村三级党政领导带头遍访贫困村贫困户，把主要工作时间和工作精力投入到脱贫攻坚，采取上门走访、开门接访、带案下访、驻点指导、集中调研等方式，带头走村入户，全面掌握基层情况，推进脱贫攻坚政策、措施和责任的落实，切实做到"四个常态化"：一是县委书记、县长带头进村入户常态化。围绕"四场硬仗"

"五个专项治理"等短板问题，结合大兴调查研究之风活动，长顺县委书记、县长带头走村入户开展脱贫攻坚调研督导工作，每月在乡镇、村组调度督导脱贫攻坚工作不少于 8 天，亲自调度、靠前指挥，把各项工作责任落实到岗位、压力传导到个人。二是乡镇党政领导走访常态化。长顺县各镇（乡、街道）按村划定片区，每一名乡镇领导固定联系 1~2 个村的脱贫攻坚工作，明确责任内容和完成时限，分片包干。乡镇党政主要领导每月主动进村入户不低于 10 天，其中代化极贫乡镇党政主要领导每月不少于 15 天，深入了解民情，指导工作，解决困难。三是各攻坚队和网格员走访常态化。明确常驻村队长（县级领导）每月在村工作时间不少于 10 天，全县 82 个脱贫攻坚队队员全脱产每月在村工作时间不少于 20 天，网格员每月驻村时间不少于 20 天，严格执行考勤制度和请销假制度，县纪委县监委不定期暗查驻村工作情况，确保真蹲实驻。四是包保干部走访常态化。2760 名干部对 2014 年以来 2.08 万户建档立卡贫困户实现包保帮扶，将每月 17 日定为全县扶贫日，明确包保干部定期走访，及时解决贫困农户的实际困难，帮助兑现落实各项扶贫政策，确保如期稳定脱贫。最后，长顺县深入强化"六个聚焦"。一是聚焦初心使命。认真学习贯彻习近平扶贫思想，对照初心使命，坚持学思践悟，深入基层听意见、摸实情、找差距。同时，查找基层"四风"问题尤其是巡视审计发现的新问题、新表现，坚决采取过硬措施加以整改。二是聚焦精神宣讲。长顺县组织开展十九大精神和习近平新时代中国特色社会主义思想宣讲活动，聚焦宣讲着力点，增强宣讲感染力，把党的十九大精神和省州县全会精神讲清楚、说明白，把宣讲精神与重点中心工作结合起来，引导党员干部群众知政策、明事理、感党恩、勤奋斗。三是聚焦矛盾化解。继续开展领导带案下访和约访活动，推进领导干部包案化解工作，对影响群众切身利益的问题进行全面排查。坚持把发现问题、解决问题贯穿调研全过程，及时进行梳理汇总，分级分类抓好交办落实，确保群众反映的问题事事有着落、件件有回音。四是聚焦识别精准。以"五个专项治理"为载体,明确网格化管理责任人负责网格内贫困人口错评漏评及错退专项治理工作,实现网格化管理全覆盖。网格员和包保干部对辖区内的农村户籍人口开展排查,组建长顺县脱贫攻坚数据分析监测中心,常态化比对县工商、公安、财政、住建等部门数据,对不符合贫困对象的、群众反映强烈、不应纳入贫困户建档立卡管理的予以清退;对漏识别的贫困人口按程序纳入建档立卡管理。运用"贵州扶贫云",及时对"四有"预警贫困人口进行核实,实现了建档立卡贫困户的识别常态化管理。五是聚焦资金保障。2018年,计划整合资金3.31亿元,目前,已统筹整合资金23217万元,整合率达91.32%。获得国家开发银行、中国农业发展银行、贵阳银行等政策性贷款15亿余元,对接争取广州市对口帮扶、贵阳市对口帮扶等各类帮扶资金约1.2亿元,全部攻坚长顺县"四场硬仗"。六是聚焦基层创新。及时发现和总结一批可操作、可推广、可复制的扶贫经验做法,每季度至少组织一次现场观摩,在全县形成比学赶超的良好氛围。

三、提质升效阶段

2019年,贵州省脱贫攻坚工作进入收官阶段,这一过程中,各地脱贫攻坚工作思路主要体现于巩固提升和查补短板方面。在全省总动员的火热形势下,几乎每一名参与扶贫工作的人员,已经做到较为熟练地掌握国家扶贫工作中成效考核的基本要点,也较为熟练地掌握国家及贵州省基本扶贫政策,在"层层压实责任"的环境下,更为专注于自己的岗位职责。与此同时,国家对于第三方考核工作也作了更为科学精当的调整。2019年国家精准扶贫成效第三方评估方案,在往年探索实施"两制度、三系统"(分省交叉评估制度、考试认证上岗制度,数据采集系统、质量监控系统、标准分析系统)的基础上,进一步强化了"三减、三增"：减缩队伍，与往年相比减少了20%评估人员；减轻负担，将过去的"六个一"优化为"六合一"；减少成本，减少抽查县和调查项；增加力量，充实了团队专家和师资力量；增强技术，强化平台技术全过程服务支撑；增进共享，推进多元数据库与信息共享。相关资料显示，2019年在继续评估"两率一度"基础上，将进一步聚焦剩余贫困人口的"两不愁三保障"突出问题和深度贫困地区的脱贫进度，聚焦脱贫的可持续性和脱贫政策的稳定性。并还将对2016年以来的评估数据和结果进行综合分析，把握脱贫攻坚的总体态势。对大数据平台进行了升级，与国家的扶贫信息库进行深度对接，能够与国家扶贫信息系统匹配的数据指标较2018年翻了一番。

综上所述，国家精准扶贫工作成效第三方评估于贵州省而言，可谓是一项全新的挑战。如何牢牢把握其深刻内涵特别是重难点问题，并通过对其运行机理的理解和掌握来举一反三，进一步查补贵州省各地精准扶贫、精准脱贫工作中的各类短板，确保贵州省到2020年与全国人民一道同步跨入小康，其意义无疑重大而迫切。正是有了第三方评估这一"最严格的考核机制"，通过以评促建，贵州省的脱贫攻坚工作在2017年以来发生了巨大的变化，为全省按时高质打赢脱贫攻坚战形成了强大助推作用。

2019 年贵州扶贫开发大事记

2016~2018 年，中央和省累计投入财政专项扶贫资金 381.53 亿元，年均增幅达到 20.54%。其中：2016 年 102.53 亿元、2017 年 130.01 亿元、2018 年 148.99 亿元。

2018 年，全省共减少贫困人口 148 万人、贫困发生率下降到 4.3%，14 个贫困县成功脱贫摘帽，易地扶贫搬迁入住 76.19 万人。

截至 2018 年，贵州省精准扶贫贷款 4628 亿元，增速 44.4%，余额和增量位居全国首位。

一月

2019~2021 年，我省每年将开展农民综合素质提升培训 1000 万人次以上，累计培训建档立卡贫困劳动力 100 万人次、易地搬迁劳动力 42.62 万人次和劳务输出农村劳动力 477 万人次以上。

1 月 7 日

近日，为巩固脱贫成果，已脱贫群众实现稳定脱贫，贵州省扶贫开发领导小组下发《贵州省巩固提升脱贫成果的指导意见》。

近日，我省发放就业扶贫援助补贴。补贴标准为每人每月 400 元，补贴截止时间为 2021 年 12 月（含 12 月）。

1 月 10 日

近日，省教育厅会同省财政厅下达 2019 年学生资助和营养改善计划资金 49.78 亿元，受益学生达 620 余万人。

1 月 24 日

我省通过"锦绣计划""巾帼脱贫行动""创业创新巾帼行动"

"乡村振兴巾帼行动""巾帼家政助脱贫行动"，以及"三女培育"工程带动妇女就业，2018 年成功地让 67.8 万妇女成功脱贫。

二月

2 月 25 日

为解决易地扶贫后续工作，贵州首批集训 400 多名干部。

2 月 27 日

近日，中共贵州省委、贵州省人民政府发布 2019 年脱贫攻坚春季攻势行动令。

截至本月，贵州易地扶贫搬迁已累计搬迁入住 132 万人，占"十三五"时期搬迁总规模 70.21%。剩余的 56 万人将于 6 月底前全部搬迁入住。

四月

4 月 9 日

近日，省人社厅、省扶贫办联合印发《贵州省关于深入推进技能脱贫千校行动的实施方案》，明确到 2020 年底，我省技工院校累计新招收建档立卡贫困家庭学生 7000 人以上。

六月

6 月 4 日

近日，省住房城乡建设厅决定在已安排资金基础上，对每个深度贫困县再安排农村危房改造资金 1500 万元（其中威宁自治县 2000 万元）。

截至 6 月底，全省参与帮扶企业数达 5064 家，帮扶 5738 个村。

截至 6 月底，贵州将所有符合条件的 153.7 万建档立卡贫困人口纳入低保保障。

七月

7 月 10 日

近日，我省首次认定 201 个先进就业扶贫基地和扶贫车间。

7 月 31 日

近日，贵州省生态畜牧产业发展领导小组印发《聚焦深度贫困县发展生态鸡产业助推脱贫攻坚实施方案》，并与 15 个深度贫困县签订工作责任书。

近日，省委根据《中国共产党党内关怀帮扶办法》等有关规定，结合实际研究制定《贵州省党内关怀帮扶实施细则（试行）》。

截至 7 月底，全省民政事业费实际累计支出 67.67 亿元，农村低保支出占比 54%。

按照贵州"2019 年脱贫攻坚夏秋决战行动令"要求，从 7 月到 12 月，重点围绕深度贫困、产业革命、两不愁三保障、减少贫困人口、贫困县出列等，集中优势资源发起"决战攻势"，确保 2019 年减少农村贫困人口 110 万人以上，有脱贫任务的 19 个非贫困县剩余农村贫困人口全部脱贫，已脱贫摘帽的 33 个县剩余农村贫困人口全部脱贫。

八月

8 月 2 日

截至目前，绿色产业扶贫全省已投资基金项目 476 个，投资基金 278 亿元，扶持企业 613 家，共带动 30.47 万户、88.85 万人持续增收。

8 月 7 日

省委召开常委会会议暨省扶贫开发领导小组会议，学习贯彻国务院扶贫开发领导小组《关于解决"两不愁三保障"突出问题的指导意见》，审议我省工作方案。省委书记、省人大常委会主任、省扶贫开发领导小组组长孙志刚主持会议并讲话。

8 月 10 日

近日，省政府办公厅印发《关于加快国家储备林项目建设的意见》。

8 月 12 日

贵州省辣椒产业协会在贵阳成立。

贵州 35 人获全国绿化奖章，8 家单位获全国绿化模范单位。

8 月 16 日

为支持贫困发生率较高的县打赢脱贫攻坚战，贵州向 14 个深度贫困县和罗甸、锦屏 2 个贫困发生率较高的县，下达合计 16 亿元，2019 年深度贫困县专项扶贫补助资金。

8 月 19 日

近日，贵州省教育厅、省商务厅等八部门印发《关于深化"校农结合"工作助推农村产业革命和脱贫攻坚的指导意见》。

8 月 23 日

近日，贵州省残联会同省发改委、省财政厅等 15 个部门联合制定了《关于扶持残疾人自主就业创业的实施意见》。

8 月 29 日

贵州雷山县、独山县、息烽县上榜 2019 年电子商务进农村综合示范县名单。

8 月 30 日

近日，桐梓县顺利入围中国林学会第二批"中国竹业特色之乡"认定名单。

九月

9 月 3 日

经贵州省人民政府同意，省政府办公厅近日印发《贵州省职业技能提升行动实施方案（2019—2021）》。

9 月 20 日

2019 年全国脱贫攻坚奖公示名单上，贵州省黔南布依族苗族自治州惠水县濛江街道新民社区党支部书记罗应和获"奋进奖"、贵州省遵义市汇川区芝麻镇竹元村第一书记、驻村工作组组长谢佳清获"贡献奖"、贵州省黔东南苗族侗族自治州台江县民族中学校长陈立群获"奉献奖"、贵州省毕节市威宁彝族回族苗族自治县迤那镇党委副书记、五星村党支部书记李仁兵获"创新奖"、大连万达商业管理集团丹寨项目部获"组织创新奖"。

9 月 22 日

《香遇普安红》荣获第七届中国（威海）国际微电影展"金桂花奖·十佳品牌微电影"。

9 月 24 日

近日，贵州省政府办公厅下发指导意见，从十五个方面着手，加快推进全省生态渔业发展。

9 月 25 日

贵州文朝荣、邓迎香、刘芳、余留芬、杜富国、黄大发以及 FAST 工程首席科学家兼总工程师南仁东获"最美奋斗者"，余留芬在当天表彰会上发言。

9 月 28 日

以"促文旅农商融合走旅游扶贫新路"为主题的第十四届贵州旅游产业发展大会在毕节市织金县开幕。

9 月 30 日

近日，我省共有 14 个村镇入选第九批全国"一村一品"示范村镇名单。

截至 9 月底，累计帮扶贫困劳动力实现就业 1126 万人，其中 2019 年新增帮扶贫困劳动力实现就业 138 万人。

十月

10 月 7 日

贵州电子商务云运营有限责任公司打造的"贵州省网络扶贫公益广告项目"成功跻身 2019 网络扶贫十大案例之列。贵州 6 个案例入选 49 个典型案例。

10 月 17 日

2019 年贵州省全面实施农民全员培训三年行动计划。1~9 月，全省共开展感恩励志教育、实用技能技术等各项综合素质提升培训947.96万人次。

10月21日

党的十八大以来，全省减少贫困人口768万人，33个贫困县成功脱贫摘帽，是全国减贫人数最多、减贫幅度最大的省份。

10月24日

贵州省市场监管局公布蔬菜、茶叶、食用菌、刺梨、油茶、生态畜牧、生态渔业、精品水果、辣椒、竹10个食用农产品标准体系。

10月25日

近日，贵州省地质矿产勘查开发局正式印发《关于推进山水林田湖草生态保护修复工作的实施意见》。

近日，贵州省市场监管局批准立项32个省级农业标准化示范区项目。

10月31日

贵州省耕地质量地球化学调查评价发现，贵州省耕地土壤中硒元素的含量在每千克0.01毫克至40.07毫克之间，含量为每千克0.4毫克至3.0毫克，富硒耕地面积达5147万亩，占调查面积的72%，富硒耕地规模居全国前列。

上海、广州、杭州、宁波、苏州、青岛、大连7个东部对口帮扶城市2016年以来在贵州已实施3563个帮扶项目，累计投入财政帮扶资金72.8亿元。

截至10月底，全省建档立卡贫困人口已在我省参加城乡居民医保769.73万人，全省建档立卡贫困人口看病就医补偿受益共计1602.5万人。

十一月

11月1日

近日，经省人民政府同意，省政府办公厅印发《贵州省"十百千"乡村振兴示范工程实施方案（2019—2021年）》。

11 月 4 日

大型脱贫攻坚话剧《出山!》在贵阳首演。

近日，省发改委印发《贵州省全力助推打赢脱贫攻坚战农业农村价格支持政策措施》。

11 月 7 日

贵州省盘州市、玉屏侗族自治县、贞丰县入选"四好农村路"全国示范县名单。此次"四好农村路"全国示范县评选出 83 个。至此，贵州共有九地入选"四好农村路"全国示范县。

11 月 8 日

省发改委印发《关于治理脱贫攻坚突出问题工作方案》。

贵州省党政代表团赴广东省学习考察，深入贯彻落实习近平总书记关于推进东西部扶贫协作重要指示要求，共商扶贫协作和加强合作等事宜。

11 月 11 日

经省委、省政府同意，省扶贫开发领导小组决定授予贵阳市农业农垦投资发展集团有限公司等 154 个集体"贵州省脱贫攻坚先进集体"称号，授予罗应和等 267 人"贵州省脱贫攻坚先进个人"称号。

11 月 12 日

中国共产党贵州省第十二届委员会第六次全体会议在贵阳举行。

11 月 13 日

近日，省人力资源社会保障厅、省发展改革委、省财政厅联合出台《关于推进全方位公共就业服务的实施意见》。

11 月 15 日

近日，贵州 8 个村落上榜 2019 年中国美丽休闲乡村。全国 260 个村入选。

11 月 18 日

2017 年至 2019 年 9 月，贵州省财政教育总投入 2805.77 亿元，全省财政教育支出占一般公共预算支出的比例年均达到20.02%，为贵州省财政第一大支出。

近日，贵州12部门下发意见：加强事实无人抚养儿童保障。

11月20日

"贵州省扶贫基金会白癜风基金"正式设立。

11月22日

省财政下达2019年省级财政专项扶贫发展资金6000万元。用于生产发展救灾工作。

三年来，"黔医人才计划"共为我省培训医疗人才230名，超计划完成第一轮200名临床骨干和医院管理骨干任务，为我省"医疗扶贫"提供人才助力。

近日，省财政下达市（县）2019年深度贫困村及贫困发生率高的非极贫乡镇补助资金（第二批）52750万元。

11月25日

近日，贵州省出台23条涉及农产品、供水、能源、交通运输、通信、教育、文化、兜底保障等8个领域的农业农村价格支持政策，以此助推贵州按时高质量打赢脱贫攻坚战。贵州是全国首个针对脱贫攻坚出台一揽子农业农村价格支持政策的省份。

11月28日

截至目前，全省蔬菜（不包含辣椒、食用菌）种植面积1675.5万亩、产量2497.8万吨、产值642.2亿元，同比分别增长8.8%、11.8%和20.11%，带动49.4万贫困人口增收。

11月29日

贵州省2019年第一批县乡公路改造工程全面启动。

我省青年陆永江荣获由团支部和农业农村部主办的第十一届"全国农村青年致富带头人标兵"荣誉称号，詹兴超、李承亮、姚林、张凌、周祯吉5名贵州青年荣获"全国农村青年致富带头人"荣誉称号。

截至目前，贵州省共建成村级服务站点 8600 余个，初步形成"1+9+88+N"（即 1 个省级中心、9 个市州、88 个县、N 个村级服务点）的农村出行和物流网络格局。

11 月 30 日

多彩贵州网作品"'黔珍十二品'网络公益扶贫"获"2019 年度中国新媒体公益优秀案例"提名奖。

贫困人口从 2012 年的 923 万减少到 2018 年底的 155 万，减贫人数全国第一，贫困发生率从 26.8% 下降到 4.3%，国家对省级党委和政府脱贫攻坚成效考核中，我省连续 3 年排在第一方阵靠前位次。

十二月

12 月 2 日

中共贵州省委关于追授文伟红同志"全省优秀共产党员"称号。

12 月 3 日

贵州 10 家企业入选农业产业化国家重点龙头企业名单。至此，贵州国家级重点龙头企业达到 37 家。

贵州下达 2019 年省级财政专项扶贫发展资金 11595.7 万元，安排用于建档立卡贫困人口人畜混居整治。

贵州省妇联追授陈永凤同志为贵州省三八红旗手。

12 月 6 日

全省已脱贫退出县巩固提升脱贫攻坚成果现场推进会在安顺市平坝区召开。截至目前全省已脱贫退出县 33 个。

2018 年，贵州因病致贫返贫人口减少了 17.18 万人，健康扶贫工作对脱贫攻坚的贡献率从 2015 年的 6.83% 提高到 13.73%，人均预期寿命达 74.19 岁。

12 月 9 日

贵州水城——以"两个社区"为抓手构建易地扶贫搬迁群众公共服务体系上榜首批 18 个全国农村公共服务典型案例。

近日，经省人民政府同意，省财政厅、省人力资源社会保障厅联合印发《贵州省就业补助资金管理办法》。

12月10日

5年时间，贵州农村贫困人口从923万减少到155万人，贫困发生率从26.8%减少到4.3%，减贫人数全国第一，打造了全国脱贫攻坚的"省级样板"。

近日，"万达丹寨包县扶贫"案例入选全球减贫最佳案例库，为世界减贫贡献中国经验和中国智慧。

12月11日

近日，贵州省2019年第一批县乡公路改造工程全面启动，首批涉及16个深度贫困县，将改造4296.5千米县乡路面，要求于2020年5月底前全面完工。

12月13日

我省"双培"行动开展近两年来，贵州省民宗委先后投入资金6000多万元（2018年1320万元，2019年4722万元），在全省9个市州57个县（市、区）举办各类培训班6000多场次，集中培训了30多万少数民族群众。

12月15日

近日，省委组织部、省人力资源社会保障厅印发《鼓励支持有关人员到贫困地区领创龙头企业或合作社助力按时高质量打赢脱贫攻坚战的实施方案》，十九项政策引导激励有关人员积极投身脱贫攻坚一线。

12月16日

贵州省提前将2020年中央财政扶贫资金1318万元下达，支持国有贫困农场发展。

12月17日

1~11月，全省农业保险保费收入13.22亿元，同比增长14.28%。

2019 年贵州有 6 个村被授予"全国生态文化村"称号。本年度全国共 132 个村被授予此称号，贵州是获此殊荣最多的省区之一。

12 月 18 日

近日，贵州省人民政府办公厅下发《关于成立贵州省脱贫攻坚普查领导小组的通知》。

12 月 19 日

截至目前，贵州全省茶园面积 700 万亩（其中投产面积 601.7 万亩），已连续七年居全国第一。

12 月 20 日

近日，贵州省卫生健康委印发《全省脱贫攻坚一线"指战员"健康保障工作方案》。

12 月 23 日

省委经济工作会议在贵阳召开。2019 年，贵州经济增速已连续 35 个季度位于全国前三位；农村"组组通"硬化路全面完成、受益群众近 1200 万人；全面完成 188 万人易地扶贫搬迁；"四在农家·美丽乡村"小康升级行动完成投资 483.2 亿元，724 个村寨列入国家传统村落名录，数量位居全国第一；全年预计减少贫困人口 120 万人以上，贫困发生率下降到 1% 以下。

12 月 25 日

"东西部扶贫协作实录系列丛书"出版工作推进会在贵阳市召开。该丛书是全国首套全面反映东部省市帮扶贵州重要历程的重大主题类图书，将由贵州人民出版社和东部相关省市出版单位联合出版。

12 月 27 日

近日，贵州省宣布全面完成"十三五"时期易地扶贫搬迁任务，共搬迁 188 万人，其中贫困人口 150 多万人。从数量上看，贵州易地扶贫搬迁规模相当于冰岛全国总人口的 3 倍多；从时间上看，贵州仅用了 4 年；从安置方式看，贵州实施城镇化集中安置。

贵州省委经济工作会 2018 年全省因病致贫返贫人口减少了 17.18 万人，健康扶贫工作对脱贫攻坚的贡献率从 2015 年的 6.83% 提高到 13.73%。

贵州板当苡仁米、紫云红芯红薯等 16 种产品获国家农产品地理标志登记保护名单。在 160 个登记保护产品中贵州名列登记保护数量前茅。

12 月 30 日

省委召开农村工作暨实施乡村振兴战略领导小组会议和扶贫开发领导小组会议。省委书记、省人大常委会主任孙志刚主持会议并讲话。

近日，贵州省人力资源和社会保障厅发布关于开展 2020 年全省公共就业服务专项活动的通知，安排了 2020 年各季度公共就业服务专项活动，共计九项活动，覆盖全年 12 个月。

12 月 31 日

平塘至罗甸高速公路正式开通运营。贵州省高速公路总里程突破 7000 公里，总里程跃升至全国第四位、西部第二位，综合密度保持全国第一。

1~11 月，全省"十件民生实事"已有 8 件顺利完成目标任务，剩余 2 件民生实事也处于收尾阶段；"1+7"民生工程完成投资 1576.49 亿元；预计全年城镇新增就业 78 万人，城镇、农村常住居民人均可支配收入持续增长。全省 2019 年度十件民生实事计划到位资金 927.16 亿元，计划完成投资 917.51 亿元。1~11 月，十件民生实事共到位资金 949.33 亿元、超年度计划 1.5%，完成投资 948.37 亿元、超年度计划 3.4%。第一件、第二件、第三件、第五件、第六件、第七件、第八件、第十件等民生实事均已全面完成目标任务，第四、第九件民生实事正在收尾。